臺灣歷史與文化 研究輯刊

二五編

第 5 冊

紀念郵票與時代意涵
——兩蔣時期的研究（1945～1988）（上）

楊紫瑩 著

花木蘭文化事業有限公司

國家圖書館出版品預行編目資料

紀念郵票與時代意涵——兩蔣時期的研究（1945～1988）（上）
／楊紫瑩 著 -- 初版 -- 新北市：花木蘭文化事業有限公司，
2024〔民113〕
目 2+186 面；19×26 公分
（臺灣歷史與文化研究輯刊二五編；第 5 冊）
ISBN 978-626-344-695-3（精裝）
1.CST：郵票 2.CST：郵票發行 3.CST：歷史 4.CST：台灣
733.08   112022553

ISBN-978-626-344-695-3

9 786263 446953

臺灣歷史與文化研究輯刊
二五編 第 五 冊
ISBN：978-626-344-695-3

紀念郵票與時代意涵
——兩蔣時期的研究（1945～1988）（上）

作　　者　楊紫瑩
總 編 輯　杜潔祥
副總編輯　楊嘉樂
編輯主任　許郁翎
編　　輯　潘玟靜、蔡正宣　美術編輯　陳逸婷
出　　版　花木蘭文化事業有限公司
發 行 人　高小娟
聯絡地址　235　新北市中和區中安街七二號十三樓
　　　　　電話：02-2923-1455／傳真：02-2923-1452
網　　址　http://www.huamulan.tw 信箱 service@huamulans.com
印　　刷　普羅文化出版廣告事業
初　　版　2024 年 3 月
定　　價　二五編 12 冊（精裝）新台幣 36,000 元

紀念郵票與時代意涵
——兩蔣時期的研究（1945～1988）（上）

楊紫瑩　著

作者簡介

楊紫瑩，畢業於中興大學歷史學系學士、中央大學歷史研究所碩士、中國文化大學史學研究所博士。目前從事教育工作。

提　　要

　　郵票自 1840 年發行以來，多是各國經過政府單位選定主題印製而成，是一種公開發行的有價票券，透過郵政系統的傳遞，流通世界各地，向世界傳達發行國家之特色，可謂是國家的名片；其在票面上的設計主題，多與發行國的國家形象、局勢環境、政治決策、文化背景息息相關，故郵票上的圖像是具有其特殊的意義。

　　承載著各種的意涵的各類郵票中，以「紀念郵票」更具特定的發行目的，其為以紀念某一事件而特別發行的郵票，目的在對內宣達政令，對外表明國家的立場與特色。因此，筆者以戰後兩蔣主政時期，所發行之紀念郵票所承載的時代意涵作為探討對象，藉由歷年發行紀念郵票上的設計風格的變化，從內政體制國家的形塑，到對外關係上的合作與衝突現象，以及經濟環境與文化教育等各層面，透過豐富多元的票面圖像分析，以及文本的相互印證，從而發現在不同的時代背景下，所刻劃的國家歷史文化的變遷。

　　再者，在郵票票面上加蓋的改值痕跡，紀錄了大環境的劇烈變動；郵票票值的變化，反映當代的經濟現象。郵票紙質色澤的演進，呈現製作技術的進步。由於票面圖像主題受到政治外交、社會經濟與文化環境的影響，反映了當代的背景特色，瀏覽其中，重現歷史記憶。

目

次

緒　論

一、研究動機與目的

　　圖像是一種表徵，以圖像作為歷史研究的材料是近年興起的研究方法，與文字相較，視覺性或是圖畫材料更具有直接性，透過聯想、轉換、重組等方式，易於引起觀看者的共鳴；圖像不僅是一個時代的紀錄，解讀圖像本身就是發現意義的過程。圖像本身具有敘事性，透過暗示隱喻的象徵性，它能增添人們印象的深刻性，可顯示文字史料不易展現的歷史面向。學者彼得・柏克（Peter Burke）認為圖像如同文本和口述證詞一樣，也是歷史證據的一種重要形式。〔註1〕圖像史料有時可能是一種文化產品，它的產生、銷售與消費過程，它的表述、它的呈現以及它的被觀看，這個傳達過程，值得我們去探討去解讀其文化價值與象徵的意涵，而郵票即是此種文化產品。

　　郵票不僅僅是郵資的證明，除具徵集國家資金作用外，〔註2〕亦是視覺文化的一部分，與海報、漫畫、影片、照片、藝術作品等，一樣具有圖像史料價值；而刻印在郵票上的圖像包括風俗民情、政治、人物、建築、古蹟、生態等等，是經過政府部門決定其主題，由設計者繪圖構思，經過評選後印製而成，公開發行的有價票券，透過郵政系統的傳遞，流通於世界各地，因此，從郵票設計的主題運用以及表現的形式，可看出該國政府的政令宣達，並藉此對外表

〔註1〕（英）彼得・柏克（Peter Burke）著，楊豫譯，《圖像證史》（北京：北京大學出版社，2008年），頁9。

〔註2〕在戰爭時期，郵票上的郵戳可以透露許多訊息，例如部隊的駐軍地點與時間可以從中得知；其次，發行醜化敵國的郵票，一來激勵本國人士氣，二來醜化敵人。

明該國的文化特色，它與發行國的國家形象、社會發展、體制政策、文化背景息息相關，因此透過郵票可以搜尋各國傳達的訊息。

其次，每套郵票有其紀念性，而在各類郵票中，「紀念郵票」則具有特殊的定位，所謂「紀念」，意指一種對前人的努力、奉獻或犧牲，所產生的感念與敬意的作為，對「自己人」具有共享的意義，是一種打動群體內在情感的作為，是民族的本質與其延續的基礎，也是一種使全民共有的回憶資產，而召喚回憶須借助當代社會環境的信息媒介，以重建之；〔註3〕而紀念郵票即是此種媒介之一，是以紀念某一事件而特別發行的郵票，與發行目的有著極大的關係，各國郵政部門多十分重視紀念郵票的題材，把與該國直接有關的事件、人物等內容反應到郵票上，其中包括重大節日、重要人物、重大事件、政治宣傳等，〔註4〕多會選擇與其紀念事件的時間或週年或相關地點作為首日發行的時間或發行的地點，以加強其紀念的意義，紀念郵票發行的數目與時間皆有一定的限制，通過其特有的方式，表徵了國家社會環境變遷的縮影。

本文研究紀念郵票之圖像，著重於其成為歷史證據的可能性，而非審美價值；在兩蔣時期的臺灣，從風雨飄搖紛亂動盪的局勢，逐漸穩定發展，瀏覽著票面上的圖像，呈現著特殊的時代精神，如果可以深入理解郵票圖像所展現的訊息，有助於我們對當代背景文化的認識，對研究史學者當更有所助益，因此，本文以國家所發行的紀念郵票，作為探討當代歷史發展軌跡的研究主體，期能藉由取材、分析、立論上，採取實證客觀性的研究，探索其現實的意義，以呈現郵票圖像史料之學術價值，藉此引領讀者回到歷史現場。

二、研究範圍與時間斷限

本論文之研究範圍，以中華郵政總局於戰後所發行之紀念郵票圖像，從其所呈現時代變遷的縮影，作為探討對象；其餘與歷史事件等相關史實之郵票，列舉一、二輔之。對中國郵驛制度至郵政系統與郵票發展等，作概略認識與介紹，再以中華民國政府於發行郵票之用意，政府的形象、政策的宣傳與社會氛

〔註3〕（法）Emest Renan（斯特雷南），"Qu'estce qu'une nation?" Paris:Mille et une nuits, 1997, p. 31. Roger Bastide, "*Mémoire collective et sociologie du bricolage*"（集體記憶和變通社會學），L'Anne'e sociologi que（《社會學年鑑》），Vol. 21, 1970, pp. 78。

〔註4〕中華集郵聯合會編，《中國集郵大辭典》（北京：中國大百科全書出版社，2009年），頁 75。

圍與圖像的題材內容作為分析，回溯歷史記憶的每個片段，從而解讀時代社會
文化的變遷。

　　在時間斷限上，以戰後中華民國政府兩蔣主政時期為主。即二戰後蔣中
正掌權的 1945～1975 年，及蔣經國 1972 年任中華民國最高行政首長，並於
1978～1988 年任職總統。

　　蔣中正為 1938 年 4 月 1 日至 1975 年 4 月 5 日為中國國民黨總裁，1943
～1948 年 5 月 20 日為國民政府委員會主席，1948 年 5 月 20 日至 1949 年 1
月為國民政府主席，1949 年 1 月蔣中正下野，然即使下野，蔣仍為實際掌政
者，依然運籌帷幄掌握全局，於 1949 年 12 月 10 日至臺灣，努力建設臺灣作
為反攻之基地。1950 年 3 月任中華民國總統至 1975 年逝世。

　　其次，蔣經國任總統職之主政時期為 1978～1988 年，不過，蔣經國於 1972
年起即擔任中華民國最高行政首長至 1978 年，此時期國家之各方運行，其政
治影響力甚大，故本文研究的時間範疇以 1945 年至 1988 年，以上說明。

三、研究回顧

　　郵票是國家的名片，不限於該國使用的有價票券，通行於世界各國，向世
界傳達發行國家之特色，因此，郵票所承載的各種意涵，在設計主題上，即具
有相當的特殊意義，研究者可以透過豐富多元的票面圖像的分析以及文本的
相互印證，從而發現其國家在不同時代背景下，所刻劃該國家歷史文化的變
遷。以下就藉由郵票探討歷史事件之相關著作，作概略回顧。

（一）研究專書

　　1. 晏星，《郵政與郵史漫譚》〔註5〕，作者為郵政總局之高級職員之一，
撰寫郵文於臺灣各郵刊上者，為數甚多，具備之郵識甚深，此書為其多年發表
的文章之整合，介紹各個郵票之掌故、製作秘辛、設計過程、郵戳花絮、郵人
郵事，以及郵史改革等，內容廣泛，深入淺出的筆觸，可作為對郵政郵票掌故
學習者之入門著作。

　　2. 中華人民共和國信息產業部、《中國郵票史》編審委員會編纂，《中國
郵票史》，共分九卷，約計 500 萬字，是迄今為止兩岸第一部有關郵票的大型
專業通史著作。時間跨度大，反映從 1878 年至 1991 年間長達一百多年的相關
史實；內容包括各個時期郵票和郵資片、封、簡的有關史實，也較詳細地介紹

―――――――――――――――――――

〔註 5〕晏星（潘安生），《郵政與郵史漫譚》（臺北：交通部郵政局，1984 年）。

了不同時期郵票的發行體制、管理機構、法規制度等方面的情況，記敘郵政所發行郵資票品的情況，介紹每個時期郵票發行的歷史背景、品種、特色、數量及其印製過程。編撰者們充分挖掘歷史檔案材料，借鑑和吸收百年來中外集郵界對中國郵票歷史的研究成果，因此，此書具有史料價值和學術研究的參考價值。〔註6〕

（二）期刊論文

以下為以郵票圖像與歷史研究結合的相關期刊論文，筆者依照出版先後排序回顧之。

中文部份

1. 姚村雄，〈從光復初期的社會環境探討當時臺灣的郵票設計〉。〔註7〕此篇文章以光復初期的臺灣在政權交替、社會不安、經濟動盪，以及文化思想變異的階段，處於特殊的環境背景下，促使當時的創作或設計，亦呈現出特殊的風格與面貌。郵票的設計主題運用及其表現形式，更可敏銳地反映出當時社會環境的脈動，以及特殊的時代精神，作者探討光復初期臺灣的郵票設計，以1945至1951年之間臺灣使用的郵票為範圍，以文獻分析、比較歸納郵票之設計風格變化發展與特色，與社會大眾審美觀，建立設計歷史資源與設計創作，相當值得參考。

2. 黃猷欽，〈臺灣與中國郵票裡的中國文字設計與書寫〉，〔註8〕此文論述自1840年英人首創郵票與近代郵政以來，郵票即被視為代表一國政治、歷史與文化等諸多面向的「國家名片」，而郵票上的國號銘記正是用來辨識郵票的發行國，以方便全球郵遞人員寄送郵物。1949年後，中華民國與中華人民共和國同時以發行郵票的方式，持續對國內外宣傳自身為中國政權的唯一合法代表。其中，中國文字因其獨特的書寫方式與造型，致使兩地政權皆利用中國文字的視覺形象和書法傳統，來表述各自對中國政治與文化特色的觀點。作者針對兩岸自1949年以來所發行郵票上的「文字」設計進行探討，一方面分析中國文字本身所具有的視覺政治符號性質，另一方面則檢視雙方利

〔註6〕 中華人民共和國信息產業部《中國郵票史》編審委員會編，《中國郵票史》（北京：中華人民共和國信息產業部《中國郵票史》編審委員會編，2004年）。

〔註7〕 姚村雄，〈從光復初期的社會環境探討當時臺灣的郵票設計〉，《商業設計學報》第3期（1999年7月，臺中），頁131～146。

〔註8〕 黃猷欽，〈臺灣與中國郵票裡的中國文字設計與書寫〉，《清華學報》第40卷第3期（2010年9月，新竹），頁39～64。

用政權領導者的書法題詞做為郵票設計，因而呈現出對中國固有文化的意識
形態差異。以下四個議題將成為探討的重點：（1）作為代表郵票發行國的國
號銘記的字型，特別是「美術字體」在集郵界所引發的討論與爭議；（2）中
文字造型本身所具有的文化和政治認同功能與意象：金石書法藝術作為一個
想像的中國文化與政治載體，體現在郵票票面上；（3）毛澤東書法所象徵的新
中國意象；（4）蔣介石書法、上古文字與歷代書法郵票背後所隱喻的傳統中國
文化價值觀。

　　3. 吳承瑾，〈動植物郵票中的環保意識與國家認同——兼談郵票的影像
文獻價值〉。〔註9〕此篇文章主旨在討論動植物郵票中所反映的社會思潮，並
討論郵票作為一個影像文獻的文化價值。作者以中華郵政從1958年至2009年
間，陸續發行了大量以臺灣動植物為主題的郵票作研究對象，並藉此探索其中
對國家認同的意涵。動植物郵票以1958年溫學儒先生設計的臺灣特有昆蟲、
花卉郵票為濫觴。在眾多郵票當中，特別是相較於某些充滿刻板的、教條式政
治宣傳的郵票而言，動植物郵票呈現出獨特的藝術性與原創性。但是在動植
物郵票仍可表達了一種國家認同的思想，即透過強調這塊土地上的特有物種，
吸引人們去注意自己生長環境中特別的事物，並藉由進一步認識這些動植物，
彰顯居住地區的獨特性。這似乎是國家認同的一種變形，只是透過優秀的藝
術家把這種「政治宣傳」以高度藝術性的手法呈現。而這種強調認識特有物種
的思維，似乎又和1960年代興起的環保意識相關聯。在這個時期設計樣式的
變化，呈現了環境保護和國家認同，兩種概念互相融合的過程，其歷史意義相
當值得探討。

　　4. 彭文顯，〈從郵票看民國時期的通貨膨脹——影像的史料意義，以郵票
為例〉。〔註10〕作者文中提到抗戰後的通貨膨脹，對有了一定年紀的臺灣人來
說，那個時代不只是歷史事件，更是自身記憶。然而，對於某些人來說是親身
經歷過的時代，對其他沒經歷過的人來說就只是歷史，對於通貨膨脹的嚴重
性，完全沒有概念，即使有也僅是靠教科書來獲得的，而從教科書中，一般人
頂多也只會有感嘆、驚訝等感覺，但是卻沒有實際的衝擊，如果利用教科書以
外的材料，或許會更能體會，作者此文以人人都知道也經常接觸的郵票，來讓

〔註9〕 吳承瑾，〈動植物郵票中的環保意識與國家認同——兼談郵票的影像文獻價
　　　　值〉，《新北大史學》第8期（2010年10月，臺北），頁141～159。
〔註10〕 彭文顯，〈從郵票看民國時期的通貨膨脹——影像的史料意義，以郵票為例〉，
　　　　《新北大史學》第8期（2010年10月，臺北），頁123～139。

人理解抗戰後的通貨膨脹；藉此說明郵票的史料價值，在它那有限的範圍內所能提供的影像，看出時代意義。

　　5. 黃猷欽，〈中華民國郵票設計中的觀光與臺灣意象〉。〔註11〕中華民國自 1956 年開辦觀光事業以來，郵政總局即配合觀光政策發行各類型主題之郵票，用以宣傳臺灣自然與文化之觀光資源，吸引外國觀光客來臺旅遊。隨著 1970 年代國際情勢的轉變，郵票在中華民國總體外交策略中，扮演著國際政治宣傳與拓展觀光的重要角色。到了 1980 年代，一方面由於中共改革開放所造成觀光資源的競爭與挑戰，另一方面則因臺灣經濟高度蓬勃發展促使國內大眾旅遊的興起，影響了郵票設計對國內民眾觀光需求的注意。而從 1990 年代以來，郵票設計更轉向對臺灣在地文化以及文化活動體驗的重視。本文以郵政總局所發行的郵票為研究對象，分析郵票中的風景、天然與文化物產等主題，探究自 1950 年以來郵票設計中臺灣意象的轉變。筆者藉由馬坎奈爾對觀光研究所提出之「景點神聖化」與「觀光佈景」中的前臺與後臺論點，將郵票設計中的臺灣意象區分為三個階段，首先是 1950～1970 年代以大量中國文化符號所營造之中國意象，其次是 1980～1990 年代逐漸轉向臺灣本地天然與人文景觀之描繪，最後是 2000 年之後強調體驗動態文化展演之新趨勢。

　　6. 丁玉寶，〈郵票上的國慶〉。〔註12〕此篇文章以郵票是國家的名片，就像一個特殊的國家大使，自由地游走於世界各國，發揮著它的作用。無論哪個國家，一旦建立，發行自己的國慶（建國）郵票是當務之急。作者認為中華人民共和國的郵票發行史上，國慶題材郵票一直是主角，它猶如百花園中的牡丹花，分外妖嬈。彰顯國家標誌新中國成立後發行的所有國慶題材郵票中，表現國徽、國旗這一國家標誌，是最突出、最醒目的。

　　7. 劉建輝、田潤德，〈琳琅滿目的各國國慶郵票——彰顯各國政體特徵的「國家名片」（上）〉。〔註13〕作者以此篇文章藉由各國國慶郵票，探討各國政體之特徵。此文以國慶日是每個國家的重要節日，它承載著一個國家的歷史和民族的集體記憶；儘管世界各國都有自己不同的慶祝國慶的方式，但是，為國

〔註11〕黃猷欽，〈中華民國郵票設計中的觀光與臺灣意象〉，《南藝學報》第 5 期（2012 年 12 月，台南），頁 107～145。

〔註12〕丁玉寶，〈郵票上的國慶〉，《福建黨史月刊》第 6 期（2015 年，福建），頁 63 ～64。

〔註13〕劉建輝、田潤德，〈琳琅滿目的各國國慶郵票——彰顯各國政體特徵的「國家名片」（上）〉，《集郵博覽》第 10 期（2016 年），頁 87～89。

慶日所發行郵票，則是不同制度、不同種族、不同信仰的國家所採取的相同的紀念方式之一，因此以此類郵票作為研究對象。

　　8. 李鳳然，〈郵票因緣：臺灣參與冬季奧運會之研究〉。〔註14〕作者以中華郵政於 1972 年及 1976 年為紀念臺灣參與冬季奧林匹克運動會分別以「滑降」、「越野」、「大迴轉」及「滑雪射擊」、「雪橇」、「滑雪」等滑雪運動項目為主題，發行體育郵票共兩套、六張，其透過相關文獻進行解讀與分析，探討臺灣參與冬季奧運會之契機與目的；因此，所得結論為：（1）1959 年，臺灣為維護奧會會籍之名稱，積極爭取參加 1960 年冬季奧運會，在氣候環境不利的情況下，仍選派選手至國外移地訓練，以參加比賽。（2）臺灣於 1968 年墨西哥奧運會正名成功後，正式成為冬季運動單項總會會員，受邀參加 1972 年及 1976 年冬季奧運會，政府單位為紀念臺灣參與冬季奧運會，於此兩屆奧運會開幕之際，發行以冬季運動項目為主之體育郵票，以示紀念，並藉此提倡與宣傳冬季運動項目，以培育優秀冬季運動選手，參與國際賽事。（3）1971 年，臺灣退出聯合國，在國際政治受挫的情況下，仍參與 1972 年冬季奧運會，成績雖不理想，但透過參與國際賽事，與國際各國接觸，拓展外交，企圖重返聯合國，以上三點為其研究成果。

　　9. 曹益民，〈記錄歷史的「微縮檔案」——改革開放前發行的二十五套國慶郵票〉。〔註15〕此作者寫到郵票是一個國家或地區郵政部門發行的郵資憑證，自 1840 年世界第一枚郵票《黑便士》在英國誕生，至今已有一百七十多年的歷史。作為一個國家的名片，郵票還具有歷史檔案的功能。從中華人民共和國成立到改革開放前近 30 年的時間裡，亦經歷了一些曲折。作者以其國家郵政發行的國慶郵票共 25 套 120 枚，論述其國家的進程，使郵票成為紀錄歷史的「微縮檔案」。

西文部份

　　1. Douglas Frewer, *Japanese postage stamps as social agents: some anthropological perspective*，〔註16〕作者藉由 1937 年至 1989 年期間發行的郵

〔註14〕李鳳然，〈郵票因緣：臺灣參與冬季奧運會之研究〉，《身體文化學報》第 23 期（2016 年 12 月），頁 77〜93。

〔註15〕曹益民，〈記錄歷史的「微縮檔案」——改革開放前發行的二十五套國慶郵票〉，《炎黃春秋》第 2 期（2018 年），頁 37〜42。

〔註16〕Douglas Frewer, *Japanese postage stamps as social agents: some anthropological perspective*，《日本論壇》第 14 卷第 1 期，2002 年，頁 1〜19。

票問題與不斷變化的日本政治環境聯繫起來，確定了其設計中的主題，涉及政府試圖重新定義日本民族認同和日本在世界上所希望的角色。描述了政治家，公務員和藝術家／設計師在設計創作中的作用。作者並探討了在郵票上分析圖像的社會意義問題，包括象徵主義和符號學理論以及藝術人類學，並對其明顯主題的分析作出了選擇。在對社會機構的範圍和性質進行適當評估之前，需要對這項研究進行擴展，以包括評估這些郵票的使用者如何在日本和國外對其設計進行解釋和行動。

2. Phil Dean, *Isolation, Identity and Taiwanese Stamps as Vehicles for Regime Legitimation*，〔註17〕作者所討論的範圍為 1949 年至 2004 年為止，時間斷限在其發表論文的前一年，將中華民國所有發行的郵票皆納入探討的範圍內，以政治性的訊息探索為主。在臺灣的郵票是一種在威權政治下將國家價值觀向大眾灌輸的管道，其郵票設計倡導官方認可的文化價值，並反映出領袖者的形象，以及某種特定的歷史認知，統治權的合法性與中國代表的正統性。隨著時代的推移，相對於 20 世紀 50 年代，在 20 世紀 90 年代之後，由於民主憲政的轉型，從大中國的意識呈現的圖像，漸次減少，而相對的臺灣圖像數量明顯增加，尤其 2000 年之後，臺灣的自然生態諸如風景、植物、動物等圖像躍然於票面上；其中探討「臺灣」，在國家主權方面，從各種角度書寫或圖像符號，來表達「臺灣是什麼？」或「什麼是臺灣人？」不管是國家、洲、島嶼、省、政治實體、其他專有術語名詞，都有所爭議。作者以郵票票面圖像的主題變化，闡述中華民國在臺灣政治社會文化環境變遷的現象。

3. Donald M. Reid, *The Symbolism of Postage Stamps: A Source for the Historian*，唐納德·里德的〈郵票的象徵意義：歷史學家的探源〉，〔註18〕此著作由郵票圖像，闡述著中東鄂圖曼土耳其在 20 世紀初期之歷史變遷，並分析政府發行之用意，以及郵票設計者利用圖像的場景、語詞的選擇，反應其愛國主義。作者認為大多數歷史學家偏向於書面文件，除了藝術史學家之外，他們傾向於忽略如郵票等圖像可能提供的視覺證據，將這些視覺證據僅

〔註17〕 Phil Dean, *Isolation, Identity and Taiwanese Stamps as Vehicles for Regime Legitimation*, East Asia, 22.2 (June 2005), pp. 8~30.

〔註18〕 Donald M. Reid, *The Symbolism of Postage Stamps: A Source for the Historian*,（郵票的象徵意義：歷史學家的探源），Article *in* Journal of Contemporary History 19 (2): 223~249, January 1984 *with* 38 Reads DOI: 10.1177/002200948401900204，檢索日期：2016/5/21。

僅作為書面資料的「插圖」看待而已。另外，其認為郵票是政府尋求向其公民和世界傳達的象徵性信息極好的方式，然而長期以來，錢幣學不僅被認為是一種愛好和投資，而且還被認為是對一般歷史學家具有相當重要價值的學術研究。相比之下，集郵從未被視為具有學術性的地位。集郵家花費數小時對特定問題的小型印刷版本進行編目，相互討論，並只在郵票雜誌上發表。因此，此文是以郵票的圖像意義，探討國家歷史的根源與發展背景的著述，值得參考。

　　4. David Scott, *National icons: the semiotics of the French stamp*，〔註19〕作者大衛此篇文章認為郵票的符號狀態，不容易定義。尤其涉及到它的多種功能時，其中第一個即是表示國家，從郵票的數字、文字、名稱三方面，可以界定之。郵票本身從來不只是一個圖標而已，而是代表一個國家或是一種文化的實際面，它結合了標誌性的元素，體現著法國的形象。數字、標誌或徽標，這些元素合併其中，匯聚在一起，代表了複雜的現實性，郵票有其象徵、寓意的傾向；人們可以透過收集一個國家的郵票，去好好地認識一個國家的文化，作者以法國大革命兩百週年紀念郵票為例，視覺形象與視覺標誌，都是框架，認為紀念郵票同時扮演一個標誌性和索引的作用，紀念郵票具有符號學的複雜性，其功能是通過提供吸引與簡潔的形象，以推廣至全國，典型主題包括紀念日和歷史事件、藝術、建築雕塑、著名人物如科學家、軍事英雄、藝術家等、國家會議、國家組織或社團、展覽、城鎮、古蹟遺址、衛生、紅十字會和體育等等。

　　5. Pauliina Raento & Stanley D. Brunn, *Picturing a nation: Finland on postage stamps, 1917~2000*，〔註20〕作者以 1917 年至 2000 年的芬蘭郵票作為研究對象，其認為郵票的圖像有助於構建民族敘事，集體記憶和國家的自我形象，因為郵票是國家的產物，並且不斷出現在日常情境中。在該國 20 世紀獨立期間發行的 1,457 枚芬蘭郵票的檢查是基於視覺方法的混合。郵票在其特定時間和空間的背景下，被視為多層的身份即政治文本。這些郵票敘述了芬蘭國家，國家和社會的演變，並反映了國家與其主體之間不斷變化的關係。

〔註19〕David Scott, *National icons: the semiotics of the French stamp*, French Cultural Studies 1992; 3; 215.

〔註20〕Pauliina Raento & Stanley D. Brunn, "*Picturing a nation: Finland on postage stamps, 1917~2000*", Volume 10, Issue (2008.1): "Nation, state and identity in Finland" P. 49~75.

（三）學位論文

1. 黃猷欽，*National Identity and Ideology in the Design of Postage Stamps of China and Taiwan, 1949~1979*，〔註21〕此篇論文研究範圍為 1949 年至 1979 年兩岸所發行的郵票票面的意象，作者認為郵票是由一個得到國際社會其他成員認可的國家獨家製作的。政府一直利用這些微小的圖像作為國家和國際宣傳。中華人民共和國和中華民國同時主張繼承中國政權，兩國郵政當局利用郵票，建立自己中國民族的身份，進行長期的宣傳戰。郵政當局依照其國家目標的原則，同時為了其營銷目標，亦考慮集郵者的品味和需求，以及國內、外郵票市場的喜好，負責郵票的規劃和設計。此文比較兩個國家的郵票如何配合國家的政策導向，並設計國家政治、地理、文化的視覺特徵，並比較分析「兩個中國」郵票設計的意識形態和民族認同。

2. 胡甜甜，〈兩岸四地生肖郵票圖像表現發展比較〉，〔註22〕研究者以設計角度探索在臺灣、中國、香港、澳門，兩岸四地人民雖為同文同種，然生肖郵票圖像表現則有所差異，作者從圖像面向及緣由，結合田野調查法、文獻分析法、歷史研究法、比較研究法及深度訪談法，將生肖郵票圖像表現鎖定在分類、策略、影響因素等三個方向，其研究成果，其一、分類有（1）生肖圖像；（2）象徵新年的圖案元素；（3）文字；（4）生肖動物與文字。其中又以「生肖圖像」比重最高。其二、策略有寫實、樣式、簡化、幾何、抽象、立體、裝飾、擬人及象徵九種。臺灣最常用「樣式化」及「簡化」；中國最常用「裝飾」；香港最常用「樣式」；澳門最常用「簡化」。其三、影響因素有（1）設計師的個人風格；（2）郵局企劃與評審之決策；（3）時代與工具進步；（4）現代化與全球化趨勢；（5）國家政策與文化風貌。生肖郵票會循環發行，換言之，它具備後續發行的必然性或可能性，故，此文對日後設計生肖郵票者，提供許多中肯的建議。

3. 李鳳然，〈臺灣體育郵票之歷史圖像研究（1960～2012）〉，〔註23〕其研究認為：郵票為國家發行的有價票券，在圖像的呈現上主要以代表一個國家

〔註21〕 Huang, Yu-Chin, *National Identity and Ideology in the Design of Postage Stamps of China and Taiwan, 1949~1979*, Ph. D. dissertation, School of Oriental and African Studies, University of London, 2007.

〔註22〕 胡甜甜，〈兩岸四地生肖郵票圖像表現發展比較〉（臺中技術學院商業設計系碩士論文，2010 年）。

〔註23〕 李鳳然，〈臺灣體育郵票之歷史圖像研究（1960～2012）〉（國立臺灣師範大學體育學系碩士論文，2014 年）。

的歷史人文、風土民情為主，具有宣傳國家之用，顯示出各國的國情，因此郵票素有「國家的名片」與「小型百科全書」之稱。為了瞭解臺灣體育郵票的發展，針對臺灣體育郵票的發行緣由、目的與意涵進行探討。其發現（1）臺灣為慶賀楊傳廣於羅馬奧運勇奪十項全能銀牌以及紀念舉辦第 15 屆全省運動會，自 1960 年開始發行第一套體育郵票，至 2012 年共發行 47 套、133 枚，其中包含各種運動項目，針對其發行目的與性質，分為競技運動與全民運動兩大類，並又細分為奧運、棒球、運動賽事、全民體育、民俗活動與戶外休閒活動等六小項。（2）從體育郵票的發行類別中，主要以紀念郵票及特種郵票為主，顯示出發行目的為紀念臺灣體育重要大事與宣傳各項政府政策，藉此來宣揚政府對於體育政策的重視與闡揚政策推動下的體育成就。（3）從體育郵票的圖像中，其背後蘊含著臺灣維護奧委會會籍的過程、爭取舉辦國際賽事以增加能見度、政府倡導全民體育的重要、發展在地化特色與休閒運動等意涵。

4. 李盈佳，〈戰後臺灣的郵票與黨國認同之形塑（1945～1992）〉，[註 24] 其研究聚焦於戰後臺灣的郵票與黨國認同的形塑。在戰後臺灣，郵票經過統治者的認可而被發行，它們除了可以被視作可閱讀的文本，也反映出被中國國民黨所掌握的中華民國政府的意圖與意識型態。其所探討的是中華民國政府戰後在臺灣發行郵票的歷程，以及郵票票面上具備型塑黨國認同效果的主題，最後是具備形塑認同之能力的郵票，如何在戰後臺灣的社會中扮演各種角色，其研究發現，戰後臺灣的郵票確實對黨國認同的形塑發揮一定程度的效果。

5. 呂婷婷，〈新中國戲曲郵票研究〉，[註 25] 作者將郵票使與戲曲藝術結合作做研究，論述戲曲郵票，以郵票為載體，宣傳戲曲藝術之精華，此類郵票作為郵資憑證的同時，同時具有傳播知識與宣傳教育之作用，為傳統文化的傳承與發展提供新的途徑，並具有現實之意義。其研究發現戲曲郵票只能零星的反映戲曲內容，以它作為角度探討戲曲藝術是微弱的，無法真正還原戲曲藝術的博大精深。此篇論文介紹 1949 年中華人民共和國成立後至 21 世紀，與戲曲藝術相關的郵票，分門別類探討票面上的樣板戲、京劇、崑曲、劇曲文學、皮影藝術、戲曲電影、戲曲年畫、樂器等等 30 套郵票，以郵票傳播戲

〔註 24〕 李盈佳，〈戰後臺灣的郵票與黨國認同之形塑（1945～1992）〉（國立臺灣大學歷史學研究所碩士論文，2017 年）。

〔註 25〕 呂婷婷，〈新中國戲曲郵票研究〉（山西師範大學戲曲文物研究所碩士論文，2012 年）。

曲文化，拓寬了傳承領域，有益於戲曲普及之作用。此文介紹頗多，亦為細膩，讓人可藉此一覽戲曲的藝術世界；惜結論過少，參考文獻上缺乏檔案資料來源，為不足之處。

　　以上與本文探討主題較有關係的學術文章有幾篇，其一、姚村雄，〈從光復初期的社會環境探討當時臺灣的郵票設計〉。此篇文章對本人啟發甚多，由於此篇僅以臺灣光復初期為探討之時代背景，因此，除卻藝術設計的探索外，本文以戰後時期，延續至蔣經國先生逝世為止，以較長的時代遞衍，探討郵票圖像呈現的時代變遷。其二、黃猷欽，*National Identity and Ideology in the Design of Postage Stamps of China and Taiwan, 1949~1979*，此篇論文作者在郵票的設計藝術上，著墨甚多，並比較分析「兩個中國」郵票設計的意識形態和民族認同，惟在歷史事件與票面的詮釋上，較未以歷史研究之方式考證，因此本研究將補強在郵票上國族教育這一部份的歷史研究。其三、李鳳然，〈臺灣體育郵票之歷史圖像研究（1960～2012）〉，一文將體育郵票與體育競賽相應之介紹分析甚多，本文則以對外關係上國際局勢變化下，奧運競賽與棒球競賽的紀念郵票轉變，並論述時代背景下的國民體育與愛國民心的結合現象。另外，李鳳然另一篇〈郵票因緣：臺灣參與冬季奧運會之研究〉。論述到臺灣退出聯合國，在國際政治受挫的情況下，仍參與 1972 年冬季奧運會，由於本篇以紀念郵票為主，故冬季奧運多為發行特種郵票，故本文不予探討。其四、Phil Dean, *Isolation, Identity and Taiwanese Stamps as Vehicles for Regime Legitimation*，這篇所討論的範圍為 1949 年至 2004 年為止，將中華民國所有發行的郵票皆納入探討的範圍內，以政治性的訊息探索為主，區別解嚴前後國土認同在郵票所呈現的圖像，本文則專以紀念郵票為研究對象，但不僅於政治性的探索，亦有經濟文化等方面的論述分析。其五、李盈佳所著〈戰後臺灣的郵票與黨國認同之形塑（1945～1992）〉，強調各種郵票在黨國認同形塑的軌跡，以歷史研究而言，其參考文獻上之檔案史料採用甚少，專書亦不多，甚為可惜，其研究涵蓋的時間較本文研究範疇長，但本文以兩蔣時期之紀念郵票為主，所探討的為政治外交經濟文化等，在詮釋分析層面不限於政治方面之意涵。

四、研究方法

　　本文採用圖像研究法，著重於歷史證據的可能性而非審美之價值。圖像以及對社會事件所產生的影響甚多，歷史學家如何利用這些圖像材料來界定

和解讀歷史現象，是文獻學上所需面臨的課題。〔註26〕與文字相比，視覺性或是圖畫材料更具有直接性、全面性和同時性的特點，亦即圖像可以使人們直接、全面地同時地把它印在腦海裡。〔註27〕由圖像去探索圖像背後所具備的深層意涵，產生了圖像學。視覺研究或是圖像研究，在於「它能提供一種以文本研究基礎的人類學領域之外，是一種更傑出而實際的呈現。」〔註28〕因為圖像其本身即是文字的源頭，與文字語言有著密切的關係，文字和圖像能彼此互相印證，且聯合起來重構知覺世界的浩瀚圖景。故圖像不僅具有敘事性，且透過暗示、象徵性，以及烘托與強化的方法，使其有著文本所無法比擬的優越性，〔註29〕而增添人們印象的深刻性。

　　其次對於歷史的集體記憶，亦為本文所探討的一部分，每一種集體記憶都需要一個具有時空界域的團體作為支撐，是確立認同、動員支援、競奪權力的象徵資源之一，而藉由語言、文字與圖像媒介將集體經驗敘事化；〔註30〕因此對於當代在郵票發行的意涵與作用，加上時代背景及報章媒體的紀錄，與集體記憶作比對，顯現當代歷史事件的影響性。

　　本論文研究以歷史研究法為主，以郵票圖像作為一種史料研究的對象，圖像的呈現是製造者與觀看者之間的一種特殊的連結，觀看者所看到的是一個經過塑造的觀點，郵票即是經過特別塑造而成的圖像產品，使用此材料時，亦須注意其製作的背景與動機。因此本文以中華郵政發行之紀念郵票作為圖像史料，運用文獻分析法與之交互印證，加上檔案與相關文獻與報章期刊的運用，加以分析探討戰後中華民國在臺灣的政治、外交、經濟、社會文化等變遷，歸納綜合，以增益本論文歷史解釋之客觀性，再以文化研究法，與圖像研究法探索兩蔣時期所發行紀念郵票，循藉著當代社會脈絡與票面圖像之傳達意涵，達到以史觀圖，以圖證史之目的。

〔註26〕方維規，〈再論新媒介的能量〉，《北京師範大學文學院──社會科學論壇》第1A期（2009年7月1日，北京），頁62～73。

〔註27〕邢義田，《立體的歷史──從圖像看古代中國與域外文化》（臺北：三民書局，2014年5月），頁5～7。

〔註28〕（美）詹姆斯‧埃爾金斯，雷鑫譯，《視覺研究：懷疑式導讀──西方當代視覺文化藝術精品譯叢》（南京：鳳凰傳媒出版集團，2010年），頁2。

〔註29〕魚宏亮，〈重建觀念史圖像中的歷史真實──中國近代觀念史研究的新範式〉，《東亞觀念史集刊》第3期，2012年12月，頁459。

〔註30〕林柏州，《中華民國國慶慶典及其相關文化打造（1912～1987）》（臺北：中國文化大學史學研究所博士論文，2014年），頁26。

五、研究限制與說明

　　本文以紀念郵票為研究主要對象，所使用郵票圖像，非以郵票實物翻拍之圖像，皆以中華郵政全球資訊網之《郵票寶藏》單元為來源，少數輔以書籍文獻之郵票圖像；概因時代久遠，紀念郵票本屬某時段之絕版品，物量稀少，不易取得，價值不斐，因之，在此說明。

　　其次，以圖像作為史料運用，著重於其作為歷史的證據，並非審美藝術之價值，故本文以歷史事件與郵票圖像為探討對象，對於藝術設計、印刷學等專業領域部分，除因囿於所學外，亦非史學探索重心，故本文不予探討。郵票屬於傳播、收藏與實用功效之政府出版品，其本身具有大眾化、通俗藝術化特色，故，在此處圖像解讀之方式，遂非以專業藝術學者角度審視，而是以此大眾通俗眼光視之，故，本文中對於每張郵票圖像之說明，除參酌中華郵政公告的資料外，以筆者觀感分析表述。然，觀者人言言殊，但盡量以相關文獻比對，作為分析，以求客觀。

　　再者，本研究以紀念郵票為主，在兩蔣時期，郵票作為宣揚政策與教化人民，為使人民長期於日常生活在雁字往返無形中耳濡目染，而在製作某些專題郵票，諸如經濟建設與愛國教育方面，其特種郵票與常用郵票較紀念郵票為多時，則除列舉紀念郵票外，亦將常用郵票與特種郵票列舉一、二，以輔助印證此時期國家推廣政策之現象，特此說明。

　　另外說明：本文圖示票名後括號的「紀」字加上數字，為中華郵政標示各類郵票該次發行排序，依據時間與分類而標示，紀字為紀念郵票，紀025，代表第25套紀念郵票，「常」字為常用郵票，「特」字為特種郵票，以此類推。再者，為求編排美觀性與閱覽之方便性，因此本文列舉的郵票圖像，不盡與原票比例相同。

六、論文章節安排

　　本論文除緒論與結論外，共分四章，每章各分兩節，章節如下：

緒　論

第一章　近代郵政與郵票之發展

　第一節　近代新式郵政之興起

　第二節　郵票興起與圖像史料

第二章　國家型塑與紀念郵票意涵

　第一節　政治節日與體制變革

以下說明各章之探討重點：

緒論：論述研究動機與本文之研究方法，研究回顧為與本文類似或相關文獻之回顧，著作有三本，期刊論文有十一篇，學位論文有四篇；研究限制與說明，並說明章節架構。

第一章　近代新式郵政與郵票之發展

本章論述近代郵政之興起以及郵票與圖像史料的關係。

第一節在探討近代新式郵政的興起之前，概述古代郵政（郵驛）的起源與發展，郵驛制度代代承襲，後代皆立於前朝之規模，加以發展，使制度益加完備；然而，自上古至清代，在制度與功用上並無太大改變，直到清末為因應時勢所需，而轉型為仿西方的新式郵政制度，因應新式郵政的發展，而有郵票之產生。並述郵遞模式在新式郵政正式成立前過渡階段之紛亂現象，以及清末臺灣地區的郵務發展狀況。

第二節是略探郵票的緣起與郵票的種類與特色，以及發行製作的程序；並探討中華民族與臺灣地區第一套官方郵票與紀念郵票的製作緣由與設計概念，以及郵票與圖像史料的研究關係。

第二章　國家型塑與紀念郵票意涵

論述重點為從紀念郵票中，看兩蔣時期的政治節日與體制變革，以及探討有關型塑領袖與愛國青年的紀念郵票。

臺灣的節日與相關慶典活動，在政府的積極運作下，形成一種生活文化，透過舉行相關紀念活動，建構集體記憶與國族認同，[註31] 在這些特別的節日

〔註31〕 集體記憶依賴各式文化媒介，如塑像、紀念碑、紀念儀式、教科書、電影、電視、戲劇、海報等，作為傳達共同記憶的媒介，建構人們對歷史共同的理解與認知。蕭阿勤，〈集體記憶理論的檢討：解剖者、拯救者、與一種民主觀點〉，《思與言》第 35 卷第 1 期（1997），頁 254。

時，政府即發行相關之紀念郵票加強宣傳，而在特殊的時局下，實施戒嚴而使
臺灣社會在民主自由的發展受到了限制，成為一個有限的民主國家，從郵票圖
像中可以看出其中體制上的變遷。

其次，歷史傳統是經過擇選、創造與詮釋，強調的「過去」，或形成一種
「被發明的傳統」，〔註32〕透過社會、媒體、教育等方式，使人民對於國家選
定的重要歷史人物形象印象深刻，成為一群人的集體記憶，〔註33〕具有在現實
社會人群中的意義，青少年與青年早期的社會記憶，影響著一個世代人群的政
治、社會價值最重要的經驗與記憶；而在兩蔣強人政治時期對人民的歷史教育
與愛國思想的啟迪，在郵票的設計上，一系列的型塑領袖與愛國青年的郵票，
無形中行成為當代人民的一種社會記憶。

第三章　對外關係與紀念郵票意涵

探討國際關係的千轉百折與戰雲密佈的臺灣海峽為主題，從發行的郵票
看到從1950～80年代，臺灣對外關係的一個縮影。

中華民國的外交關係，錯綜複雜，在其他強國政策與領導人的風格轉換
之下，國際環境，產生許多變異，對中華民國產生一定程度的影響。因此，臺
灣地區所發行關於國際主題取向的郵票，亦受中華民國的國際地位所影響。其
次探討在國際競技場上的具代表性的奧運與棒球等體育類的紀念郵票，透過
探討此兩類郵票發行之始末，可瞭解當代社會氛圍，與我國在國際地位上的轉
折過程。

第二節探討在兩岸關係屬於軍事對峙僵持時期，在冷戰的環境下，仍然延
續著國共內戰的形勢，臺海海峽籠罩在劍拔弩張的戰鬥氛圍裡，與此相關的紀
念郵票不多，此時衍生的反共義士等議題相關之紀念郵票亦為探討重點。

〔註32〕霍布斯邦，崔姆‧路普，摩根，康納汀，康恩，藍傑著，陳思仁，潘宗億，洪
　　　 靜宜，蕭道中，徐文路等譯，《被發明的傳統》（臺北：貓頭鷹出版，2002年）。
　　　 英國左派史家霍布斯邦（Eric Hobsbawm）及多位學者考量近兩百年來許多所
　　　 謂的「傳統」未曾被仔細地研究；他們為了彰顯「傳統」是人為創造的、是具
　　　 有文化和社會意義的，周遭許多有形無形「傳統」的來由外，更可以發現近
　　　 二、三百年，一方面「傳統」依賴「創造」而再生，另方面「創造」卻又需要
　　　 「傳統」的啟發；「傳統」與「創造」之間是互動的，這是「歷史意識」與「現
　　　 實意識」呈現辯證關係的明證。
〔註33〕所謂的集體記憶，是指一個團體或組員所具有的獨特記憶，他的存在和建構
　　　 使團體成員擁有一種命運共同體的經常感受，同時也可以增強組員的社會和
　　　 政治認同。瞿海源、王振寰主編：《社會學與臺灣社會》（臺北：巨流圖書，2003
　　　 年），頁63。

第四章　經濟文化與紀念郵票意涵

本章探討與全民奮鬥下的經濟建設，以及文化與教育層面等相關紀念郵票之意涵為重心。

第一節以當代的經濟層面與所相應而生之相關的郵票為探討主題。戰後的全國經濟發展是循序漸進的，從混亂到穩定的過程，從計畫經濟轉型到市場經濟，經濟結構的變遷，除帶動了社會政治結構的變遷外，也帶動都市化與中產階級的興起。1950 年代初期強調計畫經濟，以國營事業為主，1960 年代進入經濟起飛的階段。1970 年代開始，國家進入變化多端的時代，外交陷於孤立狀態，同時，在 1970 年代遭逢全球石油能源經濟危機，引發臺灣諸多經濟問題，此時期蔣經國推動一系列的經濟措施，也帶動臺灣的經濟奇蹟，使得社會文化得以獲得更進一步的發展，因應政府經濟政策的推廣，發行一系列與經濟建設相關的郵票。

第二節論述此時期與教育文化層面相關紀念郵票為主。1950～60 年代，中華民國的教育政策，深受蔣中正的關注與影響，許多教育文化的相關決策，亦影響到蔣經國主政時期的教育發展方向。1950 年代的教育方針，以反共抗俄為導向，而戰勝的武器即是民族精神教育與民族道德教育，透過教育，塑造人民的道德精神、民族意識和傳統文化之素養，使儒家孔孟學說成為整個國家社會文化的主流。

結論：總結各章之研究成果，加以整合。

第一章　新式郵政與郵票的發展

　　本章在探討近代新式郵政的興起之前，先概略了解古代郵政的起源與發展，亦即郵驛制度。郵驛制度代代承襲，後代皆立於前朝之規模，加以發展，使制度益加完備；然而，自上古至清代之郵驛制度，在制度與功用上並無太大改變，〔註1〕直到清末為因應時勢所需，而轉型為仿西方的新式郵政制度，因應新式郵政的發展，而有郵票之產生。以下分為兩節，分別以郵政與郵票為主題論述之。

第一節　近代新式郵政的興起

　　本節主題為近代新式郵政的興起，從探討郵政的起源與發展，由舊有郵驛制度轉型至近代仿效西式郵政的原因與過程，中華民族在近代國家郵政體系在西力東漸時，新式郵政正式成立前的過渡階段，郵遞紛亂現象，以及清末臺灣地區的郵務發展狀況。

（一）郵政的起源與發展

　　遞信體系在近代新式郵政興起之前，自古以郵驛制度為主。對於傳遞訊息的機構，歷代有所變革，今通稱古代的郵政組織為「郵驛」、「驛站」或是「郵傳」。〔註2〕信息傳遞的方式，歷代皆有所發展，自商周以來，通訊即具有軍事示警之用，從擊鼓、旌旗、峰燧的聲光傳遞方式，信息的傳達關係著部落或國家的生存安危，具重要意義，烽火擊鼓的聲光軍事通訊之法，歷代相傳，

〔註1〕張翊，《中華郵政史》（臺北：東大圖書股份有限公司，1996年），頁51。
〔註2〕臧榮，《中國古代驛站與郵傳》（臺北：臺灣商務印書館，1994年），頁4。

直至清朝；〔註3〕郵驛的發展與歷代的道路開闢、旅館的設立、車馬船隻等運輸工具的運用，以及沿途城鎮村落的形成，有一定的關係；當國家制度日漸完備之後，為求政治上的統治與指揮的加強，為滿足政治與通信與軍事運輸之需，國家必須控制路政及維護交通，在歷史的演進下，使郵遞傳驛漸漸形成制度化的組織，即所謂的郵驛制度。〔註4〕

　　各朝之郵驛制度，概略說明如下：商周時期，驛道匯通交通脈絡，各驛站日漸成為沿途地區之政治、軍事、經濟與文化的中心；秦代修治馳道，夷險阻，使全國各區交通暢行無阻，範圍擴大，自郵驛通信制度自秦代開始規範化；〔註5〕兩漢時期，在秦代制度上繼續發展，自張騫通使西域後，開通國際郵路，完成以長安與洛陽為中心的通信網；魏晉南北朝時期，雖天下紛亂，郵驛亦能通達；〔註6〕隋唐時期，驛的數量增多，此時為驛傳合一制度，任務為負責國家公文書信的傳遞，傳達緊急軍事情報，遣送官員，懷柔少數民族，平息內亂，追捕罪犯，災區撫慰，押送犯人，管理貢品運輸等各項事物，甚為龐雜，驛站遍佈天下，公文傳遞有分水驛〔註7〕、陸驛〔註8〕、水陸兼驛，形成一個龐大的郵政體系；〔註9〕及至宋代，郵驛事務為中央機構兵部掌管，為保

〔註3〕聲遞方式，據殷商甲骨文載，邊境地區通過響亮鼓聲，將敵國入侵消息通告戍守邊地的諸侯，以為戒備，唐代時亦有聲遞之載，如《新唐書》：「令曰：『聞鼓不進者斬。』擊鼓，士爭赴賊，賊射不勝，大破之。」至於光遞之方式，則以「烽」、「燧」為主。在漢朝時，「五里設一燧，十里有一墩，三十里一堡壘，一百里一城寨。」在《清史稿·志一百十二》載有關烽燧之事：「環苗疆數百里，烽燧相望，聲息相聞。」參見：陳夢家，《殷墟卜辭綜述》（北京：中華書局，1956年），頁239；（宋）歐陽修，宋祈撰；楊家駱主編，《新唐書》·卷九十五·列傳第二十（臺北：臺灣商務印書館，2010年），頁3845。（漢）司馬遷撰；（劉宋）裴駰集解；（唐）司馬貞索隱，《史記》·卷二十八·〈封禪書〉第六·（臺北：臺灣商務印書館，1983年），頁1377；（清）趙爾巽等著；楊家駱校，《清史稿》·志一百十二·兵八（北京：中華書局，1977年），頁4093。

〔註4〕王士英，《中國郵政史料叢稿》（臺北：今日郵政月刊社，1984年），頁5；馬楚堅，《中國古代郵驛》（臺北：臺灣商務印書館，1999年），頁3、10。

〔註5〕秦朝《行書律》有嚴格規定，稽留延誤者，依律處份。晏星，《中華郵政發展史》（臺北：臺灣商務印書館，1994年），頁65。

〔註6〕馬楚堅，《中國古代郵驛》，頁62。

〔註7〕傳送公文的為驛夫和水夫，生活艱苦，逆水行舟日行三十里，河日行四十里，江日行五十里，餘六十里。空舟順水一百至一百五十里。

〔註8〕分馬驛、步遞、驢遞、駱駝遞（驛夫稱明駝使）。最快的緊急公文遞送要求為日馳五百里。

〔註9〕唐代全盛時，全國共有1600多個，水驛260個，陸驛約莫1300個，水陸兼驛80多個。其中專門從事驛務者曰兩萬多人，其中驛夫17000人，是一個龐

障官方文書之安全，對郵驛管理有嚴格的規範，按軍事編制，「急遞鋪」為迅速送達緊急公文，宋代另一特色是在私驛遞送方面，將「私書附遞」法律化。〔註10〕元代則將宋代之「急遞鋪」改稱為「通遠鋪」，制度更加完備，組織嚴密，網絡發達；〔註11〕明代時期之郵驛鋪遞承襲宋元制度，唯明太祖為除郵驛濫用之弊，特製信物，分為符驗、勘合、火牌三種。〔註12〕

（二）清代郵驛

清代驛政制度承襲前朝，清代在京城，置皇華驛，為清代驛站樞紐，主要遞送中央發驛文報。郵驛組織在此朝的組織機構有明確而繁瑣規定，管理較為嚴格。清初康熙當政，整飭驛政，以杜冒濫橫索等弊，遏止長年用驛橫索之風。〔註13〕《清史稿》載：「驛置肇自前漢，歷代因之。清沿明制，設驛馬，為額四萬三千三百有奇。各省驛制，定於康熙二年，凡齎奏官驛馬之數，各藩馬五匹，公、將軍、提督、督、撫三匹，總兵、巡鹽御史二匹，從兵部侍郎石麟請也。邊外之驛，定於九年，凡明詔特遣，及理藩院飭赴蒙古諸部宣諭公務，得乘邊外驛馬。」〔註14〕清代驛政在順治、康熙、雍正、乾隆四朝努力經營下，中國郵驛制度發展至頂峰。英人馬戛爾尼（George Macartney, 1st Earl Macartney，1737～1806）使華，〔註15〕其記載：「英人注意朝廷書信往來頻繁，建立在龐大的物力組織基礎的郵件傳遞使他們嘆為觀止。大量驛站遍佈全國，使團離京越遠，傳送書信速度越快，前往天津傳速一日四百里（兩百公里），南下最高傳速六百里，北京至廣州十天可達，而使團將用八十天左右時間方能

大的郵政隊伍。參閱臧榮，《中國古代驛站與郵傳》，頁70～71。

〔註10〕宋仁宗時，景祐三年五月下詔令：「自今內外臣僚，聽以家書附遞。」（南宋）李燾編撰，《續資治通鑑長編》，卷118（北京：中華書局，1995年）。馬楚堅，《中國古代郵驛》，頁106～107；臧榮，《中國古代驛站與郵傳》，頁99～100；晏星（潘安生），《中華郵政發展史》，頁128129；張翊，《中華郵政史》，頁28～29。

〔註11〕「元有天下，薄海內外，人跡所及，皆置譯傳，使驛往來，如行國中。」（明）宋濂等撰、楊家駱主編，《元史》，卷63．志第15．地理六．河源附錄（北京：中華書局，1974年），頁1563。

〔註12〕（清）張廷玉等撰、楊家駱主編，《明史》．卷六十八．志第四十四．輿服四．符牌．（臺北：頂文書局，1980年），頁1664。

〔註13〕（清）趙爾巽等撰、楊家駱校，《清史稿》本紀，卷六．聖祖，頁185。

〔註14〕（清）趙爾巽等撰、楊家駱校，《清史稿》．卷一百四十一．志一百十六．兵十二．馬政，頁4176。

〔註15〕1792年9月26日，英國政府任命馬戛爾尼為正使，以賀乾隆帝八十大壽為名出使中國，這是西歐國家政府首次向中國派出正式使節。

完成這行程。英國人認為：在同一時代，英國郵政創下最輝煌的成績還以不上中國郵政。」〔註16〕清代給驛乘傳所用符證為「火牌」〔註17〕及「勘合」，即「制敕下各邊徵發，或使人出關，必驗勘合。」〔註18〕，規制堪稱完備。

　　清時驛政制度雖堪稱完備，但日久則積弊漸深，仍走向敗壞之局，《清史稿》載：「驛政弊壞，張汧〔註19〕嘗極言之。越數誅求，橫索滋擾，蠹國病民，勢所必至。已定例諸驛額馬，每年十踣其三，循例買補。咸豐中，粵氛孔熾，湖、湘境為賊據，劫失驛騎，焚毀號舍，往往有之。」〔註20〕。驛夫生活著實勞苦，官吏壓榨巧取，弊端橫生。例如清代驛律規定即使嚴謹，但驛務效率不彰的現象卻仍舊發生：如1749年（乾隆十四年）上諭，已有「台站不得任期曠廢稽遲」之令，〔註21〕到了乾隆晚年，疏懈誤公，營私玩法，瀆職殃民之狀日盛，〔註22〕即使朝廷重申驛律，明令整頓，卻效果不彰，嘉慶時期已有官員侵吞公款之報告，自清代中葉，郵驛制度更是弊端橫生，驛馬不足日益惡化現象在道光時期更甚。〔註23〕

　　在近代以前的遞信體系為官、民分離，驛遞僅限官方使用，民間則有賴私人經營的各種通訊機構，綜觀歷朝郵驛制度，約有四個特徵：

　　（一）中國古代郵驛是國家機器維持統治的工具，〔註24〕專為政府傳遞公文軍情與運輸錢糧之用，不收寄民間書信。〔註25〕

　　（二）歷朝郵驛由兵部掌管，與軍事有密切關係；驛站常是屯兵或行軍

〔註16〕馬楚堅，《中國古代郵驛》，頁154。

〔註17〕（清）趙爾巽等撰；楊家駱校，《清史稿》·卷八十九·志六十四·禮八·嘉禮二·進表箋儀，〈底本：關外二次本〉，頁2652。

〔註18〕（清）趙爾巽等撰，楊家駱校，《清史稿》·卷一百十四·志八十九·職官一·兵部，〈底本：關外二次本〉，頁3286；《清史稿》·卷一百二十四·志九十九·食貨五·茶法，〈底本：關外二次本〉，頁3654。

〔註19〕張汧，字蕙蝶，號壺陽，山西高平人。清初政治人物。

〔註20〕（清）趙爾巽等撰；楊家駱校，《清史稿》·卷一百四十一·志一百十六·兵十二·馬政，頁4177。「各州縣或買馬填補，或賃馬應差，其有失驛未設，即雇夫代馬。甘肅舊設馬額六千餘，亦以軍興廢弛。」

〔註21〕樓祖詒，《中國郵驛發達史》，卷374（上海：中華書局，1940年），頁11202。

〔註22〕彭瀛添，《列強侵華郵權史》（臺北：華岡出版，1979年），頁10。

〔註23〕樓祖詒，《中國郵驛發達史》，卷374，頁11202。

〔註24〕中華人民共和國信息產業部《中國郵政史》編審委員會編，《中國郵票史》第一卷（1978～1896）（北京：商務印書館，1999年），頁24。

〔註25〕官設郵政，肇始於三代，以通達邊情，布宣號令為限；官員私書入驛，亦在禁止之例。

途中停留之地。

（三）早期驛站兼營館舍，官員外出及調遷，均由驛站支給驛馬或船隻作為運輸之用。宋代創辦的鋪遞，則專為遞送郵件的組織。

（四）郵驛網絡的暢通與有效需要動員相當廣泛的社會資源，支付巨大的社會成本。〔註26〕地方機關負責籌措相關經費，朝政不彰時，則有官員舞弊營私、擾民苛索之弊，驛政日壞。〔註27〕

因此，古代郵驛體制在政治、經濟、文化各方面的弊病，反映了其系統在管理與機制上的問題，吏治清明時，頗有成效，一旦吏治敗壞，則弊端橫生。

（三）郵政制度的轉型

如上所述，以清代為例，驛政的敗壞，已造成國家沈重的壓力，世代的交替、制度的革新則勢在必行。因此，在各方有識之士改革圖強的氛圍下，文物典章亦漸漸棄舊革新，仿效西方，但反應於郵政者，則出現驛站、文報局、民信局、批信局、客郵及新式郵政，爭相發展，紊亂不堪現象。〔註28〕除出現國營與民營之郵政機構並行景象外，尚有列強各國在華成立之郵政機構；再者，民信局不僅與海關兼辦的大清郵政同時並立，兩者也相互競爭、合作與利用，並日漸地融入彼此的體系之中。〔註29〕以下則略述在近代大清郵政正式成立前後，公、私營運的通訊機構概況。

一、官辦郵政機構──文報局

文報局為官辦郵政機構，用以遞送官府公文。清末光緒年間，清政府派遣大臣出使美國、西班牙與祕魯，翌年又使臣出使至英國、日本等國，凡此外交往返公文與對外通信，以及各口岸之郵運，驛站並無法延伸至海外，無力勝任遞運之務，因此，1876年（光緒二年）於驛遞系統以外，設立與各國外交往來

〔註26〕中華人民共和國信息產業部《中國郵票史》編審委員會編，《中國郵票史》第一卷，（1978～1896），頁25。

〔註27〕其弊病：一、皇帝與各級官員濫用驛站；二是維持驛站帶來人民沈重負擔；三是王朝沒落時，驛政容易廢弛。中華人民共和國信息產業部《中國郵票史》編審委員會編，《中國郵票史》第一卷（1978～1896），頁25；彭瀛添，《列強侵華郵權史》（臺北：華岡出版，1979年4月），頁10。

〔註28〕彭瀛添，《民信局發展史──中國的民間通訊事業》（臺北：中國文化大學出版部，1991年），頁245。

〔註29〕陳令杰，〈清末海關與大清郵政的建立1878～1911〉（國立清華大學歷史研究所碩士論文，2013年），摘要。

傳遞公文之專門機構，即為文報局。〔註30〕

　　1876 年（光緒二年）時，大臣郭嵩燾（1818～1891）〔註31〕於赴英途中建議政府改革驛政，〔註32〕其建議設立一個負責朝廷和使臣之間往來公文的發送機構，並建議委託甫成立的官商合營的上海輪船招商局辦理，總理衙門同意，並奏軍機處摺報，嗣後出使他國大臣之摺報亦照此辦理。〔註33〕1878 年（光緒四年），清廷遂於驛站之外，設立上海文報局，其後亦陸續設立於沿海各商埠、各大省會等地設置。〔註34〕以上海、天津為南洋及北洋為文報總局，分統南北各大都會商港之文報局。

　　海關與招商局訂立合同，免費帶運郵件。〔註35〕文報局負責將寄往出使外國官員文報送至上海，以外國輪船寄遞，並於上海傳送進口文報。〔註36〕由於文報局利用運輸工具的優勢，如航速快的洋輪，又與京奉、滬寧、津浦等鐵路運輸系統結合，使文件轉遞更為便捷；原依靠傳統「驛馬飛遞」或「堤塘飛遞」方式寄遞政務、邊務、通商等緊要公文，日漸改由交遞便捷的文報局負責轉遞。〔註37〕

〔註30〕馬楚堅，《中國古代驛站》，頁 154。（清）席裕福撰，《皇朝政典類纂》，卷 474，外交十，通使，（臺北：文海出版社，1969 年），頁 18。

〔註31〕郭嵩燾，（1818～1891），字筠仙，湖南湘陰人，晚清政治家，湘軍的創建者之一，也是中國首位駐外使節。

〔註32〕郭廷以編定，尹仲容撰稿，陸寶千補輯，《郭嵩燾年譜》（臺北：中央研究院近代史研究所，1982 年），頁 692。

〔註33〕《清末籌備立憲檔案史料》二編，光緒二年十月，總理衙門奏稱：「昨據郭嵩燾等始抵上海，訂於十月十八日開行出祥，嗣後軍機處發還該署侍郎摺報，未能由驛遞寄，擬由兵部遞交直立總督臣李（李鴻章）收下，由該督設法轉寄，並嗣後出使他國大臣之摺報，亦照此辦理，以免貽誤。至郭嵩燾等與總理各國事務衙門來往信函，暨由該衙門代奏各件、應如何遞寄之處，仍歸該衙門辦理。」（頁 372～373）（清）席裕福撰，《皇朝政典類纂》，卷 474，外交十，通使，頁 18。

〔註34〕《光緒朝東錄》二年七月乙卯，其後在上海設南洋出使文報總局，天津設北洋文報總局，北京置京局，皆屬同樣性質。（清）席裕福撰，《皇朝正典類纂》，卷 474，外交 10，通使，頁 18。

〔註35〕1878 年（光緒四年）4 月 18 日簽訂合同。交通部郵政總局編印，《中華郵政七十週年紀念──郵政大事記》第一集上冊（臺北：交通部郵政組局，1966 年），頁 10。

〔註36〕《民國十年郵政年報》載：「光緒二年，驛站之外，附設文報局，專將寄出使外國欽差文報遞至上海，交該地外國輪船寄送，并於上海傳送進口文報。」引自交通部郵政總局編印，《中華郵政七十週年紀念──郵政大事記》第一集上冊，頁 34。

〔註37〕晏星，《中華郵政發展史》（臺北：臺北郵政博物館，1994 年），頁 155；張翊，《中華郵政史》，頁 160～165；中華郵政史編纂小組，《中華郵政史：中華民

文報局設置之處，驛鋪日漸裁減；〔註38〕如東三省與廣西省，更奏請朝廷裁驛，將原支驛站馬錢，移充為文報局經費。〔註39〕文報局本身不遞送文件，而是將寄往國外者，轉交外國書信館寄遞；而國外寄來國內書信，則在其到達通商口岸後，交驛站或交予海關郵務機構轉遞，至於使節所寄家書，則可能由民信局傳遞。〔註40〕

　　文報局並不屬於一個具體或有組織、有規模的行政機構，其與各地驛站並行，設置經費由地方官籌措；〔註41〕在新式公共郵政成立後，即予以裁撤，因此在性質上屬於驛站到新式郵政正式成立的過渡性機構。大清郵政開辦後，文報局漸次裁併，1908 年（光緒三十四年），直隸文報局首先停辦，1909 年（宣統元年），南北兩總局合併；〔註42〕1912 年，中華民國成立交通部後，裁全國驛站（僅留新疆省）及文報局。〔註43〕1914 年 5 月 30 日，交通總長施肇基（1877～1958 年）呈請總統將郵報處裁撤，〔註44〕故自此年 6 月 1 日起，在北京各衙署發送公文，改由各署自行送交北京郵局掛號寄遞，驛站與駢生的文報局遂紛紛裁撤。〔註45〕文報局自 1876 年（光緒二年）設立至 1914 年停辦，共運作 38 年。〔註46〕

二、民間通訊機構：民信局與批信局

（一）民信局

　　中國的遞信體系官、民分離，驛遞僅限官方使用，因中國驛站不許民用，

　　　　建國一百年紀念》（臺北：中華郵政股份有限公司，2011 年），頁 41～43。
〔註38〕劉承漢，〈我國現代郵政之誕生〉、〈我國現代郵政之成長〉，《郵政資料》三集（臺北：臺北郵政博物館，1969 年），頁 2、24。
〔註39〕（清）劉錦藻撰，《清朝續文獻通考》，卷 375，郵傳十六（臺北：商務印書館，1987 年），頁 11216；王孟瀟，〈清代末葉之文報局〉，《郵政資料》二集（臺北：臺北郵政博物館，1967 年），頁 5。
〔註40〕張翊，《中華郵政史》，頁 165；中華郵政史編纂小組，《中華郵政史：中華民國建國一百年紀念》，頁 42。
〔註41〕如廣州、廈門、上海、天津、福州、台南、香港等各地，皆設立文報局。
〔註42〕劉錦藻撰，《清朝續文獻通考》，卷 376，郵傳十七，頁 11220。
〔註43〕晏星，《中華郵政史》，頁 222。
〔註44〕晏星，《中華郵政史》，頁 400。
〔註45〕王孟瀟，〈清代末葉之文報局〉，《郵政資料》二集，頁 5。
〔註46〕晏星，《中華郵政史》，頁 223；交通部郵政總局編印，《中華郵政七十週年紀念——郵政大事記》第一集上冊，頁 100。民國三年（1914），吉林省及黑龍江省之文報局分別於五月與九月裁撤，業務由郵局接辦。

因此，除官方專用的通訊系統外，尚有民間自營的通訊組織存在，仿驛政制度而興起，此類私人經營之各種遞送通信機構，稱「信局」或「民局」，〔註47〕一般稱之為「民信局」。

　　民信局形式起源甚早，民間的通訊事業乃是因應工商業而生，〔註48〕工商業之發達，造就匯錢莊，由於莊號分支聯號之間，必須傳送本身業務文牘，並兼代他人信件。以證據而言，唐代「飛錢」〔註49〕的匯兌制度和鏢局〔註50〕，則在兌換錢幣之時，亦兼送民信，流傳至宋代繼續運作的稱之「交子」〔註51〕與「會子」；而當代之旅舍，除基本功能外，亦有存錢匯兌之功能與仿照驛站之制，其為商業發展而形成，因此，唐宋時期的此類機構，可說是民信局之雛形。〔註52〕

　　而最早的民信局自清乾隆時期才有記載。如北平之「廣泰信局」，成立於1751 年（乾隆十六年）；〔註53〕其系統大致包含國內民信局及南洋批信局兩系統，批信局在中西接觸後，因客郵無法服務南洋華僑，透過民信局之推廣而產生。民信局不論在國內或南洋各地的發展，自鴉片戰爭打破天朝閉關自守的局面，開港通商後，1843 年，南京條約簽訂後，隨著通商口岸與大都市商業擴張，因應中外商務勃興，而充分發展，民信局便無城不有，星羅棋布，遠至新疆陝甘地區皆設立之。保守估計約三百家，〔註54〕亦有甚至數千家之

〔註47〕中華人民共和國信息產業部《中國郵票史》編審委員彙編，《中國郵票史》，卷1，頁 33。

〔註48〕彭瀛添，《列強侵華郵權史》，1979 年，頁 27。

〔註49〕唐代飛錢是透過館驛組織，從事錢幣匯兌業務，飛錢有子母，合券取錢。運作方式以存錢給券、憑券兌錢以及設置廣泛便捷的傳送組織及系統。

〔註50〕為了保證存錢與匯錢的安全，唐代出現了「鏢局」，直至清代。阮湘，《中國年鑑》（上海：上海商務，1924 年），頁 813。

〔註51〕交子，仿唐飛錢之制，原為子母匯票，後成為宋代紙幣。（元）脫脫，《宋史》，卷 181，頁 1。

〔註52〕（唐）杜佑，《通典》，卷 7，典 41（北京：中華書局，1988 年）；宋·歐陽修，《新唐書》，卷 51，頁 4；彭瀛添，《民信局發展史》，頁 248～249。彭瀛添，〈列強對華郵權的侵略與中國郵政〉（中國文化大學史學研究所碩士論文，1972 年），頁 30。

〔註53〕光緒 26 年（1900）三月，浙江寧紹台道致寧波海關總稅務司的照會中索引有關稟帖內容：「局等信業，在長江南北洋，自乾隆朝創始迄今百餘年，內河之局數百年，納捐已有數十年，自祖父輩傳下，幼習此者居多，走從小船，不辭辛勞，櫛沐而為，業此者四五萬人，萬難改圖別業。」中國近代經濟史資料叢刊編輯委員會主編，《中國海關與郵政》（北京：中華書局，1983 年），頁 138。

〔註54〕蕭一山，《清代通史》（臺北：臺灣商務印書館，1963 年），頁 1327～1328。

說；〔註55〕因此，在清代道光、咸豐、同治、光緒四朝可說是民信局的極盛時期。

民信局業務，除電訊交通之電報與電話外，其範圍甚廣，大致有三項：其一為郵局通常之業務即信件與書報的交通：信件、〔註56〕報紙、商業契約、掛號信物、票據等寄送；〔註57〕其二，旅客的交通：仿驛站之運輸業，供給車船、驢、馬、挑夫、腳夫，亦有專差護送。三、郵包與金錢的交通：包裹、〔註58〕代派報紙、兌換錢幣等等。〔註59〕民信局獨資、合資皆有，各局業務範圍甚廣，舉凡旅客、運貨、訊息等各種交通，〔註60〕信件、匯兌、包裹皆屬之，費用較新式郵政低廉，服務方式符合華人之商情與民情。

而自清代新式郵政制度建立後，國家郵政與民信局關係，處於既合作又競爭的狀態，〔註61〕民間一般習慣民信局交遞郵件，且亦懼官方竊民隱私，使用官方郵政者少，故初期仍允其運作，「凡有民局，仍舊開設，不奪小民之利。」〔註62〕1899 年（光緒二十五年），公佈「大清郵政民局章程」，〔註63〕以此為日後強化管制民信局之依據。〔註64〕民國之後日漸消跡，1921 年頒行「郵政條例」，若未經郵局許可者停止營運；〔註65〕1922 年，交通部成統一郵

〔註55〕樓祖詒，《中國郵驛史料》（南京：人民出版社，1958 年），頁 54～55。

〔註56〕民信局收寄之信，除普通信之外，尚有以火燒一角代表「火急」的「火燒信」；以雞毛插信封角端以示「飛速」的插羽信；以油布包封防雨，縛上一小木片防水中沈沒的專程派送信件。中華郵政史編纂小組，《中華郵政史：中華民國建國一百年紀念》，頁 30～31。

〔註57〕中華郵政史編纂小組，《中華郵政史：中華民國建國一百年紀念》，頁 30。

〔註58〕包裹亦運寄違禁品、漏稅品、現金等。彭瀛添，《列強侵華郵權史》，頁 30。

〔註59〕張樑任，《中國郵政》上冊（上海：商務印書館，1936 年），頁 13～14；饒宗頤，《潮州志匯編》，交通志郵電（香港：龍門書局，1965 年），頁 88；彭瀛添，《民信局發展史》（臺北：中國文化大學出版部，1992 年），頁 99。

〔註60〕張樑任，《中國郵政》上，頁 1。

〔註61〕中華郵政史編纂小組，《中華郵政史：中華民國建國一百年紀念》，頁 39。

〔註62〕（清）趙爾巽等著，《清史稿》，卷 152，志 127，交通四，頁 4478；（清）邵之棠，《皇朝經世文統編》，光緒 27 年（臺北：文海出版社，1980 年），頁 8～2；《皇朝經世文四編》，卷 40，兵政。中國哲學書電子書計劃，維基，https://ctext.org/wiki.pl?if=gb&chapter=141955。

〔註63〕樓祖詒，《交通史郵政篇（一）》（南京：交通部，1930 年），頁 48～55；《郵政大事記》，頁 37。為民信局有國家章程之始。

〔註64〕彭瀛添，《民信局發展史》，頁 200～202。

〔註65〕交通部檔案，五一 BA 四五冊；樓祖詒，《交通史郵政篇（一）》，頁 59；交通部郵政總局編印，《中華郵政七十週年紀念──郵政大事記》第一集上冊，頁

權委員會，將客郵與民信局之取締，列為工作之二大目標；〔註66〕1928年，全國交通會議決議，全國民信局應於1930年取消。〔註67〕1933年，行政院交通部第3753號指令：「已通令各省市，協助郵局取締民信局，至（民國）二十三年底止，一律結束。」〔註68〕故至1934年底，除上海、蘇皖、浙江一帶，或有一些秘密私營業者至1937年被查獲者外，民信局遂成為歷史名詞。〔註69〕

（二）批信局

批信局，又作僑批局、批郊、銀信局……等等，〔註70〕在福建稱信局，汕頭稱批館，廣東稱匯兌局。〔註71〕「批」字源於閩語，福建人稱書信為「批」，〔註72〕潮語「批」字則專指附寄款項之信件，而信經批局帶給寄款人作「回批」。南僑稱之為「民信局」，為避免與國內民信局混淆，1933年起統稱為「批信局」。〔註73〕

批信局，如前所述，乃因應南洋〔註74〕僑民而生，屬民間通訊事業之一，為閩粵僑民服務通信與匯兌的組織；南洋眾多僑民，多屬文盲或勞工，無法

146～147；中華郵政史編纂小組，《中華郵政史：中華民國建國一百年紀念》，頁39。

〔註66〕 樓祖詒，《交通史郵政篇（一）》，頁70；交通部郵政總局編印，《中華郵政七十週年紀念——郵政大事記》第一集上冊，頁151～152；中華郵政史編纂小組，《中華郵政史：中華民國建國一百年紀念》，頁39。

〔註67〕 交通部檔案第七冊；交通部郵政總局編印，《中華郵政七十週年紀念——郵政大事記》第一集上冊，頁204；中華郵政史編纂小組，《中華郵政史：中華民國建國一百年紀念》，頁39。郵政總局正準備實施該議案中，各地民局紛紛呈請寬限年月執行取締，以便改營他業。郵政總局准予暫緩取消民局時限。

〔註68〕 交通部檔案第八冊；民國廿三年報，頁2；交通部郵政總局編印，《中華郵政七十週年紀念——郵政大事記》第一集上冊，頁237、250。

〔註69〕 Chu Chia-hua, China's Postal and Other Communications Services, Shanghai, China United Press, 1939, p.48。轉引自彭瀛添，《民信局發展史》，頁212。

〔註70〕 （日）臺灣總督府編，《海南島志》（臺北：臺灣總督府，昭和11年），頁94。

〔註71〕 （日）臺灣銀行，《南洋二於ケル華僑》（臺北：臺灣銀行，大正5年），頁98。

〔註72〕 另有一說，是指這種往來華僑與祖國之間的信件，是成批帶來寄的，所以謂之「批」。晏星，《中華郵政史》，頁264。

〔註73〕 交通部年鑑編纂委員會，《交通年鑑》（南京：交通部年鑑編纂委員會，1935年），頁100；彭瀛添，《民信局發展史》，頁230。

〔註74〕 所謂南洋，泛指泰國、安南、菲律賓、印尼、緬甸、馬來半島等地。李樸生，《華僑發展簡史》（香港：海潮出版社，1962年），頁4～8。（日）南洋協會編，《南洋の華僑》（東京：昭和15年，使用底本是昭和17年增訂三版、目黑書店發行）を收錄，頁3。

自理家信與匯款，〔註75〕而賴以批信局包辦通信與匯款的服務〔註76〕。除於國內僑鄉設局外，還於東南亞各國設立分局，凡南洋華人居住之處，即有專屬各幫之批信局出現，〔註77〕除少數專營者之外，分別以小雜貨鋪、商號、客棧、錢莊或銀號為中心，〔註78〕透過水客〔註79〕，穿行於橋鄉及僑居地之間的聯繫，建立通訊系統。〔註80〕依饒宗頤先生的《潮州志》上載，洋批信局初期將收寄的「批」逐班分期，遣人隨海輪帶回國內，交與各地批信局分投各鄉。〔註81〕

　　批信局源於十七世紀初，批局郵遞匯款愈來愈多，十九世紀更加熾盛，而大盛於民國之後；以1930年的統計，單由汕頭寄南洋群島及馬來聯邦的回批達108392萬封之多，據1934年，中華郵政總局調查，批信總局有322處，分局2363處，可見其分布之廣。〔註82〕在專營的郵政創新後，1934年官方宣布撤除民局，但批信局涉及海外僑匯，故凡依法註冊者，准允繼續營運。〔註83〕戰後各地民族主義興起，南洋各國統治經濟日趨嚴謹，後來僅泰國及新加坡依法經營，〔註84〕而1976年，大陸政府將僅存的一些批信局全數納入中國銀行

〔註75〕南洋移民，「多不識漢文，更鮮曉英文。」外交部檔案，F-3-4，民國16年2月27日汕頭華僑聯合會總會致國民政府等電。彭瀛添，《列強侵華郵權史》，頁31。

〔註76〕此服務業屬於「受人之託，忠人之事」的人情，故代遞信款、兌換錢幣、代寫家書等種種勞務，有時亦有收取定額的酬勞。晏星，《中華郵政史》，頁265。

〔註77〕有閩僑批信局、星洲潮幫批信局、客幫批信局、廣幫批信局等，富有幫派色彩。許雲樵，《星馬通鑑》，頁578～585；彭瀛添，《民信局發展史》，頁105～106。

〔註78〕暹羅日本人會，《暹羅事情》（東京：東亞印刷會社，1922年），頁338。

〔註79〕又稱「南洋客」，由於新赴南洋的新客，多依賴專業水客引導，而來往南洋、汕頭間代客運送銀信物件，亦多由此等往返的水客，居中聯繫匯款寄信回國與傳達國內消息，以雜貨店做根據地。故水客與雜貨商店，為批信局之基礎。水客次要工作，為利用往返南洋時，進出口國內外物資。許雲樵等，《星馬通鑑》（新加坡：新世界圖書有限公司，1958年），頁585；彭瀛添，《民信局發展史》，頁70～71、73。

〔註80〕彭瀛添，《民信局發展史》，頁251。

〔註81〕饒宗頤，《潮州志匯編》，交通志郵電（香港：龍門書局，1965年），頁89。

〔註82〕批信局為僑匯的重要輸送組織，自19世紀至20世紀初葉，其輸入之僑匯為數約銀元155億之鉅，約佔僑匯總額80%，貢獻甚多。張樑任，《中國郵政》上，頁82～99；晏星，《中華郵政史》，頁266、268。

〔註83〕至1935年底仍有338家申請立案的國內批信局。彭瀛添，《民信局發展史》，頁230。

〔註84〕黃定文，《僑匯的研究》（臺北：華僑委員會，1970年），頁27～28、51～80。彭瀛添，《民信局發展史》，頁252；晏星，《中華郵政史》，頁270。

體系，自此批信局正式劃下休止符。〔註85〕

三、外人郵政機構——客郵

客郵（Post Office Abroad）直譯為「外國郵局」，意為一國在他國境內設置的郵政機構。〔註86〕近代歐洲列強在海外設立的郵政辦事處，又稱為外國郵局。在此客郵則指各國郵政在華的分支機構，為洋人交通其國家或在華之通信而設，由外國人、外商或其團體所辦；〔註87〕客郵包括工部局書信館（Local Post Office）〔註88〕與客郵兩類。書信館為租界內洋人的通信設施，為外國政府所興辦。〔註89〕客郵興起之因，源於外商於十九世紀初來華貿易，因苦無通信之管道，大多數的客郵設立，多在中東和遠東地區，它們的目的是在與設立國沒有郵政往來的地區，為其國國民提供可靠的郵政服務。在中國之客郵起自於廣州澳門之間，官衙允許洋人在華從業商業活動，以無蓬小舢舨船隻，專運書信。〔註90〕具體的設置，為1834年（道光十四年）英國駐華商務監督律勞卑（William John Lord Napier）在廣州所設的英國郵局。〔註91〕

然而，一些外國郵局也搶占所在國郵局的郵遞服務，自清末國勢衰微起，外國政府在中國土地上擅自設置外國之郵政機構，從事郵政業務的經營，侵害主權，妨礙郵務行政完整的機構。〔註92〕如在《清朝續文獻通考》所載：「外國習於交通便利之人，僑居吾土，既不能託付官設之驛站，又不欲委民間之信局，於是各設機關，自為交通之計。故通商而後，各國皆有外國信局，且紛紛效尤，各自為政，侵我主權，莫之能阻。」〔註93〕中英鴉片戰爭後，外郵

〔註85〕 中華郵政史編纂小組，《中華郵政史：中華民國建國一百年紀念》，頁49。
〔註86〕 晏星，《中華郵政發展史》，1994年，頁299。
〔註87〕 高學良編著，《中國郵史通覽》（二）（瀋陽：瀋陽市集郵協會，1987年），頁50。
〔註88〕 工部局書信館又稱工部書信館，最成立於同治二年（1863）的上海，由上海公共租界工部局創辦。郵政總局，《民國十年郵政事務總論》，頁132。
〔註89〕 列強在各通商口岸設立租界，這些租界擁有獨立的行政、司法、財政權等，形成一個獨立於中國主權之外的統治制度，在這些商埠成立的郵政機構，稱為書信館或郵政局。中華人民共和國信息產業部《中國郵票史》編審委員會編，《中國郵票史》第一卷（1978～1896），頁63。
〔註90〕 郭廷以，《近代中國史》上（臺北：臺灣商務印書局，1973年），頁423、427。
〔註91〕 Morse, Hosea Ballou, (1855~1934)，（馬士，清朝海關供職的美國客卿），"The International Relations of the Chinese Empire"，《中華帝國的國際關係》，Chapter XIII, U. S. New York, 1917, p.344.
〔註92〕 張翊，《中華郵政史》，頁111。
〔註93〕 劉錦藻撰，《清朝續文獻通考》，卷37，頁11233。

入侵，從商館信箱過渡為政治性之擴張。

　　英國佔據香港後，香港首任總督樸鼎查（Sir Henry Pottinger，1789～1856）
〔註94〕創設倫敦郵局分支的皇家郵局——香港郵局（Hongkong Post）〔註95〕，
作為倫敦郵局的支局，並在通商口岸分設香港郵局的支局，以應各商埠居留外
僑郵遞之便；〔註96〕而此郵局的經營模式，成為日後擴展到各個通商口岸設
置客郵的基礎了。1858年（咸豐八年）依據《天津條約》第四款所載：「沿海
無論何處，使臣皆可送文，專差同驛站差使，一律保安照料。」〔註97〕尤其在
1860 年第二次英法聯軍之後，列強以派遣北京駐使為由，各國爭設在華之專
營郵局機構，開始了政治性郵權侵略之舉；〔註98〕而上海成為列強在華的通
信中心，北方郵務，皆集中於此處；初由外人自辦，諸多不便，改由總理衙門
代寄，1866 年（同治五年），由總稅務司辦理，1879 年（光緒五年）外人曾自
治專差，自行寄送。〔註99〕至 1913 年（民國二年）為止，外國在我國所設郵
局，英國十一處，法國十四處，德國十三處，日本二十四處，俄國九處，美國

〔註94〕　璞鼎查爵士，Bt, GCB（Sir Henry Pottinger，1789 年 10 月 3 日～1856 年 3 月
　　　　　18 日），英國軍人及殖民地官員。他從 1803 年起，在印度從事殖民侵略近 40
　　　　　年。他在英國對阿富汗戰爭中，被封為男爵。1841 年 4 月，英國政府任命他
　　　　　為鴉片戰爭時期的侵華全權代表，1843 年後擔任首任香港總督。徐中約，《中
　　　　　國近代史（M）》（香港：香港中文大學出版社，2002 年），頁 235。
〔註95〕　1841 年 11 月 12 日香港第一家郵政局啟用，稱「驛務總署」，或稱書信館，
　　　　　經營權屬於英國皇家郵政（Royal Mail），1860 年稱為香港的「郵政總局」
　　　　　（General Post Office，簡稱 GPO）。
〔註96〕　彭瀛添，《列強侵華郵權史》，頁 47。
〔註97〕　1858 年 6 月 26 日（咸豐八年五月十六日），中英簽訂《中英天津條約》第四
　　　　　款載：「大英欽差大臣並各隨員等，皆可任便往來，收發文件，行裝囊箱不得
　　　　　有人擅行啟拆，由沿海無論何處皆可。送文專差同大清驛站差使一律保安照
　　　　　料；凡有大英欽差大臣各式費用，皆由英國支理，與中國無涉；總之，泰西各
　　　　　國於此等大臣向為合宜例准應有優待之處，皆一律行辦。」交通部郵政總局編
　　　　　印，《中華郵政七十週年紀念——郵政大事記》第一集上冊，頁 1。劉錦藻，
　　　　　《清朝續文獻通考》，卷 353，頁 10967；賈楨等編，《籌辦夷務始末（咸豐朝）》
　　　　　（上海：中華書局，1979 年），卷 27，頁 11、13 及卷 28，頁 5。
〔註98〕　客郵的擴張，以上海地區為例，英國、美國 1860 年興辦；日本 1876 年設置「郵
　　　　　便局」；德國 1886 年設立；美國 1863 年設立工部書信館。從葡萄牙人在澳門
　　　　　設立自治政府到專營之郵局的建立，以歷數百年，因此中國郵權之喪失，非一
　　　　　日促成。而咸豐十年（1860 年）的上海郵局，是指列強設置專營的郵局。晏
　　　　　星，《中華郵政發展史》，頁 303；彭瀛添，《列強侵華郵權史》，頁 51～52。
〔註99〕　李頌平，《客郵外史》（香港：保安郵票社，1966 年），頁 254；彭瀛添，《列強
　　　　　侵華郵權史》，頁 51。

一處。〔註100〕其後數量更為增加，六國客郵機構共有二六九處，信筒、信箱共計一八二具。〔註101〕

郵政既屬於國家內政又兼具國際性的事業，但清末民初的客郵卻四處林立，蓋客郵之所以蔓延，其因如下：（一）判斷錯誤；國人對於外國人之客郵，視同民信局一般，未加注意防範。〔註102〕（二）與國際間的訂定不平等條約中的治外法權，使其設置成為一種既得利益。（三）江海輪船與鐵路重要運輸工具多為外人控制投資，不易管理。〔註103〕（四）消極管理；清政府忽視邊陲，以致於鞭長莫及，在國家新式郵政出現前，無有效的郵政組織，使外國人藉口自行興辦。〔註104〕（五）國家自身政局困難，使客郵之弊害益深，其一、侵犯主權，阻礙我國郵政發展；其二、客郵助長販毒漏稅情事；其三、客郵介入政治動亂；〔註105〕其四、客郵對邊政軍機亦有所影響。〔註106〕

1897年，客郵裁撤併入大清郵政，而大規模的撤郵則完成於1922年。依照1921年華盛頓會議的決議，各國在華除租借地及特別章約規定者外，皆一律

〔註100〕 近史所檔案館第03-02，24-35-1號檔，民國2年2月23日交通部赴外交部二年函字第二五六號公函。

〔註101〕 「各國郵局設於中國各口岸者，英國則上海、天津、漢口、煙臺、福州、廈門、廣州、汕頭、寧波九處。德國則上海、北京、天津、漢口、煙臺、福州、廈門、廣州、汕頭、南京、濟南、青島、宜昌、鎮江十四處。法國則上海、北京、天津、漢口、煙臺、福州、廈門、廣州、寧波、重慶、瓊州、北海、龍州、蒙自十四處。日本國則上海、北京、天津、漢口、煙臺、福州、廈門、廣州、汕頭、重慶、南京、牛莊、唐沽、沙市、蘇州、杭州十六處。美國則上海一處。俄國則上海、北京、天津、漢口、煙臺五處。此其大略也。」見《清史稿》，卷一百五十二，志一百二十七，交通四，頁4480。《漢籍電子文獻資料庫》：http://hanchi.ihp.sinica.edu.tw，檢索日期：2018/11/21；交通鐵道部交通史編纂委員會，《交通史郵政編》（四）（上海：交通鐵道部交通史編纂委員會，1930年），頁1316、1366。

〔註102〕 彭瀛添，《列強侵華郵權史》，頁321～322。

〔註103〕 在清末英法聯軍之役簽訂中英法天津條約後，外國取得內河航行權之後，外輪分為郵船與商輪，郵件交與商輪者，運費由中國郵局商定；交與郵船者，其運費由該國郵局轉付。郵政總局，《民國十年郵政事務總論》，北京：郵政總局，頁5；張翊，《中華郵政史》，頁143。

〔註104〕 彭瀛添，《列強侵華郵權史》，頁323；晏星，《中華郵政發展史》，頁305。

〔註105〕 例如日本在中國東北的偽滿政權的「滿洲國郵政」。參彭瀛添，《列強侵華郵權史》，頁326～328。

〔註106〕 彭瀛添，《列強侵華郵權史》，頁329；晏星，《中華郵政發展史》，頁309～310。如蒙古、西藏地區，俄、英兩國分別視為勢力範圍，民國二年，參謀本部以張家口客郵局與俄國駐使之庫倫訊息靈通，影響軍機為憑。

撤除在華郵局，〔註107〕至 1922 年，中華郵政遂得統一。〔註108〕唯法國人仍是在郵政單位維持總辦單位，直到 1946 年 2 月 28 日在重慶簽訂《中法平等新約》（《中法關於法國放棄在華治外法權及其有關特權條約》）後，才辭去郵政客卿身份。而日本在 1931 年九一八事變之後，則擴大在華郵務機構，〔註109〕直至 1945 年日本戰敗投降後，郵權才完全回歸華人控管。〔註110〕

四、海關大清郵政

　　1857 年（咸豐七年），全國驛站歲耗三百餘萬兩，日益加劇，由於舊有驛政弊病橫生，各界有知之士，紛紛上疏，如張之洞（1837～1909）〔註111〕、劉坤一（1830～1902）〔註112〕上奏仿建西人郵政，以減少驛政之弊害，兩位大臣「條陳新法，謂驛站耗財，不如仿外人之郵政。郵政遞信速，驛政文報遲。弊由有驛州縣馬缺額，又復疲瘦，驛丁或倚為利藪，因致稽延。請設驛政局，推行郵政，俾驛鋪經費專取給郵資，即三百萬歲耗可以省出矣。」〔註113〕其次，當代知識份子馮桂芬（1809～1874）〔註114〕亦提出裁驛主張，其所著《裁驛站驛》言：「國家以有限之幣項，既飽縣官私囊，復遞無足輕重之例信，亦何貴此驛站為乎？」「通二十一行省繼之：國家歲耗銀三百餘萬兩，夫所以不惜鉅

〔註107〕 若就撤郵案而言，英、美、法郵局及南滿鐵沿線以外之六十六所日本郵局，均能依約撤退。但租借地區郵局仍被保留。關賡麟，《交通史郵政篇》第四冊（南京：南京交通部，1930 年），頁 1362；彭瀛添，《列強侵華郵權史》，頁 147～157；彭瀛添，《列強侵華郵權史》，頁 130～180；彭瀛添，《民信局發展史──中國的民間通訊事業》，頁 247。

〔註108〕 故宮博物院，《百年傳承　走出活路──中華民國外交史料特展──力爭平等》，https://www.npm.gov.tw/exh100/diplomatic/page_ch03.html，檢索日期：2018/05/04。

〔註109〕 九一八事變後，日本對華郵權的侵略擴大，不再限於東北四省（遼、吉、黑、熱河），開始從東北向沿海各商埠蔓延。彭瀛添，《列強侵華郵權史》，頁 259。

〔註110〕 交通部郵政總局，《中華郵政七十周年紀念──郵政大事記》第一集上冊，頁 150。

〔註111〕 張之洞，字孝達，號香濤，直隸南皮縣人。出生於封建官僚家庭。是洋務運動後期崛起的重要洋務派代表人物，是中國近代史上舉辦近代企業最多最持久的洋務人物，是同李鴻章齊名甚至有過之而無不及的洋務派首領。

〔註112〕 劉坤一，湘軍宿將，字峴莊，湖南新寧人。

〔註113〕 趙爾巽等撰、楊家駱校，《清史稿》·卷一百四十一·志一百十六·兵十二·馬政，頁 4177。

〔註114〕 馮桂芬，字林一，號景亭、晚號鄧尉山人，清朝江蘇省蘇州府吳縣木瀆鎮（今屬蘇州市吳中區）人，著名思想家、散文家。著有《校邠廬抗議》（1861 年）、《顯志堂集》。

資，而設此驛站者，原以奏牘公文，俱歸遞送，欲使之從速而不至失誤也。乃日久弊生，而竟為地方觀之利藪。」「以國家有限之帑項，既飽州縣官司囊，復遞無足輕重之例信，亦何貴此驛站為乎。」〔註115〕另馮桂芬評論驛站的廢弛，影響到官員的補缺：「劉文清服闕到京，命署缺，部以原籍文未到駁之。特旨准署。近年驛梗，選人以服闕文不知扣選者，不知凡幾。」〔註116〕其他如王韜（1828～1897）〔註117〕、薛福成（1838～1894）〔註118〕、鄭觀應（1842～1922）〔註119〕等亦主張改革郵驛制度，即使朝廷三令五申與士大夫等有識之士的討論，亦無法阻止驛政隳壞現象的發生，各項相關制度則更形腐化。〔註120〕

　　正當朝野上下有識之士紛紛建議改革驛政之時，適逢英籍海關總稅務司羅伯特・赫德（Sir Robert Hart，1835～1911）〔註121〕（以下稱赫德）（圖1-1-1）〔註122〕亦積極建議清國仿效西方郵政制度。1870年代，大清郵政是以國家專營為主要特徵的西式郵政制度，透過海關總稅務司赫德引入中國，並在他的主導下，自1878年（光緒四年）仿效西方郵政制度，開始在海關試辦，

〔註115〕（清）劉錦藻撰，《皇朝續文獻通考》，卷375，頁11210。

〔註116〕馮桂芬，〈省則例議〉，《校邠廬抗議》，上卷，光緒十年東刻本，頁17。

〔註117〕中國改良派思想家、政論家和新聞記者，清末民初政治人物。

〔註118〕薛福成，字叔耘，號庸庵，江蘇無錫縣人，清朝官員、外交官。薛福成在1879年寫出《籌洋芻議》。這部著作約2萬字，分為《約章》、《邊防》、《鄰交》、《利器》、《敵情》、《藩邦》、《商政》、《船政》、《礦政》、《利權》（一、二、三）。

〔註119〕鄭觀應，原名官應，字正翔，號陶齋，又號居易、杞憂生，別號待鶴山人或羅浮偫鶴山人。廣東香山縣三鄉雍陌（今中山市）人。中國近代著名文學家、思想家和實業家。是中國近代最早具有完整維新思想體系的理論家，揭開民主與科學序幕的啟蒙思想家，是實業家、教育家、文學家、慈善家和熱忱的愛國者。著作：《盛世危言》、《羅浮偫鶴山人詩草》、其作品集為《鄭觀應集》。

〔註120〕彭瀛添，《列強侵華郵權史》，頁12。

〔註121〕赫德（Sir Robert Hart，1835～1911），英國人，生於愛爾蘭，中文名字鷺賓。文慶等奉敕纂，《籌辦夷務始末》（同治朝），卷40（臺北：文海出版社，1971年），頁12～22。赫德於清咸豐9年（1859），擔任粵海關副稅務司；同治2年（1863）繼李泰國（Horation Nelson Lay）之後任海關總稅務司屬總稅務司48年之久，清廷並給予太子太保尚書的官銜，其對中國近代政治、經濟、外交、軍事、文化等方面有過重要的影響。

〔註122〕中華郵政載：英人赫德於弱冠之年來華，初任外交官，繼膺中國政府之聘，任海關總稅務司垂45載，任內擬具開辦新式郵政之章程，奉光緒帝批「依議」，於是中國郵政正式成立，並仍以赫德專司其事，以其穩健審慎的策略，逐步奠定新式郵政的基礎並全面推行發展。郵政總局為紀念之，特於其誕辰150週年製作紀念郵票，於1985年2月15日發行。中華郵政全球資訊網，《郵票寶藏》，https://www.post.gov.tw/post/internet/W_stamphouse/post/internet/W_stamphouse，檢索日期：2018/12/5。

而海關試辦時間冗長，至 1896 年（光緒廿二年）3 月 20 日才由光緒皇帝核准開辦，而正式開辦則為次年之 3 月 20 日。以下略述推行過程。

圖 1-1-1　赫德誕生 150 年紀念郵票（紀 205）

說明：中國現代郵政創辦者——英人赫德，郵政總局為表彰赫德對中華郵政事業之貢獻與勞績，印製 2 元面值紀念郵票一種。
是項郵票係以赫德肖像作中心主題，配襯其親筆簽名及中國第 1 枚郵票「大龍」圖案。

　　1861 年（咸豐十一年），廣州海關副稅務司英人赫德，乘進京之機向總理衙門提出仿照西方各國設立中國國家郵政局，以撙節國家辦理驛站資費，增益國庫之收入，並保障人民通訊權益，然，未獲批准。1865 年（同治四年），身為中國海關總稅務司的赫德遞呈《局外旁觀論》〔註 123〕，闡明創設國家郵政局之好處，析論清廷面臨的內外危機，與多項改革之道。〔註 124〕同年八月，在李鴻章（1823～1901）等支持下，令總稅務司署自滬移京，添設郵務處於海關，並由總理衙門下令今後駐京各領事館郵件，一律交由總稅務司署依海關郵件遞送方式處理，海關開始兼辦郵政事務。〔註 125〕自此，中國沿江沿海各口

〔註 123〕〈局外旁觀論〉，全篇分為二十四節四千餘言，綜論中外之情勢，對總理衙門提出切中時弊等建言，其中對於創辦新式郵政有具體的建議。赫德，〈局外旁觀論〉，佚名，《未完成的革命——戊戌百年記》第一卷（臺北：臺灣商務印書館，1998 年），頁 47。同治 4 年 9 月 18 日，赫德呈遞〈局外旁觀論〉一文，（清）賈禎等纂，《籌辦夷務始末‧同治朝》，卷 40，頁 12～22。

〔註 124〕總理衙門最初以「究係局外議論，且亦非急切能辦之事」，未將赫德所奏上呈同治皇帝，直至次年（1866 年）正月 19 日，英國使臣阿禮國（Sir Rutherford Alcock）發出外交照會，並附有英國駐華公使館參贊威妥瑪（Thomas Framcis Wade）所撰，語氣更為強烈的〈外國新議〉一文，總理衙門才將赫德的〈局外旁觀論〉併同上奏。這兩篇文章，被視為同治年間，外國未能因應外情迅速改革，平等交往的總意見書，同時凸顯赫德時代，總稅務司在華的特殊地位。文慶等纂，《籌辦夷務始末》（同治朝），卷 40，頁 12～22。

〔註 125〕《民國十年報》，頁 4；劉錦藻，《清朝續文獻通考》，卷 377，頁 11233；《赫德傳》，頁 5、316；交通部郵政總局，《中華郵政七十周年紀念——郵政大事記》第一集上冊，頁 6。

岸，皆有海關之郵務辦事處。〔註126〕1867年（同治六年）二月，海關總稅務司署發布《郵政通告》，公布郵件封發時刻表和郵寄資費，收寄範圍限於使館文件和海關本身公私信件。〔註127〕至於一般私人郵件，仍賴信局交遞之。

至清朝於光緒初年，開始試辦新式郵政。1876年（光緒二年），赫德與德璀琳〔註128〕（Gustav von Detring，1842～1913）藉著與李鴻章交涉《煙台條約》時，建議設立送信官局，〔註129〕依《清史稿》所載：「初，光緒二年，總稅務司英人赫德建議創辦郵政。」〔註130〕1877年（光緒三年）清廷授權赫德在海關監督之下，仿西方之法創辦郵政官局，授權德璀琳司其事，由海關試辦，再逐漸擴展至全國。

《清史稿》載：「中國郵政若行，即以獲資置備輪船出洋，藉遞信以流通商貨。其挽回利權，所關尤鉅。……應請旨敕下臣衙門，轉飭總稅務司赫德專司其事，仍由臣衙門總其成，即照赫德所擬章程，定期開辦。應制單紙，亦由赫德一手經理。」〔註131〕在德璀琳積極籌辦下，1878年（光緒四年）三月建立了天津至北京總司署之間的騎差班郵路線，同年四月起開始通行，並招商設置華洋書信館，收寄民間書信。〔註132〕後經總理衙門、戶部等中央大臣與

〔註126〕中國近代經濟史資料叢刊編輯委員會主編，《中國海關與郵政》，頁45。

〔註127〕《民國十年報》，頁129；交通部郵政總局，《中華郵政七十周年紀念——郵政大事記》第一集上冊，頁7。

〔註128〕德璀琳（Gustav von Detring，1842～1913），英籍德國人，1876年，北洋大臣李鴻章向總署舉薦時任天津海關稅務司的德璀琳，協助英國人赫德（Robert Hart）興辦華洋書信局（管理海關、各使館郵件，兼收民信），並在天津、北京、上海、牛庄、登州等地試行。其與李鴻章有良好友誼，由於李鴻章的信任，德璀琳參與了中國許多外交事件。

〔註129〕當時並請英公使威妥瑪（Thomas Francis Wade，1818～1895）協助，讓其在與朝廷談判時提出，使這一請求得以直達御前，惜英公使不納所議，僅於會後向李氏建議給赫德一特權書函，讓赫德作為開辦西式郵政憑據，赫德遂憑李鴻章全力支持，而積極籌辦郵政。清・王彥威輯撰，《清季外交史料》，北平，鉛印本，1933～1935年，卷6，頁16；（清）李鴻章，《李文忠公全集》，譯署函稿卷5（上海：商務印書館，1921年），頁28、30、34；張翊，《中華郵政史》，頁201～210；陳恭祿，《中國近代史》（香港：中和出版有限公司，2017年），頁358。

〔註130〕（清）趙爾巽等著，《清史稿》，卷152，志127，交通四，頁4478。

〔註131〕（清）趙爾巽等著，《清史稿》，卷152，志127，交通四，頁4477。

〔註132〕《民國十年報》，頁34；交通部郵政總局，《中華郵政七十周年紀念——郵政大事記》第一集上冊，頁11。後於宣統時期統計全國郵件「則通常、特種，總計三萬萬六千二百二十一萬六千二百三十九。其包裹，則通常、特種，總

北洋大臣李鴻章函商，擬開設京城、天津、煙台、上海五處泰西式郵政，交赫德管理。同年，九江、鎮江兩道亦稟請於通商口岸設局、北洋大臣飭為試辦，史載：「（光緒）四年，始設送信官局於北京、天津、煙臺、牛莊，以赫德主其事，九江、鎮江亦繼設局。是為中國試辦郵政之始。」〔註133〕在各界有識之士的努力下，清政府遂於 1890 年（光緒十六年）起，清政府命通商口岸推廣舉辦 1896 年（光緒二十二年）決定正式興辦新式郵政，1897 年（光緒二十三年），由海關兼管，將新式郵政與原有遞信體制結合，仿效西式郵政制度的國家郵政方正式成立，海關郵政自此改名為「大清郵政」。〔註134〕至 1899 年，清朝正式頒布國家第一部郵政法規，稱《大清郵政章程》，章程分廿六章一百六十六條，一切相關規制至此明文確立。

　　依據《清史稿》所載：「其郵政區域，北部東起朝鮮、渤海，西訖新疆、青海，北起西比利亞、蒙古，南訖江蘇、湖北、四川，而盛京、吉林、黑龍江、直隸、山東、山西、河南、陝西、甘肅括焉。中部東起浙江、福建，西訖西藏、雲南，北起安徽、陝西、河南、甘肅，南訖廣東、廣西、雲南，而江西、湖北、湖南、四川、貴州括焉。東部即長江下游，東起黃海，西訖湖北、江西，北起山東、河南，南訖福建，而江蘇、安徽、浙江括焉。南部東起臺灣，西訖緬甸，北起江西、貴州、湖南、四川，南訖越南，而福建、浙江、廣東、廣西、雲南括焉。其郵局，則總局、副總局、分局、支局、代辦處，總計六千二百又一。其郵路里數，則郵差郵路、民船郵路、輪船郵路、火車郵路，總計三十八萬一千里。每面積百里，通郵線路七里又四九。」〔註135〕新式郵政機構可謂星羅

計件數三百零二萬二千八百七十二。」數量甚多。（清）趙爾巽等著，《清史稿》，卷 152，志 127，交通四，頁 4479。

〔註133〕（清）趙爾巽等著，《清史稿》，卷 152，志 127，交通四，頁 4478。總理衙門疏言：「光緒二年間，赫德因議滇案，請設送信官局，為郵政發端之始。四年，擬開設京城、天津、煙台、牛庄、上海五處，略仿泰西郵政辦法，交赫德管理。嗣因各國紛紛在上海暨各口設立郵局，慮占華民生計。……十六年……此各稅關試辦郵遞之始也。……考泰西郵政，自乾隆初年普國始議代民經理，統以大臣，位齊卿貳。各國以為上下交通，爭相仿效。葛顯禮呈送萬國郵政條例，聯約者六十餘國。大端以先購圖記紙，黏貼信面，送局以抵信資，其費每封口信重五錢者，取銀四分，道遠酌加。其取資既微，又有定期。百貨騰跌，萬里起居，隨時徑達。如有事時，並可查禁敵國私函。」

〔註134〕（清）劉錦藻撰，《清朝續文獻通考》，卷 377（臺北：商務印書館，1987 年），頁 11226；交通部郵政總局，《中華郵政七十周年紀念——郵政大事記》第一集上冊，頁 24。

〔註135〕（清）趙爾巽等著，《清史稿》，卷 152，志 127，交通四，頁 4479。

棋布，遍布全國，各種郵路運輸，四通八達，舊有驛站制度至 1911 年（宣統三年）全面裁撤。

　　誠如張之洞所稱，新式郵政為「權有統一，為利商利民即以利國」之要政。由於清政府設立新式郵局，將全國通訊機構結合為一，節省舊有驛站開支並增加財源外，解決原本雜亂併陳的各式通訊機構，並且可要求洋人所設的信局撤回，收回利權。〔註 136〕而行之多年的民營信局，則將之相關營運方式融合運用，如沿用民信局方式對華文信件做加戳處理，由海關負責運輸；〔註 137〕自此通訊網絡遍通全國，上下交受其利。

　　郵政總局為紀念中華郵政自設立廿五週年即 1921 年起，即有紀念郵票之發行，自四十週年起，每十年發行一套，直至最近 2016 年的一百廿週年紀念郵票。本處僅列舉戰後發行的第一套郵政週年紀念郵票，與郵政設立 120 週年之紀念，以資參考。郵政總局設立五十週年（自 1896 年～1946 年），於 1946 年 3 月 20 日印行紀念郵票，經改稱為「中華民國郵政總局成立 50 週年紀念」。此票決定在國外紐約美國鈔票公司印製，嗣因圖案屢經更改，外匯管制辦法中途變更，結匯困難，經一再延展，至翌年底始發行，全套五種面值，分繪三種圖案，五種票面均刊有「1896」及「1946」之年份，且以「五十」二字作為邊框，寓五十週年之意。〔註 138〕（圖 1-1-2）而 2016 年所發行的慶祝郵政設立 120 週年的為小全張，（圖 1-1-3）其載此小全張「分別採印金、印銀方式，版銘部分亦描繪不同時期的郵政器具，以呈現郵政昔日的時代記憶和現代郵政與時俱進的嶄新思維。全圖以插畫方式設計，簡潔搭配紅、綠、金、銀等色，傳達郵政傳承與創新的意象。」〔註 139〕

〔註 136〕（清）趙爾巽等著，《清史稿》，卷 152，志 127，交通四，頁 4477。《清史稿》載：「至赫德呈內稱萬國聯約郵政公會，系在瑞士國，應備照會，寄由出使大臣轉交其國執政大臣，為入會之據。自可援萬國通例，轉告各國，將所設信局一律撤回。」

〔註 137〕（清）趙爾巽等著，《清史稿》，卷 152，志 127，交通四，頁 4478。《清史稿》載：「凡有民局，仍舊開設，不奪小民之利。並准赴官局報明領單，照章幫同遞送，期與各電局相為表裡。其江海輪船及將來鐵路所通處所，應如何交寄文信，由總稅務司與各局員會商辦理。」

〔註 138〕中華郵政全球資訊網，《郵票寶藏》：https://www.post.gov.tw/post/internet/W_stamphouse，檢索日期：2017/5/20。

〔註 139〕中華郵政全球資訊網，《郵票寶藏》：https://www.post.gov.tw/post/internet/W_stamphouse，檢索日期：2019/6/25。

圖 1-1-2　中華民國郵政總局成立 50 週年紀念郵票
（紀 027）1947 年 12 月 16 日發行

說明：以地球（地面繪我國地圖）及飛機、火車、輪船為圖案，以示今日世界各地，新式交通工具之聯絡，促使與他國之交往，日趨迅速頻繁。

說明：票值 200 元及 300 元：繪運郵汽車行駛於沿山公路與郵差背負郵袋，徒步行走於崎嶇山徑，將郵件送達各地，使命必達。

說明：票值 400 元及 500 元：「中華民國郵政總局成立五十週年紀念」字分兩直行列於票之中央，右幅繪飛機一架，左幅繪帆船一艘，代表以此兩種交通工具運送郵件於世界。

圖 1-1-3　郵政一百二十週年紀念郵票小全張
（紀 331）2016 年 3 月 18 日發行

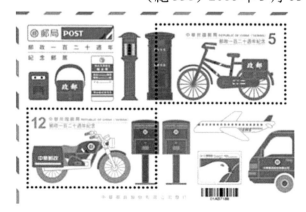

說明：小全張內含郵票 2 枚，面值為 5 元圖案各以郵政早期的清代郵筒至民初的郵筒，信差所使用的郵包與其乘運送信的專用腳踏車工具為主圖。而面值為 12 元圖案，則以現代送寄郵件所騎乘的交通工具機車、專用汽車、飛機和現代式郵筒為主題。以此做為古今對照與時代的演進與傳承之意。

五、清代臺灣郵務

（一）臺灣建省時期

明鄭時期，臺灣行明朝郵傳制度，十里一鋪，由鋪兵負責傳送郵件，凡遞送公文，每三刻即行一鋪，晝夜須行三百里，公文一到則隨時遞送，以交前鋪。〔註140〕清治台時期，傳送公文機構稱為鋪遞〔註141〕與汛塘。鋪遞多設於縣治地帶傳遞官府公文，汛塘則在沿海地帶，以遞送軍營文書為主。從 1683 年（康熙二十二年）起，多在特定地帶，辦理鋪遞，以傳送官署文書，先後置五十七鋪，全島鋪司兵約兩百人，每年總經費一千三百餘兩。〔註142〕汛塘為沿海綠營房兵分駐之地，其任務在稽查奸犯者、護送行旅以及傳送軍營文書。〔註143〕

然經年日久，管理廢弛，直至 1874 年（同治三年），沈葆楨（1820～1879）因「牡丹社事件」〔註144〕而渡臺督辦，由於鋪遞廢弛，不足應急要務，乃設南北兩所文報局，「改鋪為站」，站即站書館，又稱民站，為交接文書與跑兵投宿進食之場所，臺南、臺北分設正站，即總站、腰站、尖站，專司公文之傳遞。〔註145〕總站，設在縣廳；腰站，位於縣廳之間；尖站，則為中午打尖進食之所；而宿站，則提供住宿之處。負責人由鋪司改稱為站書或是驛書，原有的鋪兵改稱為「跑勇」或「跑兵」。〔註146〕

〔註140〕劉振魯編著，《臺灣先賢先烈專輯（第六輯）劉銘傳傳》（台中：臺灣省文獻委員會，1979 年），頁 188。

〔註141〕臺灣因不產馬匹，故稱為鋪遞不稱驛遞。

〔註142〕中華郵政史編纂小組，《中華郵政史：中華民國建國一百年紀念》，頁 69。

〔註143〕劉振魯編著，《臺灣先賢先烈專輯（第六輯）劉銘傳傳》，頁 189。

〔註144〕日本以琉球人 1871 年登陸牡丹社遇害之船難為藉口，1874 年出兵攻打臺灣的事件。清派福州船政大臣沈葆楨至台防務並與日人交涉，雙方締結《北京專約》，清賠償 50 萬兩使日軍撤出臺灣，並開始即經營臺灣。（日）藤井志津枝，《近代中日關係史源起：1874～74 年臺灣事件》（臺北：金禾出版社，1992 年），頁 6。

〔註145〕劉振魯編著，《臺灣先賢先烈專輯（第六輯）劉銘傳傳》，頁 189。

〔註146〕臺灣縣有鋪兵一十二名，鳳山縣有鋪兵二十八名，諸羅縣計鋪兵六十七名。三縣通共計鋪兵一百零七名。臺灣文獻委員會，《臺灣府志》（蔣志），卷八，（臺北：國史館臺灣文獻館，1993 年）；中華郵政史編纂小組，《中華郵政史：中華民國建國一百年紀念》，頁 69。維基文庫——自由的圖書館，網址：https://zh.wikisource.org/wiki/%E8%87%BA%E7%81%A3%E5%BA%9C%E5%BF%97_(%E8%94%A3%E5%BF%97)/%E5%8D%B708#%E9%8B%AA%E5%85%B5，檢索日期：2018/5/16。

淡水海關成立於 1858 年（咸豐十一年），清與英國議定以滬尾（淡水）為口岸，次年正式開徵關稅，雞籠、打狗與臺灣安平先後成立海關，自行辦理寄遞海關文書，經廈門轉遞。臺灣各海關文件寄送，則由官辦舖遞處理。〔註 147〕1877 年（光緒三年），清廷於臺南設文報所。1881 年（光緒七年），福建巡撫岑毓英（1829～1889）出巡至臺灣，為改善閩臺交通，設置「臺北文報局」於基隆，〔註 148〕其後移至臺北。

1885 年（光緒十一年）臺灣正式建省，巡撫劉銘傳（1836～1896）〔註 149〕當政時，為充裕財政收入，便利官民寄遞郵件，遂於 1888 年（光緒十四年），以臺北文報局為基礎，裁撤舊有舖遞、汛塘，仿照外洋郵政辦法，制定《臺灣郵政章程》〔註 150〕，創辦新式郵政。將原設驛站改為郵站，傳遞官署文件及商民信件；〔註 151〕以「臺灣郵政總局」為名，〔註 152〕此時大清郵局仍在試辦階段時，而臺灣郵政總局已能自成體系，以全臺郵遞體系為主，此為中華民族近代自辦郵政的開端。

劉銘傳興辦的臺灣郵政機關稱為「郵政總局」，其下分為總站、正站、腰站、旁站四等類，與今日之郵政總局、支局、分局和郵政所各級形態類似，以郵路而言，全臺設立正站十九處，腰站十三處，旁站十一處，共計四十三處，

〔註 147〕中華郵政史編纂小組，《中華郵政史：中華民國建國一百年紀念》，頁 70。
〔註 148〕其設置地點為基隆。見臺灣銀行印行，《淡新檔案行政編：初集》（下），第 11705-1 案，光緒七年九月，（南投，臺灣省文獻委員會編，1997 年），頁 357 ～358。載岑毓英票示的原文：「……凡由省來者……搭座輪船遞至基隆，交基隆通判，由驛轉遞前進。其自行轄發來者，亦由基隆交船輪管駕，帶至馬尾，投省交投。亟應委員於基隆設立聞報所，以專責成。」
〔註 149〕劉銘傳（1836～1895），字省三，安徽合肥人，清之將領，任福建臺灣巡撫，兵部尚書。
〔註 150〕1888 年 3 月，公佈臺灣郵票、郵政的規章制度。章程包括《臺灣郵政票章程》，以規定郵票的使用與樣式的內容；其二為《郵政條目十二條》，規定局站之設置、人員與郵票的管理、路線的程限與時限，以及公文與商民信件的計算以及各站圖式等，並將此文件由淡水與打狗海關稅務司送給海關總稅務司赫德，赫德於 1888 年 6 月 8 日通令發給各關備查。中華全國集郵聯主編，《中國集郵大辭典》（北京：中國大百科全書出版社，2009 年），頁 37。
〔註 151〕清・朱壽朋纂，《光緒朝東華續錄選輯》（下），卷 97，收錄於《臺灣文獻叢刊》（南投：臺灣省文獻委員會出版，1997 年），頁 158。光緒十五年冬十二月初六日，劉銘傳奏請仿照外洋郵法，委令道員陳鳴志（湖南人，時擔任按察使銜分巡臺灣兵備道）督辦。
〔註 152〕陳世慶，〈劉銘傳在臺灣的交通建設〉，收錄在臺灣史蹟源流研究會編印，《劉銘傳專刊》（南投：臺灣省文獻會，1979 年），頁 144。

茲略述如下：

1. 總站：臺北、臺南各有一處，即是原有之文報局改稱。「臺內改設郵政，接遞文報，應照局章，海內往來公文，仍照舊接收發遞各衙門。」〔註153〕亦即總站為一完整郵政機構，其負責出售郵票、收寄郵件，封發與投遞郵件。分為南北二路，南路：自臺北總站往南，經中壢、新竹、彰化、嘉義、臺南（總站）、鳳山至恆春，計九百里；北路：自臺北總站往北，經基隆、頂雙溪〔註154〕到宜蘭，計二百七十里。〔註155〕與內陸各地往來郵件，皆由總站收發寄遞之。

2. 正站：設在南北兩路交通比較適中的地方。與總站同樣出售郵票、收寄郵件、封發並投遞郵件。正站也是轉運站，前站發來的郵件，必須儘快轉送到下一站。南路正站共十二處：中壢、竹塹〔註156〕、後壠〔註157〕、大甲、彰化、張熙厝〔註158〕、嘉義、茅港尾〔註159〕、鳳山、枋寮、楓港〔註160〕、恒春。北路3處：基隆、頂雙溪、宜蘭等，以上共十九處。

3. 腰站：站途較遠者，於中途設置腰站，以接運郵件，使跑兵可以換替，節省體力，「以恤兵力」〔註161〕。腰站共有十三處〔註162〕：南路是臺北至中壢（約55里）中間的桃仔園、中壢至竹塹（約55里）之間的大湖口，後龍

〔註153〕《臺灣郵政條款》，引自劉振魯編著，《臺灣先賢先烈專輯（第六輯）劉銘傳傳》，頁191；中華郵政史編纂小組，《中華郵政史：中華民國建國一百年紀念》，頁72。

〔註154〕今臺灣新北市雙溪區。

〔註155〕陳世慶，〈劉銘傳在臺灣的交通建設〉，收錄在臺灣史蹟源流研究會編印，《劉銘傳專刊》，頁150。

〔註156〕今臺灣新竹市。

〔註157〕今臺灣苗栗後龍。

〔註158〕約在今臺灣約在今雲林縣莿桐鄉、斗六市一帶。

〔註159〕今臺灣台南下營區。

〔註160〕今臺灣之屏東枋山鄉。

〔註161〕《臺灣郵政條款》，引自劉振魯編著，《臺灣先賢先烈專輯（第六輯）劉銘傳傳》，頁193。

〔註162〕全台13處腰站，分別是水返腳（今臺灣新北市汐止區）、龍潭堵（今臺灣新北市瑞芳區）、大里簡（今臺灣宜蘭縣頭城鎮）、頭圍（今臺灣宜蘭縣頭城鎮）、桃仔園（今臺灣桃園市）、大湖口（今臺灣新竹縣湖口鄉）、吞霄（今臺灣苗栗縣通霄鎮）、挖仔街（今臺灣彰化的永靖鄉）、大埔林（今臺灣嘉義縣大林鎮）、急水溪（今臺灣之台南市）、看西（今臺灣臺南市新市區）、橋仔頭（今臺灣高雄市橋頭區）、東港。

至大甲（約 60 里）之間的吞霄、彰化至張熙厝（約 60 里）之間的挖仔街、張熙厝至嘉義（60 里）中間的大埔林、嘉義至茅港尾（約 60 里）中間的急水溪、茅港尾至臺南郡城（約 52 里）中間的看西、臺南郡城至鳳山（約 60 里）間的橋仔頭，以及鳳山至枋寮（約 60 里）間的東港等處，設立腰站；而北路則從臺北至基隆（約 55 里）間的水返腳、基隆至頂雙溪（約 55 里）間的龍潭堵、頂雙溪至宜蘭（約 92 里）中間的大里簡、頭圍等設置腰站，其餘裁撤之。〔註 163〕

　　4. 設在支路的站，稱為傍站，亦稱旁站。性質與正站相同，傍站也出售郵票、收寄信件，與正站配合，形成該一地區的郵遞網。〔註 164〕傍站有：「宜蘭之利澤簡〔註 165〕、蘇澳站，淡水之滬尾站，新竹至三叉河〔註 166〕、大湖站，彰化之南投站、葫蘆墩站〔註 167〕、罩蘭站〔註 168〕、埔里社之集集站、水裏社站〔註 169〕、埔裏杜站〔註 170〕，內有道里已定者，又有道里未定者，總以按一時遞十九里為限。」〔註 171〕加上臺東的埤南寮〔註 172〕、北絲闊〔註 173〕，共 13 處。

　　民間通信，多以光緒初期之信局為之，每封信收三十文至五十文不等，信件以外可寄遞包裹信銀；在臺灣郵政開辦後，亦服務民間私人信件遞送，但民眾仍用信局為多。寄大陸郵件，與上海、福州、廈門等地海關郵政，取得聯絡；而對洋人郵遞自臺北、臺南兩地總局，通達廈門、福州、香港、上海等領事館代為轉之，並特備「南道」、「飛捷」兩條郵輪，定期來往。

〔註 163〕《臺灣郵政條款》，引自劉振魯編著，《臺灣先賢先烈專輯（第六輯）劉銘傳傳》，頁 193；陳世慶，〈劉銘傳在臺灣的交通建設〉，收錄在臺灣史蹟源流研究會編印，《劉銘傳專刊》，頁 147；中華郵政史編纂小組，《中華郵政史：中華民國建國一百年紀念》，頁 76。

〔註 164〕中華郵政史編纂小組，《中華郵政史：中華民國建國一百年紀念》，頁 76。

〔註 165〕今臺灣宜蘭之五結地區。

〔註 166〕今臺灣苗栗之三義地區。

〔註 167〕今臺灣台中之豐原地區。

〔註 168〕今臺灣苗栗之卓蘭地區。

〔註 169〕今臺灣南投之水里地區。

〔註 170〕今臺灣南投之埔里地區。

〔註 171〕《臺灣郵政條款》，引自劉振魯編著，《臺灣先賢先烈專輯（第六輯）劉銘傳傳》，頁 193；中華郵政史編纂小組，《中華郵政史：中華民國建國一百年紀念》，頁 73。

〔註 172〕今臺灣之台東市區。

〔註 173〕今臺灣台東之卑南地區。

（二）郵票的啟用

　　除郵政組織的革新外，並開始發行黏貼公文與私人書信兩種「郵票」，一為記帳與重量而不取資，用於軍公機關之官署公文貼用的「臺灣郵票」（圖 1-1-4）〔註 174〕，諸如：1. 文治行政機關，包括撫、藩、道、府、縣、廳，以及縣廳以下的次級衙門，如縣丞、巡檢衙門等；2. 軍事機關，自鎮臺以下，包括各營各軍等；3. 特設官司，如礦物局、通商局等以上各機關所貼用的郵票。「臺灣郵票」版本有二，差別僅在存根聯上，第一版上端為「根」字，第二版改為「郵票根」。二為供應商賈人民交寄私人信件黏貼附有收條的「郵政商票」（圖 1-1-5）〔註 175〕，發行一版，分三種版模，由郵政總局事先加蓋郵站地名之代字，交由鎮台衙門，依照軍事系統轉發各站，由各站簽收、保管與發售。〔註 176〕此外，「郵政商票」並不會預先發售，而是寄件人到郵站寄件後，由站書填寫相關資訊，郵票貼在郵件上，再將存根聯「郵政商票收條」給寄件人，其形式如同票根一樣，不貼信上。

<table>
<tr><td>圖 1-1-4　臺灣官用郵票</td><td>圖 1-1-5　「郵政商票」</td></tr>
</table>

說明：郵票上端有篆文「臺灣郵票」字樣，餘為扁宋字體。在票根位置上端有篆文「郵票根」三字，皆須填寫發信日期、重量及終點站。

說明：票面上的「郵政商票」和「商票根」，為楷體印刷，票上有發遞區而無「站」字。中縫字號下有「收錢」二字，餘雷同。

〔註 174〕郵政博物館，典藏精選 https://museum.post.gov.tw，檢索日期：2019/5/15。
〔註 175〕郵政博物館，典藏精選 https://museum.post.gov.tw，檢索日期：2019/5/15。
〔註 176〕商民信件重量在一兩以內，每經一站黏貼商票一張，收費錢二十文，為有價憑證。交通部郵政總局編印，《郵政大事記》第一集上冊，頁 18；中華郵政史編纂小組，《中華郵政史：中華民國建國一百年紀念》，頁 77、78。

　　郵票印製方法複雜，由郵政總局設計，以木刻雕版，以手工印製黑色文字於橫紋連史紙〔註177〕或無紋黃竹紙〔註178〕上，而無圖案。除第一次發行郵票，為開辦郵政的告示時間1888年3月22日（光緒十四年二月十日）外，其後加印郵票則無確切日期資料。兩種郵票上都印有重量及日期，以備交寄時填入，每張紙可印五枚郵票，上下左右中構成一全張，每張郵票皆有郵票聯與存根聯，兩聯之間的騎縫處印有字號一欄，面值、重量、日期與字號等欄空白，由貼用單位站書（郵站文書）用毛筆臨時填入發信的部門或郵站的簡稱和信件編號，以備查核。〔註179〕由於在各站發售，因此又稱為「站票」，〔註180〕可謂為中華民族最早自製的郵票。

　　有關當時郵票之使用情形，依《安平稅關年表》所載：「千八百八十八年（1888年）光緒十四年，類似歐洲組織之郵政事務實施于臺灣，全島郵票分兩種：一為免費用於官方郵件上者，一為普售與一般公眾者。票以國產薄紙製成，印工粗雜，其正面留有空白，備填寫發行日期，信件重量及發行局名，每百枚裝訂成冊，由臺北總局（站）發給各局配售。郵票售完即將存根部分繳還總局，但規定郵票不得預先發售。」〔註181〕因此，此郵票並非公開發售的預付郵資，而是在各站售出的已付郵資。

　　臺灣在清領時期，尚有兩種未發行的臺灣郵票，一為小龍票，次為龍馬圖郵票。清朝海關郵政於1885年海關試辦時期印行第二套郵票，以小幅的雲龍郵票為「海關二次雲龍郵票」，又稱「小龍票」，票值為3分銀和5分銀，加蓋

〔註177〕產於福建連城，故名。有大、小兩種，分別稱「大連史」、「小連史」。連史紙原料中有一定比例的韌皮纖維，故有人把它列入棉紙類。但現今製造的大連史紙原料中竹子占的比例很大，所以也可列入竹紙類。這種紙潔白勻淨，正面光滑，背面粗澀發滯，但沒有草屑粘附。紙料細而耐久性強，與棉連相似，惟韌性稍遜於棉連。托墨、寫字易洇，清代乾隆以後用以印書者較多。它是修補裝潢古書的必備紙張，用作普通線裝書的補鑲、襯或扉葉均可。尤其適宜作竹紙書籍的扉葉，但不宜用作書皮。原文網址：https://kknews.cc/zh-tw/culture/nyy3a2.html。

〔註178〕竹紙，多為黃色，亦稱黃紙。

〔註179〕張翊，《中華郵政史》（臺北：東大圖書，1996年），頁188。劉銘傳創辦之郵票上載有可填入時間與重量的空格，如「光緒（　）年（　）月（　）日（　）時，重（　）兩（　）錢」，以及因郵件是按「站」送的，因此郵票上有「送（　）站和（　）字號」等印刷字體。

〔註180〕中華郵政史編纂小組，《中華郵政史：中華民國建國一百年紀念》，頁77。

〔註181〕晏星，《中華郵政史》，頁224～236；中華郵政史編纂小組，《中華郵政史：中華民國建國一百年紀念》，頁77。

中文「臺灣郵票」字樣及斜印英文「FORMOSA」兩種，俗稱「小龍加蓋臺灣
郵票」，然未被採用。劉銘傳曾於1888年，委託臺灣淡水英國領事館，轉由倫
敦維爾金生公司雕刻凹版印製郵票，圖案以飛龍和銀馬為主，全套2枚，圖文
相同，面值20，刷色為紅色與綠色，左右兩旁為中文「大清臺灣郵政局」和
「制錢貳拾文」，上下邊框印製英文字「FORMOSA」和「CHINA」，俗稱「龍
馬票」。（圖1-1-6）〔註182〕然此票於當年7月印妥送底臺灣後，並未在郵政上
實用過，後因臺北至基隆間鐵路的臺北錫口〔註183〕段與錫口水轉腳（水返腳）
段，完工通車，因而以此票加蓋當做火車票使用。〔註184〕

圖 1-1-6　1888 年未發行的龍馬郵票，一套 2 枚

說明：龍馬票加蓋為臺北錫口段與錫口水轉腳（水返腳）段之火車票。

　　在《臺灣郵政條款》所載與郵資等相關之事項，以下簡要述之：

　　1.「刊刻空白郵票，分給署局營所及沿途郵站，所用繁多」，由其所在地
之地名擇一字編立字號，以便稽查。無論正站、腰站或傍站，各站均以一字作

〔註182〕遠東郵票拍賣公司：http://fareast.chch.tw/bidfiled.php3?vol=2019S&page=1&
　　　　 no=1987，檢索日期：2019/2/15；姜勝智，姜朝鳳宗族部落格：http://nicecasio.
　　　　 pixnet.net/blog/post/434251340，檢索日期：2019/2/15。
〔註183〕今臺灣臺北市松山區。
〔註184〕中華郵政史編纂小組，《中華郵政史：中華民國建國一百年紀念》，頁78。

為代號，而總站則為「總北」、「總南」代表。〔註185〕

2. 此空白郵票，編立字號後，按郵站地名，移送鎮署，「鎮署分給站書時，須認明字號分撥以專責成。」〔註186〕亦即以各站字號區別。

3.「粘票張數多寡，應宜核定，如臺北總站發至南路者，票一張，遞至中壢站。中壢接遞，又粘票一張，中蓋縫章，餘以類推。」各站地段道路之計量，腰站不計，在一站以內，信重一兩以內者，粘票一張，票價二十文，重九錢之郵件，以一兩計之。而商民郵件，則「無論何站接遞，每粘票一張，取錢二十文，挨站照算。」如若份量加重，亦照算，至於信件送於何處，於接收信件之發站時，票錢全收。〔註187〕此與今之信件於發送站貼足郵資方能寄送方式相同，可謂相當現代化。

4. 其次，除路程之外，關於郵件的重量亦有清楚的規範，兩站以內，信重一兩五錢以內，加票一張（一張二十文），以此類推。然而，若是位於傍站，由於「文報稀少，站夫照正站減半」，因此，商民郵遞信函，票價加增，每張每站粘票三十文，且信重一兩以上者，每五錢加價三十文。〔註188〕

5. 在程限上，核定里道亦嚴加限制。「各站收發郵票，務照票上填註年月日時」，無論收信或發信，皆載於簿冊，「以便按旬申報各該管衙門」，而各館衙門於月終之時，連同票根，彙報至總局，以備查考。〔註189〕

〔註185〕其他郵站之代號如下：宜蘭—宜、頂雙溪—頂、雞籠—雞、中壢—壢、竹塹—塹、後壠—壠、大甲—甲、彰化—化、張熙厝—熙、嘉義—義、茅港尾—茅、鳳山—山、枋寮—枋、楓港—楓、恆春—恆。中華郵史編纂小組，《中華郵政史：中華民國建國一百年紀念》，頁76；《臺灣郵政條款》，引自劉振魯編著，《臺灣先賢先烈專輯（第六輯）劉銘傳傳》，頁190；陳世慶，〈劉銘傳在臺灣的交通建設〉，收錄在臺灣史蹟源流研究會編印，《劉銘傳專刊》，頁145。

〔註186〕《臺灣郵政條款》，引自劉振魯編著，《臺灣先賢先烈專輯（第六輯）劉銘傳傳》，頁190；陳世慶，〈劉銘傳在臺灣的交通建設〉，收錄在臺灣史蹟源流研究會編印，《劉銘傳專刊》，頁145。

〔註187〕《臺灣郵政條款》，引自劉振魯編著，《臺灣先賢先烈專輯（第六輯）劉銘傳傳》，頁193；陳世慶，〈劉銘傳在臺灣的交通建設〉，收錄在臺灣史蹟源流研究會編印，《劉銘傳專刊》，頁147～150。

〔註188〕《臺灣郵政條款》，引自劉振魯編著，《臺灣先賢先烈專輯（第六輯）劉銘傳傳》，頁191；陳世慶，〈劉銘傳在臺灣的交通建設〉，收錄在臺灣史蹟源流研究會編印，《劉銘傳專刊》，頁146。

〔註189〕《臺灣郵政條款》，引自劉振魯編著，《臺灣先賢先烈專輯（第六輯）劉銘傳傳》，頁192；陳世慶，〈劉銘傳在臺灣的交通建設〉，收錄在臺灣史蹟源流研究會編印，《劉銘傳專刊》，頁146。

郵政總局經過一年試辦後，成效甚佳，由劉銘傳上奏內容可知，其曰：「臺灣舊設驛站五十處，辦理廢弛，文報往往遲延貽誤。經臣督飭司道量加整頓，將原設正、腰各站核實裁減並於旁通暨新設各縣分添旁站，仍不過原設站數；所有原用站夫一律撤去，由各營汛分撥兵丁、酌給津貼，責令傳遞。各站另雇書識，專司站務。仿照外洋郵政辦法，委令道員陳鳴志督辦。自光緒十四年二月初十日起，試辦已過一年；南北文報毫無稽遲，所在稱便。統計一年需用經費約在一萬兩上下，比較台防舊章全年需用一萬五、六千兩，實可撙節銀五、六千兩」。〔註190〕然此郵政制度至 1895 年清、日簽訂《馬關條約》後，便告終。

（三）臺灣民主國獨虎郵票

1895 年 4 月 17 日，《馬關條約》簽訂後，決定了臺灣、澎湖被日本統治的命運。臺灣巡撫唐景崧（1841～1903）〔註191〕上書表示，臺灣民眾不服，其約可廢，史載：「日索交臺灣益亟，朝旨命臺灣巡撫唐景崧交臺，臺民洶洶欲變，並引公法力爭。」〔註192〕臺灣紳民經過一連串爭取朝廷挽回與英、俄、德、法等列強的援助，皆告失敗，5 月 8 日，馬關條約獲清政府批准而正式生效，乃走向被迫獨立自救之途，以為應變；各地義勇軍遂紛紛抵抗日本武力的進駐，5 月 15 日，發表《全臺紳民致中外文告》，節錄如下：

> 我臺灣隸大清版圖二百餘年。……日本要索臺灣，竟有割臺之款。事出意外，聞信之日，紳民憤恨，哭聲震天。雖經唐撫帥電奏迭爭，並請代臺紳民兩次電奏，懇求改約，……又求唐撫帥電奏，懇由總理各國事務衙門商請俄、法、德三大國併阻割臺，均無成議。嗚呼慘矣！……臺民惟有自主，推擁賢者，權攝臺政。事平之後，當再請命中國，作何辦理。……願人人戰死而失臺，決不願拱手而讓臺。……考公法：讓地為紳士不允，其約遂廢；海邦有案可援。

〔註190〕（清）朱壽鵬纂，《光緒朝・東華續錄》（下），卷 97，頁 158。載劉銘傳於光緒十五年冬十二月丁丑（六）日所奏。

〔註191〕唐景崧，字維卿，清朝政治人物，廣西省桂林府灌陽縣人。1865 年（同治四年）進士選庶吉士，授吏部主事。光緒八年（1882 年），法越事起，自請出關赴越南招劉永福黑旗軍，次年，抵越南保勝，勸劉永福內附。以功賞四品卿銜，1884 年中法戰爭爆發，張之洞令其募勇入關，且領軍與法軍激戰有功，歷升道員、布政使，1894 年署理臺灣巡撫。參趙爾巽等著，《清史稿》，卷 527，列傳 314，頁 14651～14659。

〔註192〕（清）趙爾巽等著，《清史稿》，卷 158，志 133，邦交 6，頁 4631。

如各國仗義公斷，能以臺灣歸還中國，臺民亦願以臺灣所有利益報
之。臺民皆籍閩、粵，……此非臺民無理倔強，實因未戰而割全省，
為中外千古未有之奇變。……因此槌胸泣血，萬眾一心，誓同死守。
倘中國豪傑及海外各國能哀憐之，慨然相助，此則全臺百萬生靈所
痛哭待命者也。特此布告中外知之。〔註193〕

5月23日，唐景崧發表《臺灣民主國獨立宣言》：

照得日本欺凌中國，索臺灣一島，臺民兩次電奏，勢難挽回。
知倭奴不日即將攻入。

吾等如甘受，則吾土吾鄉歸夷狄所有。如不甘受，防備不足故，
斷難長期持。屢與列強折衝，無人肯援，臺民惟有自主。臺民願人
人戰死而失台，決不願拱手而讓臺。臺民公議自立為民主之國。決
定國務由公民公選官吏營運。為達計畫且抵抗倭奴侵略。新政府機
構中樞必須有人主持，確保鄉里和平。素敬仰巡撫承宣布政使唐景
崧，會議決定推舉為臺灣民主國總統。

初二日公同刊刻印信，全臺灣紳民上呈。當日拂曉，士農工商
公集籌防局，開始嚴肅此壯舉。

乞勿遲誤

以全臺之民布告之。〔註194〕

以上兩篇內容相近，皆為獨立之舉以為救國，願戰死而失臺，決不拱手讓臺。
〔註195〕唐景崧並即電奏清廷，即「今之自主，為拒倭計，免其向中國饒舌。
如有機，自仍歸中國。」聲明獨立的原因是在同日本的戰鬥中不能用大清國號
和龍旗，故不得不改名易幟，而成立民主國的目的在於抗日，乃權宜之計，並
表明對清朝「恭奉正朔，遙作屏藩，氣脈相通，無異中土」之態度。〔註196〕
次日譯成外文，送交各國駐台領事。〔註197〕25日宣佈成立臺灣民主國，

〔註193〕連橫，《臺灣通史》卷四，獨立紀，（臺北：幼獅文化，1981年）。
〔註194〕黃昭堂，廖為智譯，《臺灣民主國研究》（臺北：前衛出版社，2006年），頁
　　　　67～77。
〔註195〕楊碧川，《臺灣歷史辭典》（臺北：前衛文化出版，1997年），頁265。
〔註196〕唐博，〈「臺灣民主國」的性質及其影響〉，載記國家清史纂修工程，《中華文
　　　　史網》，ww.ginghistory.cn，檢索日期：2019/6/23。
〔註197〕5月24日，送交臺北各領事館之宣言如下：「日寇強橫，欲併臺灣。臺民曾
　　　　派代表詣闕力爭，未蒙俞允。局勢危急，日寇將至。我如屈從，則家鄉將淪
　　　　於夷狄；如予抗拒，則實力較弱，恐難持久。業與列國迭次磋商，僉謂臺灣

唐景崧公推為總統，駐守臺北，丘逢甲（1864~1912）〔註198〕為為副總統兼義勇軍統帥，負責防守新竹、臺中一帶，黑旗軍將領劉永福（1837~1917）〔註199〕為南部守備大將，守臺南；刻有「民主國寶印」文字的國璽，建年號為「永清」，意「永戴聖清」，建都臺北，製作「藍地黃虎旗」為國旗，呼應清朝「黃地青龍」國旗圖像，以示不敢僭越，並分送至淡水海關及基隆炮台懸掛。

　　然，唐景崧與丘逢甲因戰況不利，先後內渡大陸，〔註200〕遂由劉永福繼任為總統，其率領黑旗軍繼續抵抗日本，為擴充財源，除發行臺南官銀票外，依海關麥嘉林（C. A. McCallum）〔註201〕與吳質卿之議，於7月31日開辦民主國郵政，並在8月下旬發行郵票。吳質卿為劉永福秘書，其在《臺灣戰爭日記》中，1895年8月10日載到：「派員四處籌糧，余至議院，聞諸紳籌餉之

〔註198〕　必先自立，始可予我援助。臺灣同胞，誓不服倭，與其事敵，寧願戰死。爰經大會議決，臺灣自立，改建民主國；官吏皆由民選，一切政務秉公處理。但為禦敵及推行新政，必須有一元首，俾便統率，以維持秩序而保安寧。巡撫承宣布政使唐景崧為萬民所敬仰，故由大會公推為臺灣民主國大總統。」
〔註198〕　丘逢甲，客家人，字仙根，又字吉甫，號蟄庵、仲閼、華嚴子，別署海東遺民、南武山人、倉海君。辛亥革命後以倉海為名。晚清愛國詩人、教育家、抗日保台志士。祖籍嘉應州鎮平（今廣東蕉嶺），1864年生於臺灣苗傈縣銅鑼灣。
〔註199〕　劉永福（1837年10月10日~1917年1月9日），字淵亭，廣東欽州（今屬廣西）人，客家人，祖籍博白東平，清朝軍事人物，為黑旗軍領袖及創建者。李健兒，《劉永福傳》（臺北：商務印書館，1970年）。
〔註200〕　唐氏內渡後，朝廷念其舊功未降罪，僅命其退休返鄉，但聲望從此一落千丈。晚年他隱居桂林，創辦體用學堂，親自編寫劇本、促進清末桂劇藝術的發展，並支援康有為的維新變法，企圖挽回聲望。1903年卒於桂林。丘逢甲內渡後，一度鬻文維生，後來專心在廣東、福建、東南亞一帶辦學，在廣東任興民中學首任校長，創辦上杭師範傳習所（西式學堂）、體育傳習所、嶺東同文學堂。他認為「欲強中國，必以興起人才為先，欲興起人才，必以廣開學堂為本。」中華民國建國後，丘逢甲被選為廣東省代表參加孫中山組織的臨時政府。1912年2月病逝於廣東鎮平縣淡定村。
〔註201〕　麥嘉林（C. A. McCallum）原為安平海關低階官員，1891年任「三等鈐字手」——即海關檢驗貨物下艙官員，屬最低職位，在劉永福黑旗軍掀起抗日戰爭前夕，安平海關主管司畢尼等各級主管於1895年7月1日搭乘英國船「史巴旦號」離開戰爭區域，麥嘉林被留下成為海關代理主管，以保障英國的財產與商業利益。臺北郵政博物館，《大清海關服務人名錄》影本，1895年，頁37；〈南臺灣情況〉，《香港日報》，1895年7月15日，根據司畢尼的〈1895年台南報貿易報告〉；李明亮，《臺灣民主國郵史及郵票》（花蓮：獨虎出版社，1995年），頁107~111。

法，眾徒嘆息無奈。（余）又至洋關稅務司麥嘉林（英人）處座談，麥言洋士担紙一事此間何不仿行？余因詢士担紙乃郵政之信票，簡而易行。還與劉公商之，公大喜，立刻進行。數日間即賣洋五千餘元。」〔註202〕

劉永福任用英人麥嘉林主持臺南安平郵政，並發行其設計的「獨虎郵票」〔註203〕（圖1-1-7）〔註204〕，當年戰地記者禮密臣（James Wheeler Davidson，1872～1933）〔註205〕於10月25日，從安平發出一篇報導有關此獨虎票的新聞報導：「此刻眾多的集郵狂政被利用來籌款，政府宣佈將在廈門、汕頭及香港設立郵政服務處，遞送那些貼了民主國郵件。為此政府發行了兩版郵票，第一版是用當地的銀鑄版模印在很薄的衛生紙上，沒有齒孔。……顏色是綠、紫、紅。版模隨後遭到熔毀，當局並嘗試製造更好的版模。失敗之後，版模便從廣東取得，而以此廣東版印製第二版郵票。這些郵票的顏色是藍、紫、紅三種，有齒孔。這兩版郵票的面值均為三、五、十分。」〔註206〕此詳細記載了票面的顏色與票值，兩版各三個顏色，不同在於綠色與藍色，以及有無齒孔。「劉永福下令所有當地郵局經手的中國郵件都必須貼上這些郵票，並接受檢查，以確保此項政策切實執行。」〔註207〕另外報導亦提到民主國的第一版郵票的偽票已經出現在市面上，而對購買者提出警告。

〔註202〕戰爭需要財源，吳質卿在《臺灣戰爭日記》中描述其在1895年8月10日拜訪麥嘉林請教籌備軍餉之法，遂開始辦理郵政。吳質卿，《臺灣戰爭日記》，轉載於《中國近代史資料》（重印），第三卷，1962年，頁91～103；中華郵政史編纂小組，《中華郵政史：中華民國建國一百年紀念》，頁80。

〔註203〕外國人又稱黑旗票。李明亮原著，王威智編，《臺灣老虎郵：百年前臺灣民主國發行郵票的故事》（臺北：蔚藍文化，2018年），頁；李明亮，《臺灣民主國郵史及郵票》，頁143～151。

〔註204〕李明亮，《臺灣民主國郵史及郵票》，頁143。〈郵政博物館〉，中華郵政全球資訊網，https://museum.post.gov.tw，檢索日期：2018/5/8。

〔註205〕禮密臣（James Wheeler Davidson）是一位美國記者、外交官和商人，出生於美國明尼蘇達州，1894～1895年曾以日軍隨軍記者身份見證日軍武力接收臺灣的過程。禮密臣在臺灣期間完整經歷臺灣民主國及日本武力接收島嶼的歷程，並留下戰時日記和玻璃底片等許多珍貴紀錄。此後，他分別在臺灣及中國擔任美國外交領事長達8年，除了編製臺灣地圖，並在1903年出版了關於臺灣歷史和地理的名著《福爾摩沙島的過去與現在》。賴大衛、林欣宜編著，《禮密臣臺灣資料選集》（臺北：中央研究院，2017年）。

〔註206〕禮密臣，《香港日報》第二版，1895年10月30日，李明亮原著，王威智編撰，《臺灣老虎郵──百年前臺灣民主國發行郵票的故事》，頁48、227。

〔註207〕禮密臣，《香港日報》第二版，1895年10月30日；李明亮原著，王威智編撰，《臺灣老虎郵──百年前臺灣民主國發行郵票的故事》，頁48、227。

圖 1-1-7　獨虎郵票 1895 年 7 月 31 日發行

說明：票面上方印有「臺灣民主國」篆體字樣，左側「士坦乕」為郵票之意，是 stamp paper 的粵語音義合譯詞，「士担」是 stamp 的音譯，paper 是「紙」，但採異體字「乕」，中間圖案為一隻老虎俯視溪流。

　　1895 年 11 月 16 日，麥嘉林在《香港日報》回應了禮密臣這則有關臺灣民主國郵票的報導：

　　　　日報編者先生：

　　　　關於禮密臣先生在十月三十日於貴刊提到有關臺灣民主國郵票一事，集郵佳或許希望進一步知道以下消息。由於紫色顏料在當地已經用罄，所以半數的一百錢郵票是用黑色顏料印製的，臨時版以及第二版，尤其是前者，都曾被當作真正的郵票來使用，這是毋庸置疑的。臨時版僅有少數賣到集郵家手上，雖然很多第二版是為了增加劉將軍的財源而印行。貴刊讀者可能樂於知道在九個星期當中，有九二五六封信件用了臨時版郵票，由臺灣寄到大陸。這些郵票面值各異，但面值三十錢的用的最多。在五個星期當中，也有八千封信用了第二版郵票。在第二版發行後，郵政局仍舊使用第一版郵票。

　　　　　　　　　　　　　　　　　　　　　　　　麥嘉林

　　　　　　　　　　　　　臺南府，一八九五年十一月十日〔註208〕

麥嘉林除提到為增加財源而發行郵票外，並強調在第二版發行時，第一版（即臨時版）仍在使用，故市面上看到第一版的郵票非偽票。

　　在《臺灣通史》載：「票印一虎，民主國之章也，凡三種，分為三十文，五十文，一百文，以兵遞之，當是時，戎馬倥傯，私信斷絕，故民間多用，乃

─────────────────────

〔註208〕　《香港日報》第二版，1895 年 11 月 16 日；李明亮原著，王威智編撰，《臺灣老虎郵──百年前臺灣民主國發行郵票的故事》，頁 51～52。

未幾而臺南亦陷,其至遂止。」〔註209〕但因不敵日軍,民主國隨後瓦解,此戰爭臺人犧牲者約 14,000 人,日軍 278 人,民主國敗因在於兩軍兵力懸殊、將帥不合、招募之兵勇無法齊心,以及民意基礎不夠,未有明確理念,部份人民將黑旗「歡迎義勇軍」與白旗「大日本善良民」反覆換旗、見機行事者與捨身而戰之桃、竹、苗抗日人民不同。〔註210〕而此郵票也停止發行,後人統計收寄臺南與福建、廣東、香港的信件約莫有一萬七千餘件。〔註211〕

第二節　郵票興起與圖像史料

一、郵票的誕生

　　近代郵政機構在尚未使用郵票前,官辦官用的郵政事務,所有郵資一切由政府出資,並無郵資的概念。私營的郵政機構如我國的「民信局」〔註212〕,收取一般人的郵件,才開始有向寄件人或收件人收取費用的作法,因此產生了「郵資」的概念。當各國郵政開始收寄一般人民的郵件,合併了民郵與官郵,收歸國營,郵資日漸變成政府財政上的一項收入。

　　而在郵票發明之前郵資的收取方法大致上屬於「遞進郵資制」,〔註213〕郵資是按郵件的運遞里程、運輸工具以及信件紙張的數量收取不同的資費,分別逐件計算。而郵資的支付者,有不同的方式:其一,在信件上加註相關

〔註209〕連橫,《臺灣通史》(臺北:幼獅文化公司,1981 年),頁 419。
〔註210〕高明士主編,《臺灣史》(臺北:五南圖書,2008 年),頁 163～164。
〔註211〕曹潛,《中華郵政史臺灣篇》,頁 132。
〔註212〕辦理民間書信、物品、匯兌等業務的商辦民用通信機構。又稱民局、信局、差局、民營信局。創於明永樂年間(1403～1424)。咸豐、光緒年間(1851～1908),全國大小民信局達數千家,機構遍佈國內及華僑聚居的亞洲、澳洲和太平洋地區。有內地信局、輪船信局和僑批局之分。經歷業務以寄遞信件、物品為主,有辦理匯兌、報紙發行及金融等業務。較大的民信局在國內各處少有分局。一些信局之間建立有業務協作關係,形成聯營,互換互寄信物,構成了官方通信機構並存的民間通信網。1896 年大清郵政成立後,逐步對民信局採用限制政策,至 1935 年全部被取消。見中華集郵聯合會編,《中國集郵大辭典》,2009 年,頁 29;晏星,《中華郵政發展史》,1994 年,頁 243～263。
〔註213〕在早期,郵資是按郵件送遞路程遠近和信件紙張數量分別逐漸計算的遞進制度,費用由收件人支付,但郵資昂貴使人卻步而拒絕收件之事件頻生。張慶,《歐洲博物館傳奇》,雲書 bestbook、google 電子書店。https://books.google.com.tw,檢索日期:2018/6/7。

字樣，收寄時在信封上註明郵資已付或未付，或是寄件人與收寄人各付若干。
〔註214〕如近代民信局在收寄的信函上加註「酒力已付，號金照例」等字樣，
有手寫或是戳記加蓋。〔註215〕其二，在郵件上蓋有郵戳者，表示郵資已付的
方式；其三，是寄件人免付費，投遞時由收件人支付郵遞費用。據載一封從倫
敦到愛爾蘭的信件，需花費一個鐵路工人一個月工資的兩成。〔註216〕由於郵
資昂貴，收件人基於負擔問題，甚至不願收受信件之事屢屢發生。

　　十七世紀中葉，法國即有類似郵票為郵資的支付方式出現，在 1653 年巴黎
之一家私營郵政，其印製類似今日的郵票的小紙片出售，每張售價一蘇（sue），
其印製一種小紙片（Slips），上面印明「郵資已付，　年　月　日」等字樣，供
人購買貼在信件上表示郵資已付，當時此小紙片稱為 slips of paper。〔註217〕

　　英國在 1609 年創辦郵政事業，至十八世紀時，形成了政府集權經營、以
固定的時間表和郵資費率運作的郵政服務模式，主要運輸工具是郵驛馬車。
十九世紀中葉，英國經歷了運輸革命，1830 年後即用火車運送郵件，當時英
國郵政總局設在倫敦聖馬丁大街，在其方圓 3 英里以內的收信點收到的全部信
件，必須先送到郵政總局進行檢驗、計費、分類。即使在倫敦本地區互寄，也
要先送到總局，然後再送回各分局投遞。郵局人員每天必須檢查來信納費準
確與否，郵局局長要將每筆郵資記錄在帳，對未納郵資的信件，要計算每個投
遞員應收的錢款，督促他們如數上交。人們在郵局寄信的手續繁瑣，郵局人員
必須在每一件郵件上加蓋郵戳、簽名和批註郵資等等。〔註218〕

　　1840 年英國在羅蘭・希爾（Rowland Hill，1795～1879）〔註219〕的推動

〔註214〕黃世明，《從郵文存》（臺北：黃氏郵學研究工作室印行，1999 年），頁 192。
〔註215〕晏星，《中華郵政發展史》，頁 244；張慶，《歐洲博物館傳奇》，雲書 bestbook、
　　　　google 電子書店。https://books.google.com.tw，檢索日期：2018/6/7。
〔註216〕郵政資費是按郵件運遞路程的遠近和信件紙張數量，分別逐件計算的，即
　　　　「遞進郵資制」。在多數情況下，郵件送到後由投遞員向收件人收取資費，收
　　　　費的標準也很高。如按規定，郵程在 15 英里以內單頁信函收取郵費 4 便士；
　　　　20 英里以內收 5 便士；若郵程在 300 英里以內，則收 13 便士；700 英里以
　　　　上收取 17 便士等，其間共分十四級。除此之外，郵寄信件還得視郵運條件加
　　　　收費用。如：倫敦寄往蘇格蘭的郵件是由兩個以上車輪的郵車運載的，須加
　　　　收特別資費。
〔註217〕此屬一種「付款票」或應付票據，法語：Billet de port payé，這是與郵票類似
　　　　的紙張收費條，這種付款條背面並無粘性，需要用夾子或繩帶固定在信件上。
　　　　黃世明，《從郵文存》，頁 192。
〔註218〕李曙光、羅蘭波，《魅力集郵》（北京：人民郵電出版社，2009 年，頁 57）。
〔註219〕羅蘭・希爾（Rowland Hill，1795～1879），英國的郵政制度改革者，為郵票

下，進行了一項郵政的重大改革，發行世界首張郵票，〔註220〕1937年羅蘭・希爾經過大量的調查研究後，深感降低郵資與便民的重要，以及振興郵政的方式，故在其所著的《郵政改革》（Post Office Reform：Its importance and practicability）一書中提出「預付郵資」與「單一郵資制」（Prepayment of postage and Uniform rate of postage）兩大理論。〔註221〕其提出了針對英國郵政上計算郵資繁瑣、記帳手續複雜以及投遞收費困難等問題的改革之法，採用「郵資預付制」，〔註222〕使用郵票後，改善了當代因郵資昂貴，使得郵件業務不振，郵件處理停滯和郵遞人員徒勞往返無法收取費用等等現象。最後新郵資制度（The Penny Post）於1840年1月10日付諸實施，一張以英國維多利亞女王頭像為圖的「黑便士」（Penny Black）郵票，（圖1-2-1）〔註223〕便因運而生。〔註224〕此為世界最早的郵票，此後除英國外，其他各國所發行的郵票，皆須

<hr>

的發明人。出身清寒家庭，為苦學自修且極富研究進取及改革創新精神之成功者。世界最早之「黑便士郵票」即由希爾發明，因而被尊為「郵票之父」。「郵資預付制」、「均一郵資制」等亦均出自彼之創意。希爾實際主持英國郵政雖僅10年（1854〜1864），惟對郵政業務之擘畫建樹，貢獻極大，其影響更遍及寰宇，為舉世人士夙所欽仰，尤為萬國郵盟崇敬之國際性偉人之一。

〔註220〕 由於深感當時郵政制度的低效與浪費，1837年，42歲的羅蘭・希爾撰寫『郵政制度改革：其重要性與實用性』（"Post Office Reform: its Importance and Practicability", 1837）要求對英國郵政制度進行徹底的改革，其提出了郵票最早的概念：「以一大小恰與郵戳相等的紙片，背面塗以膠液，略蘸水後即可黏貼於信件背面」。

〔註221〕 1836年他將這本書上呈財政大臣，可惜未獲守舊派青睞。1837年羅蘭希爾將《郵政改革》逕行付梓，立即受到社會大眾齊聲喝采。輿論的壓力迫使英國下議院於1837年11月成立專門委員會，審查羅蘭希爾的建議案，最後投票決定施行「一便士郵資」（Penny Postage），國內平信每重半盎司不論遠近途程皆收費一便士。郵政博物館，〈郵政改革家羅蘭希爾與世界第一枚郵票「黑便士」〉，《典藏研究——郵徑探幽》，http://museum.post.gov.tw，發佈時間：2018/4/11。

〔註222〕 在英國國會之郵務諮詢中，當羅蘭希爾被問及：「設寄信者目不識丁，不能自書封面，則又之何？」其回答：「以一張紙片，以適數蓋印郵戳為度，其背面敷有膠漿，寄信人略以水濕，將該紙片黏諸信背，以當郵資付訖之標記。」就此產生了郵票。晏星，《郵票與郵史漫談》，頁222。

〔註223〕 中華郵政全球資訊網，《郵票寶藏》：https://www.post.gov.tw/post/internet/W_stamphouse/post/internet，檢索日期：2016/12/5。

〔註224〕 1840年5月1日，英國發行了世界上第一種郵票，圖案是維多利亞女王18歲即位時的側面像，「黑便士」郵票之「黑」，是指它的印刷顏色為黑色，「便士」是指英國的貨幣單位，面值一便士，後人稱為「黑便士」郵票，5月6日正式使用。英文中的便士（Pence）是指複數而言，單數為「便尼」（Penny），

標記發行國之國號於票面上，以為辨識。中華郵政總局為緬懷郵票發明人羅蘭希爾爵士（SirRowland Hill，1795～1879），於其逝世一百年之日，即 1979年 8 月 27 日印製紀念郵票一套。（圖 1-2-2）〔註 225〕

圖 1-2-1
黑便士郵票 1840 年

圖 1-2-2　郵票發明人羅蘭希爾
逝世 100 年紀念郵票（紀 174）

說明：圖案以維多利亞女王 18 歲登基時的側面頭像為主體，郵票背面刷有背膠，但沒有齒孔，俗稱「黑便士」郵票。

說明：右半為「郵票之父」的羅蘭希爾像，左側繪世界第一張郵票——黑便士，意寓其為郵票發明人。

　　清朝發行的第一套郵票在 1878 年（光緒四年）6 月 25 日，大清郵票開始發售，發行紋銀一分（綠）、三分（暗紅）及五分（橘黃）郵票全套三種，以雲龍為圖案，華人以龍為圖騰，代表至高無上的權威，習稱為「海關大龍」，簡稱「大龍郵票」；大龍郵票由海關造冊處印製，大龍郵票為銅質版模，雕刻家用手工逐枚刻製，由上海海關造冊處印製之。全套共有三種面值，先後分三期印製發行。〔註 226〕（圖 1-2-3）〔註 227〕原以舊有各郵務處郵資登署簿加日戳方

　　　（Black Penny）忠實的翻譯，應為「黑便尼」，然而人們以習慣如此稱呼。該郵票圖幅為 19mm×23mm，無銘記，無齒孔，有背膠，有小皇冠水印。見晏星，《郵票與郵史漫譚》（臺北：交通部郵政總局，1983 年四版），頁 5；中華集郵聯合會編，《中國集郵大辭典》，頁 8。

〔註 225〕中華郵政全球資訊網，《郵票寶藏》：https://www.post.gov.tw/post/internet/W_stamphouse/post/internet/W_stamphouse，檢索日期：2016/12/5。

〔註 226〕交通部郵政總局，《中華郵政七十週年紀念——郵政大事記》第一集上冊，頁10；《中國郵票史》，卷 2，頁 377。此票分三次印製發行，具體發行日期迄今為止未見記載，一般認為大龍郵票的最早發行日期為 1878 年 7 月 24 日至 8月 1 日間。據《中國郵票史》載，「綿嘉義《華郵紀要》稱清一次片與日本版蟠龍郵票一同於 8 月 16 日發行。」根據後來發現的郵政文件，日本版蟠龍郵票應於 10 月 1 日發行，本文以中華郵政公告之日期為主。

〔註 227〕中華郵政全球資訊網，《郵票寶藏》：https://www.post.gov.tw/post/internet/W_stamphouse/post/internet/W_stamphouse，檢索日期：2016/12/5。

法，再逐漸使用新式郵票。若未貼中國郵票的郵件，則根據郵資表的規定向收件人收費。違反者，均將信退回。如「按應付郵資貼足郵票」才重新郵寄。

圖 1-2-3　大清海關雲龍郵票 1878 年 6 月 25 日發行

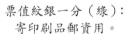

| 票值紋銀一分（綠）：
寄印刷品郵資用。 | 票值紋銀三分（暗紅）：
寄普通信函郵資用。 | 票值紋銀五分（橘黃）：
寄掛號郵資用。 |

說明：圖案中的大龍兩目圓睜，騰雲駕霧，呼之欲出。上方標有「CHINA（中國）」，
下方標有「CANDARIN（S）」字樣，幣製為關平銀。

　　而 1896 年 3 月 20 日（光緒二十二年二月七日），總理衙門原在請奏開辦郵政章程中，曾有「通商各口設立外局」及「京都總稅務司署中之寄信局則改為郵政總局」之議，當日奉批依議，中國郵政更名「大清郵政官局」，設郵政總署於北京，統轄全國郵政。1911 年（宣統三年）郵傳部正式接管郵政。〔註 228〕1914 年，中華民國正式加入國際郵會，〔註 229〕

　　中華郵政為慶祝中華郵政之郵票發行已屆滿百年（自 1878 年發行首套「海關一次雲龍郵票」（簡稱大清龍票）至 1978 年），所印製「中國郵票發行百年紀念郵票」及小全張，此發行之郵票圖案為採用早期、中期及近期票中具有代表性之大龍票、國父像郵票（紐約版）及蔣中正像郵票，作為「票中票」之

〔註 228〕郵傳部第八任尚書盛宣懷與海關協商後，將郵政事務正式移交給郵傳部執行。交通部郵政總局，《中華郵政七十周年紀念——郵政大事記》第一集上冊，頁 81～82。

〔註 229〕《外交檔案》（臺北：中央研究院近代史研究所檔案館藏），03-02-080-01，「中國加入萬國郵政會案」，〈1914 年 2 月 2 日，外交部收交通部 1 月 31 日函——擬具照會瑞士政府加入萬國郵政會文二件，希查照酌核辦理，見覆由〉。轉引許峰源，〈中國國際化的歷程：以清末民初參與萬國郵政聯盟為例〉，《中興史學》第 11 期（台中中興大學，2005 年），頁 8。1914 年馬德里召開郵聯大會，的會員國，需依照國際外交形式照會瑞士政府，提出申請，並於六個月後生效。中華民國於 1914 年 9 月 1 日正式成為郵聯會員國，但 1971 年退出聯合國之後，亦退出此組織。

主題；小全張（44×102）則以此套三枚郵票並列組成。（圖1-2-4）〔註230〕

圖1-2-4　中國郵票發行百年紀念郵票
（紀166）1978年2月21日發行

大龍票　　　國父像郵票（紐　蔣中正像郵票　　　　小全張（44×102）
「票中票」　　約版）「票中票」　「票中票」

說明：第一套商埠郵票與官方發行的郵票。

　　在租借區裡，各國在商埠開設書信館，發行習稱的「商埠郵票」，上海工部局書信館於1865年即在中國發行了第一套商埠郵票。〔註231〕（圖1-2-5）中華民族的第一張郵票於1878年（光緒四年）誕生，當時稱為「信票」，以龍為圖案的普通郵票的「大龍郵票」，又稱「海關大龍郵票」。1878年3月23日，天津、北京、煙臺、牛莊、上海五處海關郵政開始收寄公眾信件，為簡化收費結算手續，決定印製郵票，清朝海關早在1877年時已先與英國接洽郵票籌印事宜，自1878年7月起，開始發行中國第一套郵票。自1878年制1883年先後三期印行，由上海海關造冊處印刷廠凸版印刷，一套3枚，以紋銀為面值單位，有綠色一分銀、紅色三分銀和黃色五分銀三種。〔註232〕（圖1-2-6）

　　華人對於郵票的稱呼有「人頭」〔註233〕、「龍頭」〔註234〕、「信花」或是「信資圖記」等，如清朝薛福成（1838～1894）〔註235〕在其著作《泰西郵政

〔註230〕中華郵政全球資訊網，《郵票寶藏》：https://www.post.gov.tw/post/internet/W_stamphouse/post/internet/W_stamphouse，檢索日期：2018/12/12。

〔註231〕孫少穎，《大龍郵票與清代郵史》（臺北：臺灣商務印書館，1989年），頁119。

〔註232〕孫少穎，《大龍郵票與清代郵史》，頁13。

〔註233〕晏星，《郵票與郵史漫談》，頁215。「人頭」之稱，起源於西洋各國的郵票，票中常見各國君主頭像，民間見到外國寄來的信上貼著這樣的郵票，便稱之為「人頭」。

〔註234〕清朝製作第一章郵票時，曾考慮使用皇上或太后之頭像，但國情上，認為有褻瀆聖上尊容之虞，遂以龍為票面圖案，因此稱大龍郵票，或龍頭。晏星，《郵票與郵史漫談》，頁215。

〔註235〕薛福成（1838.4.12～1894.7.21），字叔耘，號庸菴，江蘇無錫賓雁裡人。出生

考》一文中，曾言「又創售賣信花之法，中國俗名人頭，其形式四方，每方大約半寸，由局中自造，上蓋印花……」。〔註236〕其中所指的信花，即是郵票；而由於郵票圖案的人頭像為多，光緒五年（1879年）六月《申報》即有刊載「收買人頭」的廣告：「工部局書信館人頭每百個價二角，海關人頭每百個價二角，東洋人頭每百個價三角，如送至新泰興洋行哈利斯收，即可付價。其他國之信封人頭，亦可收買。」〔註237〕遂以「人頭」為郵票之代稱；而郵票亦被稱為「印圖」、「印頭」、「印紙」、「印花」、「信印」、「信票」、「國印」、「郵券」、「郵鈔」、「郵飛」、「郵花」、「郵券」、「官信票」等等；至於粵、閩、台等地，則將郵票稱作「士擔」或「士擔紙」，為英文 STAMP 音譯。

圖 1-2-5　　　　　　　　圖 1-2-6
上海書信館郵票　　海關 1 次雲龍郵票（大龍郵票）

1 錢 2 分　　　　　1 分　　　　　3 分　　　　　5 分

在中文的字詞裏，「郵票」一詞始見於 1888 年（清光緒十四年），臺灣首任巡撫劉銘傳設立於臺北的臺灣郵政總局，訂定「郵政條目」十二條及「郵政票章程」九條，發行類似郵票兩種，一為記帳而不取資粘於公文上之官用「臺灣郵票」，一為附有收條之民間用的「郵政商票」，〔註238〕臺灣最早使用的郵票等相關論述，在上一節已經討論過，此處不再贅述。總之，此後「郵票」一詞成為中文裏的標準譯名，直至 1912 年中華民國建國，在郵票票面上印上

於書香門第、官宦之家。近代著名的散文家、外交家。同治年間曾任曾國藩幕僚；光緒年間成為李鴻章的幕僚，辦理外交事務。光緒 15 年（1889）以左副都禦使出使英、法、比、意四國，致力介紹西方科技政俗，主張變法維新。歸國後升任右副都御史，不久病故。

〔註236〕薛福成，《泰西郵政考》驛站篇，載於鄭觀應，《盛世危言》，附錄（臺北：中華雜誌社，1965 年）。

〔註237〕《申報》，1879 年版。

〔註238〕交通部郵政總局編印，《中華郵政七十週年紀念──郵政大事記》第一集上冊，1966 年，頁 18；樓祖詒、朱傳譽，《中國郵驛發達史》，昆明，中華書局，1940 年初版（臺北：天一出版社，1975 年再版），頁 329～331。

「郵票」二字後，漸無其他稱呼。

郵票為近代郵政系統下的產物，這張載有通信資費與圖像既小又薄的印刷紙片，不僅牽動了郵政通信系統重要的變革，也與當代的社會政治經濟文化有著密切的關係。郵票不僅是一種郵資交付的憑證，也衍生其他的功能，諸如政令傳播、宣傳教育、籌資和儲蓄投資等等作用，設計印刷精美的郵票還富有收藏與藝術欣賞的價值。郵票是屬於一個國家或是地區發行的郵資憑證，屬於一種國家名片，亦是珍貴的歷史文物或歷史研究的一種資料，反映著一個國家、一個民族、一個時代的精神與風俗，以及印刷科技的演變，因此郵票亦具有歷史檔案的功能。而自從傳入清朝後至民國以降，在內憂外患紛亂的時局下，呈現許多特殊的面貌。

至今一百五十多年來，世界郵票的發展依《中國集郵大辭典》中所載，大體經歷三個階段，第一階段為古典郵票時期：約 1840 年～1900 年，此期郵票特點是僅做為郵資憑證，票種較為單一，圖案多為人物頭像，紋章或簡單的數字，使用期較長。第二階段為近代郵票時期：時間為 1900 年～1945 年，此時期的特點是世界各國郵政普遍施行了貼用郵票，這種預付郵資的制度，郵票品日益增多，出現了航空郵票和戰爭時期用的軍用郵票，也有因戰亂反映出的局勢不穩而發行的郵票（如加蓋郵票或限地區使用的郵票）。第三階段為即現代郵票時期：1945 年～至今，郵政通信與集郵文化活動飛速的發展，此時期的特點是：1. 反應各國歷史文化、自然面貌與經濟、文化、科學發展的專題郵票大量增加，郵票的文化與宣傳功能大大增強；2. 發行郵票更有計劃性，在題材豐富、品種和印量大量增加情況下，郵票的基本種類反而大大減少，郵票選題日益傾向專題化、系列化；3. 郵票印製採用新技術、新方法、新材質、新形式，郵票從內容到形式都日益豐富多彩；4. 隨著集郵事業發展，集郵隊伍不斷擴大有些國家與地區郵票的商品化趨勢日益突出。〔註 239〕本節以郵票的發展從其發行、設計、種類與圖像的研究意義作為探討的主題。

二、郵票的發行與設計

（一）郵票的發行

首先，探討郵票的發行，郵票的發行具有國家政治權力的象徵性，不容有其他人偽造與變更，郵票的發行代表著國家郵政的尊嚴與主權，以及國家的利

〔註 239〕見中華集郵聯合會編，《中國集郵大辭典》，頁 8。

益，為此，在 1935 年，我國頒發了《郵政法》其中第八條規定：

> 郵票、明信片及特製郵簡，由交通部擬定式樣及價格，呈請行政院核定，由郵政機關發行。〔註 240〕

而在第三十九條有著嚴格的規定：

> 意圖供行使之用，而偽造、變造明信片、特製郵簡、郵政認知證、國際回信郵票券、郵政匯票、會對印紙、郵政支票、郵政畫條、郵政儲金簿，或郵資已付之戳記者，依刑法第二百零二條第一項處斷。行使或意圖供行使之用，而收集、偽造、變造前項之物者，依刑法第二百零二條第二項處斷。意圖供自己或他人連續使用之用，而於郵票、明信片或特製郵簡之印花上，塗用膠類、漿類或化合物者，依刑法第二百零二條第三項處斷。〔註 241〕

郵政主管部門為郵政總局，立屬於國民政府交通部，其內設置郵電司，為業務職能部門，相關法規由交通部擬定，後呈請行政院核定，接受行政院訓令。在《郵政法》的第一、二條規定：「郵政為國營事業，郵交通部掌管之。」「其組織另以法律定之。」〔註 242〕郵政總局的內部，設有審批、印刷、發行、使用……等等職能部門。

據郵政總局在 1970 年的《郵政研究報告》〔註 243〕中所載，中華民國政府遷台後，發行郵票的重點從應付業務需求，轉而注意促進集郵業務之發展，與國家政治、文化、藝術及其他重要建設成果的宣傳方面，加上國際地位的提昇，對於國際正義與和平的倡導及支持，亦以發行紀念國際性重要事蹟的紀念郵票表現之。因此，對於郵票發行政策的演變約略有四個階段：第一階段，1949 年～1956 年，除適應業務貼用之郵票為主，則以宣揚政治成就之紀念郵票居多，如地方自治、三七五減租、總統復行視事與反共義士等主題〔註 244〕。第二階段，1957～1961 年，著重促進集郵業務的發展為主，而能迎合集郵人士所好，發行母教專題郵票〔註 245〕，台灣昆蟲（圖 1-2-7）〔註 246〕與花卉類

〔註 240〕中華郵政，《郵政法》第八條，1924 年。
〔註 241〕中華郵政，《郵政法》第三十九條，1924 年。
〔註 242〕中華郵政，《郵政法》第一條、第二條，1924 年。
〔註 243〕交通部郵政總局，《郵政研究報告二——發行郵票政策之研究》（台北：交通部郵政總局，1970 年），頁 5。
〔註 244〕此類郵票於第二、三章介紹，此處不贅述。
〔註 245〕此類郵票於第四章第二節介紹，此處不贅述。
〔註 246〕中華郵政全球資訊網，《郵票寶藏》：https://www.post.gov.tw/post/internet/W_

的郵票（圖 1-2-8）〔註247〕，廣獲迴響，據載：「因圖案生動，印製精美，發售之日，轟動郵壇，深獲海內外集郵人士的讚賞。」〔註248〕另有民主導師郵票、體育郵票〔註249〕、臺灣風景郵票（圖 1-2-9）〔註250〕等發行主題。第三階段，以 1962 年～1965 年，此期間發行的郵票與聯合國以及促進國際合作有關的主題為多，〔註251〕此時期因中華民國政府之國際地位蒸蒸日上，與國際接觸頻繁。第四階段，自 1966 年～1970 年之發行郵票政策，以促進中華文化、宣揚文化遺產方面為導向之郵票等。〔註252〕

圖 1-2-7	圖 1-2-8	圖 1-2-9
臺灣昆蟲郵票	臺灣花卉郵票	臺灣風景郵票

1958 年 3 月 20 日發行	1958 年 3 月 20 日發行	1961 年 10 月 31 日發行

自 1940 年代起，政府對於郵票的發行，有下列幾項原則：

1. 為政治服務：票面圖像為當政者之肖像、並以內政與外交之政治主題畫面的宣傳。

2. 便於使用：其一、郵票為納付郵資之憑證，郵票的印刷必須與郵資吻合，必須適應用郵者之需要；其二、郵票種類與顏色需符合國際郵政公約之要求，根據開羅《萬國郵政公約實施細則》第 106 條規定，所有國際信函單純郵

　　　stamphouse/post/internet/W_stamphouse，檢索日期：2019/6/28。

〔註247〕中華郵政全球資訊網，《郵票寶藏》：https://www.post.gov.tw/post/internet/W_stamphouse/post/internet/W_stamphouse，檢索日期：2019/6/28。

〔註248〕交通部郵政總局，《郵政研究報告二──發行郵票政策之研究》，頁 5。

〔註249〕此類郵票於第三章第一節論述。

〔註250〕中華郵政全球資訊網，《郵票寶藏》：https://www.post.gov.tw/post/internet/W_stamphouse/post/internet/W_stamphouse，檢索日期：2019/6/28。

〔註251〕此類郵票於第三章論述。

〔註252〕此類郵票於第四章第二節論述。

資例之郵票須印藍色，明信片資例之郵票印紅色，印刷物起首資例之郵票印綠色。〔註253〕其三、為了方便使用，1947年開展「一信一票」運動，但因為郵票印製趕不上郵資的調整速度而作罷。〔註254〕

3. 力求節約：首先體現在郵票的印刷價格上，再搭配印刷；其次，在銷售中堅持節約，方法上，一為拼湊，即是對舊版郵票可拼湊貼用；〔註255〕二則限售，將原以停售的低值郵票，僅販售用於新聞紙、印刷品、書籍等貼用。

4. 適應集郵者需要：抗戰前，上海、東川、貴州等設有集郵組，戰後為便利集郵者需求，亦在南京設立集郵組；另外，新郵發行時，對於偏遠地區晚收到新郵，當地集郵者仍可要求加蓋首日日戳，而對於無嚴格發行日期的新郵票，當舊郵過多暫緩出售時，仍可對集郵家通融。〔註256〕

5. 增加郵局收入：以在國外銷售郵票，（如「美國開國一百五十週年紀念郵票」（圖1-2-10）〔註257〕在海外發行、刺激集郵家收藏興趣以增加收入外，並盡力發行郵票。

郵政總局發行郵票，除臨時奉令增加發行之外，必須事先擬定印製郵票

〔註253〕《1941年1月4日交通部起草呈行政院文》中提到：「查國際郵資折合率改訂後，所有國際信函起首郵資之五角郵票、國際明信片郵資之三角票及國際印刷品郵資之一角票，依照開羅萬國郵政公約實施細則第一百零六條規定，應分別改為藍色、紅色及綠色，……。」行政院1941年1月23日，勇肆字第1315號指令准予備案。

〔註254〕1947年6月12日會計處給供應處公函稱：「查一信一票運動，現正極力推行，大部對此尤為注意。本局正擬通令各局，對於各種郵資所需之郵票，物需準備齊全，以備公眾購用，惟查快信郵資三百五十元面值之郵票，尚付闕如。……擬請通知……提前趕印若干。」然在通知前，郵資即已調整，只好改印為1800元郵票。見中華民共和國信息產業部《中國郵票史》編審委員會編，《中國郵票史》卷四，頁293。

〔註255〕1943年5月8日郵政總局第2599號通代電：「……本局曾令各區將一部分八分郵票加印『暫作七分』字樣，以便與八分票搭配售用。但國內平信郵資旋即改為一角六分，此項加印七分郵票因用途不廣，未能全數售罄尚有餘存，茲以為各區一角五分郵票所存無多嗣後亦不以添印，而現時收計書籍印刷物及貿易契等類郵件尚須一角五分郵票貼用，為撙節公帑並利用廢物起見，各區如仍存有上項加印七分字樣郵票，應即盡量與一小部份八分郵票搭配售作一角五分之用或將五分之一角郵票拼售，以應需要。」

〔註256〕1938年11月19日郵政總局第762號通令；1940年5月30日郵政總局第770通令。

〔註257〕中華郵政全球資訊網，《郵票寶藏》，https://www.post.gov.tw/post/internet/W_stamphouse/post/internet/W_stamphouse，檢索日期：2016/9/10。

計畫，俟交通部核准後，按照計畫進行製作籌印，通常均於本年度五、六月時擬定下一年度印票計畫，其內容，包括郵票名稱、印行動機、預定全枚套數、發行時間等，大致原則以符合國策與發行郵票的基本方針等如前段所述。〔註258〕

圖 1-2-10　美國開國 150 年紀念郵票
（紀 14）1939 年 7 月 4 日發行

說明：國旗為中華民國與美國國旗彩色印刷，將國旗前後並列，以代表兩國友好的意象，而背景為中華民國所屬之疆域圖。

關於郵票審查與製作的程序，〔註259〕大致如下：

紀念郵票：

郵政總局紀念郵票發行提案→計核處具體制定郵票發行計畫→呈報郵政總局→報請交通部核定→行政院准予備案發行。

圖 1-2-11　紀念郵票審批程序

（常用）郵票：

1. 業務處（郵資變動通知）→供應處→計核處具體制定發行計畫→呈報郵政總局→報請交通部核定→行政院准予備案發行。

2. 各省區郵政管理局、辦事處申請→計核處具體制定發行計畫→呈報郵政總局→報請交通部核定→行政院准予備案發行。

〔註258〕交通部郵政總局，《郵政研究報告二──發行郵票政策之研究》，頁 6。

〔註259〕交通部郵政總局，《郵政研究報告二──發行郵票政策之研究》，頁 5～7、32～35、39～40；中華人民共和國信息產業部《中國郵票史》編審委員會編，《中國郵票史》卷四，中華民國時期之〈中華郵政的郵票發行與管理〉，頁 291～292。圖表為筆者整理繪製。

選定付印廠：

1. 郵政總局之郵票印刷計畫（種類、面值、印製數量）→供應處→選擇、招商印刷廠→郵政總局核定印刷廠之報價→郵政總局／指定辦事處／相關郵政管理局→訂立印票合同→負責郵票之印刷、發放、保管。

2. 郵政總局—郵票具體發行計畫→報郵電司→交通部長批准→計核處→通知供應處／駐印刷廠郵票監印員—速請廠方付印。

圖 1-2-12　選定付印程序

圖 1-2-13　郵資更改程序

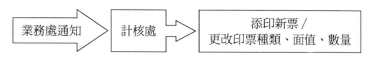

業務處（含主管國際業務聯郵處）即時通知計核處，以添印與郵資相符的新票或更改印刷郵票種類、面值、數量。

戰後郵票之發行，頗為耗時，約莫六個月至一年的籌備時間，一般作業流程有幾項重要的關卡：其一，郵票主題，須審慎選定；在內政、外交、軍事國防或文教醫藥方面之主題，須徵詢與尊重國家最高主管機關或相關團體等意見；其次，郵票圖案之設計，須由專家再三審核，方能定稿；其三，其圖案審定程序，基本上須由郵票設計小組、交通部、行政院之審查，不通過者，發回重製；其四，為保郵票品質精細，嚴密監察郵票印刷過程，以防偽造。〔註 260〕

圖 1-2-14　戰後郵票發行一般作業程序圖

〔註 260〕晏星，《郵票與郵史漫譚第四版》（臺北：交通部郵政總局，1984 年），頁 99 ～100。

（二）郵票的圖像主題設計

郵票圖像的選題上有三大主流，其一、宣揚國家政治、經濟與教育上的成就；其二、發揚固有的歷史文化；其三、響應國際活動等等。〔註261〕在「普通郵票」方面，為平時常用且數量大，圖案一般比較穩定，多選擇一至兩種圖案使用多年。而「紀念郵票」，其選題一般根據紀念的對象和內容而決定，且會隨著國際與國內的政治形勢的發展變化而逐步的擴展。〔註262〕郵票圖像的設計和其他藝術創作不同，以郵票本身發行的目的與其特殊之藝術形式性質所決定；〔註263〕再根據郵票發行的意義與目的邀請知名人士與藝術家設計，或向社會大眾徵集設計圖稿並給予獎勵，如1951年「紀032臺灣省實行地方自治紀念郵票」（圖1-2-15）；或由相關部門提供圖像，例如1948年發行資助防癆附捐郵票時，由衛生部防疫司提供相關圖像。（圖1-2-16）〔註264〕

圖1-2-15
臺灣省實行地方自治紀念郵票

圖1-2-16
資助防癆附捐郵票

關於郵票設計的核定，雖多數授權由郵政總局局長做最後決定，但我國依照郵政法之規定，須層呈行政院核定。對於郵票圖案的審查，無論是公開

〔註261〕交通部郵政總局，《郵政研究報告二——發行郵票政策之研究》，頁6。但在退出聯合國之後，國際類的郵票就不再成為發行的主流了。

〔註262〕中華民共和國信息產業部《中國郵票史》編審委員會編，《中國郵票史》，卷4，頁298。

〔註263〕中華民共和國信息產業部《中國郵票史》編審委員會編，《中國郵票史》，卷4，頁299。

〔註264〕中華郵政全球資訊網，《郵票寶藏》，https://www.post.gov.tw/post/internet/W_stamphouse/post/internet/W_stamphouse，檢索日期：2016/9/10。

徵求圖案或是個別徵求方式，都有其缺點。公開徵求方式，耗費人力物力甚多，須聘請美術界、攝影藉、集郵界、印刷界之精英審查，從公告徵圖、接受稿件、交付審查、初審、複審到決選，歷時數月，手續繁複，事前之準備與事後評審，耗時費力；其次藝術作品優劣，無一定標準，結果難以盡善；而稿件眾多下，亦耗損人力物力。個別徵求方式，雖可節省時間人力，但對圖案選定，僅以主辦單位意見，難以周詳。因此，為求慎重，避免此缺失，郵政總局於 1964 年 11 月設立郵票設計小組。〔註265〕每月召開會議一次，會中審議郵票主題及圖案等等，必要時則逐一由藝術大師、集郵專家或各行業的權威專家，詳加研究討論後才定稿；由郵政總局作成郵票圖案擬樣，報請交通部轉呈行政院院長親自核定，因此，每一種正式發行的郵票核定過程，往往耗費數月之久。〔註266〕

在郵票發行的頻率及數量方面，原則上每月發行一套為主，如若臨時發生紀念性的事項，則每年將有十多套郵票發行。而面值，除依據幣制之正常通膨指數波動外，有時也因為國內各時期的經濟局勢所需而有所變動，因此，票值有個位數亦有六位數之價位。在《郵政法》第十五條規定：「除中華郵政公司外，任何人不得發行、製作與郵票類似，且具有交付郵資證明之票證。」又第十六條載：「郵費之交付，以郵票或其他表示郵資已付符誌證明之。」第二項：「郵票、含有郵票符誌之明信片或特製郵簡，由中華郵政公司擬訂式樣、圖案及價格，報請主管機關層轉行政院核定後發行。」〔註267〕

中華郵政視郵票為現金與有價證券一樣重要，故十分注重郵票的發行與管理。換言之，郵票代表郵資，象徵國家之收入，為國家指定郵政機關發行之一種有價證券。郵票發行過久或流傳過多，恐有偽造，無法辨識，因此為杜絕流弊，國家得適時發行新的郵票；至於「紀念郵票」，為特種節令或特殊時機而發，無永久通行之必要，故國家對於舊日發行之郵票則會宣告停售或廢止。〔註268〕

〔註265〕交通部郵政總局，《郵政研究報告二——發行郵票政策之研究》，頁6。
〔註266〕晏星，〈郵票設計者的話〉，《郵票與郵史漫譚》版四，頁109。原載於《今日郵政》第251期，1978年11月。
〔註267〕中華郵政，《郵政法》第二章郵資與郵票，第十五條、第十六條，2011年版。《郵政法》自1935年7月5日，由國民政府令公佈，1936年（民國25年）11月1日施行，至2011年因應實際狀況需要屢次修訂之。
〔註268〕《郵政法》2011年版，第二章郵費與郵票之第十七條載：「中華郵政公司於報請主管機關核定後，將其發行之郵票廢止之。但應於一個月前公告，並停止

三、郵票的種類

（一）客郵郵票

在介紹各類郵票之前，首先認識在近代歷史上亞洲地區，所出現一種十分特殊的郵票，是這些被帝國主義所侵略的國家地區，所出現的郵票，一般稱之「客郵郵票」。近代中華民族官方正式發行郵票之前，在境內開始有郵票的使用，起於客郵郵票，此為列強在占領地執行其國的郵政章程，發行自己的郵票，直接侵犯了所在國的郵政權利。清末時期，國勢積弱，各國政府擅自設置該國郵政機構於清之國土上，其中最早設置客郵者，為 1834 年（道光十四年）英國駐華商務監督律勞卑（Willian John Lord Napier，1786～1834）在廣州澳門設置收信所。自 1842 年起，清政府與列強簽訂一系列條約，而通商口岸的開放與洋人的進駐，基於通信之需求，列強各自成立了在華郵局，並發行郵票的國家有英、法、美、日、德、俄、意、比等八國，直至廿世紀初，中國各地在華郵局約三百四十餘處。〔註 269〕

各國在華開辦客郵之初，只用於外僑信件，收寄之函件多僅使用戳印，或貼用該國郵票。甲午戰爭後，改用該國郵票，票面未加蓋文字；緊接著因各國幣值之對華匯率不時變動，為簡化起見，遂將各國在華行用在其本國或所屬殖民地之郵票上，加蓋中國幣制，或專門印製有中國國名或地名的郵票，開始加蓋「中國」的外文「CHINA」大寫或小寫的字樣，或其他中國地名，以資識別。〔註 270〕亦即在華客郵除自行印售郵票外，亦有使用其本國郵票，或在其國郵票上蓋 CHINA 字樣以使用之，客郵郵票遂流通於市。（圖 1-2-17）〔註 271〕

該郵票售賣。」「持有前項廢止之郵票者，自廢止之日起六個月內，得向（郵政機關）中華郵政公司換取新票。」（原郵政機關改為中華郵政公司）停售在於停止出售，並不影響已售出郵票之行用效力，而廢止，則是宣告郵票的使用效力終止。

〔註 269〕客郵現象，在本文上一節已有敘述，根據華盛頓太平洋會議通過撤銷在華「客郵」議案，直到 1922 年 12 月 31 日以前，除日本在東北、臺灣，以及英國在西藏的郵局外，各國在華郵局皆先後撤銷了。中華集郵聯合會編，《中國集郵大辭典》（北京：中國大百科全書出版社，2009 年），頁 12；孫少穎，《大龍郵票與清代郵史》（臺北：臺灣商務印書館，1989 年），頁 134。

〔註 270〕中華郵政股份有限公司編印，《中華郵政史——中華民國建國一百年紀念》，頁 50；例：英國客郵使用香港郵票、上海美國克郵局使用美國郵票，而於上方加蓋兩行英文字樣，上行為 SHANGAI，下行為 CHINA。張翊，《中華郵政史》，頁 130。

〔註 271〕圖片來源：孫少穎，《大龍郵票與清代郵史》，頁 134～151。

圖 1-2-17　各國在華客郵郵票

法國加蓋法文瓊州　　　德國專印膠州郵票 1900 年　　美國加蓋上海郵票
1901 年

英國加蓋中國郵票　　　俄國加蓋英文郵資　　　日本加蓋支那郵票

　　除上述在特殊的時代局勢下所出現郵票的郵票外，以下依照不同的條件，對於各式郵票，作一分類。

　　一、以圖案分：有風景、動植物、人像、建築、古物、生態等郵票。

　　二、以面值分：有高額郵票、低額郵票、改值郵票。

　　三、以形狀分：有長方形、正方形、圓形、三角形、六角形等。〔註 272〕（圖 1-2-18）

　　四、以材質分：除一般常見的紙質郵票之外，另有唱片郵票，世界上最早的唱片郵票 1973 年由不丹發行。它用塑料製成，郵票外形象袖珍的密紋唱片，國名和面值在中心圓附近，外圈則錄有不丹國歌和民歌。（圖 1-2-19）〔註 273〕絲綢郵票，通常也被稱作絹質郵票。如：1958 年 12 月 12 日，由波蘭

〔註 272〕黃世民，《從郵文存》，頁 221。

〔註 273〕在 1973 年 4 月 15 日時，不丹國王聽從 Burt Kerr Todd 的建議發行的唱片郵票，此套郵票採用塑料製成，其中錄製不丹民謠與國歌，與其歷史介紹。並在表面印上不丹的國名與其票面價值，其中五張屬國內郵票，印刷上搭配其國旗

為紀念其國郵政四百週年而發行由絲綢製成面值 50 茲羅提的郵票，圖案為古代郵車。（圖 1-2-20）〔註 274〕立體塑料郵票：1969 年由不丹為紀念美國阿波羅登月而發行，共七枚，畫面為火箭登月活動。磷光郵票，1957 年由英國發行，經信函自動分撿機內的紫外燈照射，郵票表面能顯示出鮮艷奪目的磷光。金屬郵票，如：1955 年由匈牙利為紀念本國制鋁工業創建二十五周年而發行了鋁箔航空郵票，圖案為飛機掠過冶金工業區。石蠟郵票，如：1852 年由印度發行，是一種石蠟（wax）封印票。CD 郵票，2008 年，由不丹為慶祝第五任國王加冕以及推行民主憲政而發行。（圖 1-2-21）〔註 275〕樹葉郵票，如：1982 年由加彭共和國在二十二周年國慶之際發行，使用特殊工藝將圖案印刷在奧庫梅樹葉上而成。〔註 276〕而近年有香港郵政發行的「人體五感兒童郵票」，即聽覺、視覺、嗅覺、味覺與觸覺等五種感官的郵票。〔註 277〕（圖 1-2-22）

的龍圖騰，另外兩張的國際航空郵票，則印有八吉祥圖，為佛教國家的特色文化。此套的郵票，可在唱盤上撥出音樂，亦可以郵寄出國。〈收藏會唱歌的郵票，你在不丹不能錯過的紀念品〉，https://flipermag.com/2015/01/29/bhutan/，檢索日期：2019/5/5。

〔註 274〕 主圖選自波蘭國當代畫家 A·科岑斯基（A. Kedzienski）所繪之一幅《行駛在克拉科夫──威尼斯郵路上的郵驛馬車》為題的著名雕刻版畫。由 4 匹駿馬拉著郵政馬車奔馳在威尼斯的郵路上，路邊是廣闊的田野，馬車夫挽韁駕馭著烈馬，旁邊有一包著頭巾的女人乘坐在郵車上。小型張的印製胚底為灰白絲綢，無光澤，以雕刻版單色（藍）印刷，規格為 87×76 毫米，無齒孔。票與邊框間下方印有 3 行波蘭文紀念文字，為全票的主題。資料來源：由〈郵來郵網官網〉發表收藏，https://kknews.cc/collect/r8n3lko.html 2018-01-02，檢索日期：2019/5/15。

〔註 275〕 2008 年，不丹為慶祝第五任國王加冕以及推行民主憲政，也是不丹紀念君主制度，達一百週年。不丹郵政總局推出世界第一套的 CD 郵票，一共四款，採 8×8 的小 CD，裡面收錄部分不丹的影音資料。Louis Lin，《欣傳媒》，〈收藏會唱歌的郵票，你在不丹不能錯過的紀念品〉，https://flipermag.com/2015/01/29/bhutan/，檢索日期：2019/5/5。

〔註 276〕 黃世民，《從郵文存》，頁 221。

〔註 277〕 「聽覺」郵票：以熱熔印刷技術把沙粒附於郵票表面，磨擦時會發出聲音；「視覺」郵票：透過郵票中裁出的圓孔形相機鏡頭觀看四周景物；「嗅覺」郵票：附有桃子香味；「味覺」郵票：背膠有雲呢拿味道；「觸覺」郵票：郵票上的籃球採用熱感膨脹油墨印刷，以模仿真實籃球的觸感。香港郵政於 2017 年 7 月 18 日推出發售「人體五感官」為題的兒童特別郵票及相關集郵品。香港政府新聞網，〈人體五感官兒童郵票本月發售〉，網址：https://www.news.gov.hk/tc/categories/health/html/2017/07/20170703_134042.shtml；《星島日報》，發佈：http://std.stheadline.com，檢索日期：2019/6/25。

圖 1-2-18-1
圓形郵票

馬來西亞 1971 年

圖 1-2-18-2
三角形郵票

好望角三角票 1953 年

圖 1-2-18-3
六角形郵票

比利時，1871 年電報郵票

資料來源：http://makstamps.com/treasure-topic5.htm 專題展館——特別形狀郵票，檢索日期：2019/4/30。

圖 1-2-19　不丹唱片郵票 1973 年

圖 1-2-20　波蘭絲綢郵票 1958 年

圖 1-2-21
不丹 CD 郵票 1980 年

圖 1-2-22
香港人體五感郵票 2017 年

　　五、以用途分：有普通郵票、紀念郵票、限地區貼用郵票、航空郵票、加強宣傳用的特種郵票以及為因應特殊時局下的專用郵票，如：軍郵、附捐郵票、快信郵票、欠資郵票、改值郵票以及郵資票等等，茲簡介如下：

（二）普通郵票

又稱常用郵票、繁用郵票：指一國郵件上最常見而又最多貼用的郵票，此類郵票為郵政機關為了公眾寄信需要而發行，面值多元以交寄各類郵件貼用，圖案題材廣泛，多採用國家的象徵、特色事物或人物，以及最能反應國情的事物為題材。適應一般性的長期需要而發行，可以再版，無限制印行販售，比如國父像郵票（圖1-2-23）、國旗郵票（圖1-2-24）。〔註278〕

圖1-2-23　國父像郵票　　　　　　　圖1-2-24　國旗郵票

（三）限地區貼用郵票

晚清以來各邊疆地區勢力膨脹，民國初期軍閥割據，又是兵禍紛陳的現象，造成社會政治經濟發展極不平衡，邊疆地區日漸與中央脫離，在政治與經濟上自樹一格，幣制多樣，有「法幣」、「羌銀」、「滇鈔」、「川幣」等等不一，影響中華郵政的生存與發展，各地受軍閥所控制，郵票面值受控收受地方貶值貨幣，客商利用郵票面值等值通用套匯，或有倒賣郵票謀取暴利，邊遠地區盜匪橫生，搶掠高額郵票，因此郵政受損慘重，甚至難以生存，遂自1915年起發行「限省貼用」郵票，限制地方使用的郵票，以保障郵政的收入。如：「限新省貼用郵票」（圖1-2-25）、「限桂省貼用郵票」（圖1-2-26）、「限黔省貼用郵票」（圖1-2-27）、「限滇省貼用郵票」（圖1-2-28）、「限四川貼郵票」（圖1-2-29）、「限吉黑貼用郵票」（圖1-2-30）、「限東北貼用郵票」（圖1-2-31）、「西藏地方郵票」（圖1-2-32）、「限陝省貼用郵票」（圖1-2-33）、「限贛省貼用郵票」（圖1-2-34）、「限臺灣省貼用郵票」（圖1-2-35）等等。〔註279〕

〔註278〕中華郵政全球資訊網，《郵票寶藏》，https://www.post.gov.tw/post/internet/W_stamphouse/post/internet/W_stamphouse，檢索日期：2016/9/10。

〔註279〕參見中華民共和國信息產業部《中國郵票史》編審委員會編，《中國郵票史》卷三，頁179～236；卷四，頁49～53、88～120；圖片來源：中華郵政全球資訊網，《郵票寶藏》，https://www.post.gov.tw/post/internet/W_stamphouse/post/internet/W_stamphouse，檢索日期：2016/9/10。

限地區貼用郵票

圖 1-2-25
限新省貼用郵票
1940 年

圖 1-2-26
限桂省貼用郵票
1949 年

圖 1-2-27
限黔省貼用郵票
1925 年

圖 1-2-28
限滇省貼用郵票
1932 年

圖 1-2-29
限四川貼用郵票
1927 年

圖 1-2-30
限吉黑貼用郵票
1927 年

圖 1-2-31
限東北貼用郵票
1946 年

圖 1-2-32
西藏地方用郵票
1911 年

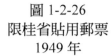

圖 1-2-33　限陝省
貼用郵票 1949 年

圖 1-2-34 限贛省
貼用郵票 1949 年

圖 1-2-35 限臺灣省
貼用郵票 1948 年

（四）特種郵票

　　以宣傳為發行目的之郵票，稱為特種郵票。1936 年發行以宣傳新生活運動為主題的郵票（圖 1-2-36），應數第一套特種郵票，但當時對特種郵票概念不清，而以紀念郵票發行。抗戰期間，日本對於我國資源的掠奪，使我國各方生產力嚴重衰敗，國民政府為「提倡節約，吸收郵資，藉以增加國富。」因

此在此之前曾發行「節約建國儲蓄券」，中華郵政為宣傳推廣，而擬發行此類郵票。〔註280〕1941年，抗戰局勢益見好轉，國人對抗戰必勝更具信心，為加強推行經濟建設，製作郵票票面以繁密之農田，便利之交通，豐富之礦產，林立之工廠為圖案，印發大型郵票，寓意為1938年，國民政府制訂的「抗戰建國綱領」，其中關於經濟建設部份，〔註281〕以軍事建設為重心，同時注意改善人民生活，全力發展農村經濟，樹立重工業的基礎，鼓勵輕工業的經營，藉以集中意志，發揮全國軍民力量，以期完成抗戰建國之大業。〔註282〕因此發行特種郵票，名為「節約建國」郵票。〔註283〕（圖1-2-37）

圖1-2-36　新生活運動
　紀念郵票（紀012）
　1936年1月1日發行　　　圖1-2-37　節約建國郵票（特001）
　　　　　　　　　　　　　　　1941年6月21日發行

（五）專用郵票

　　專用郵票是隨著郵政發展與需要而發行的某類郵件專門使用的郵票，如1904年所發行作為專用郵票的欠資郵票、1920年用於賑災籌措經費的附捐郵票、始於1921年的航空郵票以及因應戰爭而引起嚴重的通貨膨脹軍隊需要發行軍郵郵票等等。〔註284〕以下略述之。

〔註280〕中華民共和國信息產業部《中國郵票史》編審委員會編，《中國郵票史》卷三，頁211。
〔註281〕有關經濟建設條款的內容：1. 實行計劃經濟，獎勵海內外人民投資，擴大戰時生產。2. 開墾荒地，疏通水利。3. 開發礦產，樹立工業基礎。4. 整理交通系統，舉辦水陸空聯運，增築鐵路，加闢航線。
〔註282〕中華郵政，《郵票寶藏》，特種郵票之特001節約建國郵票。
〔註283〕中華郵政全球資訊網，《郵票寶藏》，https://www.post.gov.tw/post/internet/W_stamphouse/post/internet/W_stamphouse，檢索日期：2016/12/10。
〔註284〕中華民共和國信息產業部《中國郵票史》編審委員會編，《中國郵票史》卷四，頁178～203。

（六）欠資郵票

欠資郵件，均交由信差於投遞前向收件人取費。嗣因欠資郵件所收之費，稽核困難，乃將倫敦版蟠龍郵票用 5 號宋字在票面中央加蓋「欠資」二字，及英文「Postage Due」字樣，暫作欠資郵票，仍按原數值貼用。亦即隨著郵政資費的調整，而不斷添印或更新的郵票，欠資郵票最早自 1904 年 4 月 1 日起發行一套六枚貼用，面值五種。〔註 285〕（圖 1-2-38）

圖 1-2-38　欠資郵票

1904 年發行　　　　　1913 年發行　　　　　2015 年發行

（七）附捐（慈善）郵票

附捐郵票以為福利、慈善事業籌款為目的的郵票題材，所以又稱福利郵票，或稱慈善郵票，中華郵政至今共發行六套。當國家遇到嚴重天災人禍時，便發行附捐郵票，以資災後濟民與重建工作。第一張附捐郵票為於 1920 年 12 月 1 日發行財政部印刷局加蓋「附收賑捐壹分」字樣之帆船郵票。由於北京政府時期的民國，是一個混亂的歷史階段，軍閥混戰、民生凋敝、國步艱難、政權更迭頻繁下，連年征戰損害民生，國家建設、水利工程年久失修，1919 年黃河潰決，造成沿岸澤國現象，災民哀鴻遍野，流離失所之災民數以萬計，為了賑災濟民並加強宣傳起見，郵政總局仿效外國郵政作法，1920 年發行第一套附捐郵票（圖 1-2-39）〔註 286〕。時間倉促，來不及設計新郵票，

〔註 285〕中華郵政全球資訊網，《郵票寶藏》：https://www.post.gov.tw/post/internet/W_stamphouse/post/internet/W_stamphouse 特種郵票之特 001 節約建國郵票，檢索日期：2016/12/10。

〔註 286〕以北京 1 版帆船 2 分、4 分、6 分三種原票，交由財政部印刷局加蓋「附收賑捐壹分」字樣售用。中華郵政全球資訊網，《郵票寶藏》：https://www.post.gov.tw/post/internet/W_stamphouse/post/internet/W_stamphouse，檢索日期：2016/12/10。

遂於舊郵票即北京一版的帆船郵票上加字改值製成，但因加蓋工作不力，「附收賑捐郵票」延至災後一年多方才發行。將附收之捐款彙總掃數撥充救濟費用。〔註287〕之後在 1944 年發行「賑濟災民附捐郵票」〔註288〕（圖 1-2-40），此為中華郵政首次正式印製的附捐郵票；1954 年發行「救助越北僑胞附捐郵票」〔註289〕（圖 1-2-41），1999 年發行「921 賑災附捐郵票小全張」〔註290〕

〔註287〕 區區賑款，也無濟於災民，反成為當代政客標榜的政績與善舉的一件政治點綴品。見中華民共和國信息產業部《中國郵票史》編審委員會編，《中國郵票史》卷三，北京：商務印書館，2004 年，頁 91～92。

〔註288〕 「自民國 26 年抗戰軍興，各地避難民眾流離轉徙，亟待救濟。奉准印行附捐郵票一套，於郵資之外，另加收附捐一倍，任公眾樂購，其附捐部份，彙繳政府撥作救濟之用。郵票圖案繪難民一家六人，扶老攜幼，離鄉出亡之情景。全套六枚，同一圖案，但邊框花紋則各不相同。由紐約美國鈔票公司以雕刻凹版印製。原擬於 30 年發行，不料印竣之票於輪運途中被炸沉沒，經補印運到，已遲年餘。原印面值因幣值變動，已不適合當時之郵費資例，乃在重慶以極小之楷字及阿拉伯數字，用凸版在主圖下端兩角加字改值面額及附捐數值。」見中華郵政全球資訊網，《郵票寶藏》：https://www.post.gov.tw/post/internet/W_stamphouse/post/internet/W_stamphouse，檢索日期：2016/12/10。

〔註289〕 「1954 年 7 月 21 日，日內瓦會議簽訂越南停戰協定，自是越南遂面臨分割之命運。光明與黑暗，自由與奴役，兩者不能共容，旅居越北之數十萬我國僑胞，不甘淪入鐵幕，相率撤離。其摒棄共產，嚮慕自由，為人性之偉大表現，更足為我國旅居海外一千三百萬僑胞人心向背之顯著跡象。為響應朝野同時發動之全面救助僑胞運動起見，發行附捐郵票，所得捐款悉數撥充救濟之用。票面以僑胞在漫天烽火中，扶老攜幼，藉祖國搭建之浮橋奔向自由之情景為圖案。」見中華郵政全球資訊網，《郵票寶藏》之附捐郵票：https://www.post.gov.tw/post/internet/W_stamphouse/post/internet/W_stamphouse，檢索日期：2016/12/10。

〔註290〕 據載：「為積極配合政府救災並協助災區同胞重建家園，郵政總局計劃於 11 月 1 日發行『921 賑災附捐郵票』小全張一百萬張，每張售價一百元，售票所得將悉數捐入行政院救災專戶。」「郵政總局表示，民國 43 年 10 月 1 日為救助越北僑胞曾發行『救助越北僑胞附捐郵票』一組，迄今已逾四十五年。所謂附捐郵票是指慈善郵票於郵資面值之外，另加印捐款數值之郵票，郵局以郵資加捐款數值之和供售，所得捐款彙總繳交政府供賑災使用。……除捐款金額外，所得之郵資也將一併捐繳賑災，以善盡企業責任。本組賑災附捐郵票小全張是以兩枚面額各 25 元的郵票組成，再各附加 25 元賑災附加捐，小全張售價 1 百元。郵票圖案分別以『一方有難，十方聲援』及『心手相連，重建家園』為主題。此票由李光棋先生繪製，中央印製廠印製。為便於撥款繳交行政院救災專戶賑災，郵政總局表示，『921 賑災附捐郵票』小全張預定自 88 年 11 月 1 日發行至 89 年 4 月 30 日停售。郵局呼籲國人集郵用郵之餘，不忘伸出援手，發揮同胞心手相連至愛，協助受難國人早日重建美好家園。」見中華郵政全球資訊網，《郵票寶藏》之附捐郵票：https://www.post.gov.tw/post/internet/W_stamphouse/post/internet/W_stamphouse，檢索日期：2016/12/12。

（圖 1-2-42），2009 年發行「莫拉克颱風賑災附捐郵票小全張」〔註 291〕（圖 1-2-43）等附捐郵票。〔註 292〕

圖 1-2-39　附收賑捐郵票 1920 年

圖 1-2-40　　　　　　　　圖 1-2-41　救助越北僑胞
賑濟災民附捐郵票 1944 年　　　附捐郵票 1954 年

〔註291〕中華郵政載：「民國 98 年 8 月 7 日中度颱風莫拉克侵襲臺灣，2 天 2 夜的豪大雨重創臺灣南部與東部，造成極為嚴重的死傷災難。為呼籲國人發揮人飢己飢、人溺己溺之大愛精神，本公司特援民國 88 年 921 大地震後發行「921 賑災附捐郵票小全張」例，發行「莫拉克颱風賑災附捐郵票小全張」，以期集腋成裘，實質挹注政府賑災與重建災區所需龐大經費。本項小全張內含 2 枚郵票，圖案分別以「齊心協力、同舟共濟」及「國土保育、家園重建」為主題；郵票四周印虛擬齒孔，面值均為 25 元另加莫拉克颱風賑災附捐 25 元。每張小全張售價新臺幣 100 元，發行 60 萬張，自 98 年 10 月 9 日起發售至 99 年 4 月 8 日止（99 年 4 月 9 日起停售），賑災附捐款匯入內政部賑災專戶。本組郵票僅附帶發行大型首日封，餘如預銷戳封、貼（護）票卡、活頁集郵卡等，因製作不及，無法配合發行。」見中華郵政全球資訊網，《郵票寶藏》之附捐郵票：https://www.post.gov.tw/post/internet/W_stamphouse/post/internet/W_stamphouse，檢索日期：2016/12/12。

〔註292〕參見中華民共和國信息產業部《中國郵票史》編審委員會編，《中國郵票史》卷四，2004 年，頁 203～209；中華郵政全球資訊網，《郵票寶藏》，https://www.post.gov.tw/post/internet/W_stamphouse/post/internet/W_stamphouse，檢索日期：2016/12/10。

圖 1-2-42　九二一賑災
附捐郵票小全張 1999 年

圖 1-2-43　莫拉克颱風賑災
附捐郵票小全張 2009 年

（八）航空郵票

　　航空郵票以交寄航空郵件而發行，當普通郵票亦可使用，且航空郵票也可貼在一般郵件上使用。世界最早的航空郵票發行於 1917 年的義大利，為慶祝羅馬至都靈（Roma-Turin）以及那不勒斯到柏勒木（Naples-Palermo）開航紀念，以普通郵票加蓋的方式發行。正式的航空郵票則發行於美國，為紀念 1918 年 5 月 15 日開辦紐約經費城到華盛頓的航線。我國第一套航空郵票則發行於 1921 年 7 月 1 日，為配合中國航空屬於此日開辦北京至上海航線中的北京濟南段首日航飛，中華郵政特籌印航空郵票發行一套。〔註 293〕（圖 1-2-44）〔註 294〕

圖 1-2-44　航空郵票（1921 年發行）

說明：圖案為一架雙翼飛機飛越過萬里長乘上空，機尾則繪製當時之中華民國國旗五色旗。

〔註 293〕中華郵政股份有限公司編印，《中華郵政史——中華民國建國一百年紀念》，頁 115、162；黃世明，《從郵文存》，頁 223。我國軍郵機構有三：軍郵局——前方師以上部隊配設之，隨軍行動；軍郵收集所——因一部隊調動頻繁，流動性大，為保持機密，軍事郵件不書寫番號及地址，只書寫代號或信箱號碼，故此收集所負責蒐集此項資料，並具以批轉前、後方來往郵件，以利遞送；軍郵聯絡站——營本部及以上單位設立之，各單位派任一員充任軍郵聯絡員，辦理彙收該部官兵交寄郵件，轉送軍郵局之工作。
〔註 294〕中華郵政全球資訊網，《郵票寶藏》：https://www.post.gov.tw/post/internet/W_stamphouse/post/internet/W_stamphouse，檢索日期：2016/12/10。

（九）軍郵郵票

除了上述各類用途的郵票外，在特殊時期出現的有前述的「客郵」的郵票，亦有在戰爭時期的所發行的「軍郵」郵票。軍郵，乃為軍事郵遞的簡稱，是戰時為因應軍事通信需要而辦理的郵遞通信，具有激勵官兵士氣的功能，亦即備戰或作戰時期，為適應佔地環境、便利軍事單位和官兵使用，特予提供通信服務的郵遞設施。〔註295〕古代郵驛即是因應軍事行政之需求而產生，而近代各國因應戰事時，亦設立之，故軍郵源流已久；〔註296〕中華民國直至抗戰時才建立完整的軍郵制度。〔註297〕

中華民國之現代軍郵，始於1914年4月，外蒙發生亂事，民國政府派兵前往靖亂，為便利軍事，交通部與參謀本部制定了《軍事郵遞章程》，並在歸化等七處設置軍郵郵遞所，另選定包頭等四處郵局軍事承轉郵局，為中華民國首次辦理軍郵；〔註298〕同年5月20日我國與沙俄簽訂《解決蒙事協議》，我國得到名義上的領土主權，然也承認了沙俄在外蒙的既得利益與外蒙的自治權。〔註299〕1914年軍郵陸續隨軍撤回，次年戰事平息即行撤銷。〔註300〕

1936年訂定《軍郵規則》，以籌辦軍郵。〔註301〕1937年，抗日戰爭爆發，郵政總局擴大舉辦軍郵。為迅速傳遞軍情，便利戰士通訊，正式辦理軍郵，特

〔註295〕晏星，《中華郵政發展史》，1994年，頁431。

〔註296〕1716年德國首創軍郵，其後各國每逢戰事都有設置，績效頗著。郵政博物館五樓陳列室。

〔註297〕中華郵政股份有限公司編印，《中華郵政史——中華民國建國一百年紀念》，頁161。

〔註298〕「蒙邊不靖，駐軍甚多，經參謀本部與交通部議定創辦軍事郵遞，在烏蘭花、歸化、公溝、大余太、公中、林膝、開魯等地分設軍事郵遞所七處，於郵政路線內之隆盛莊、綏遠、赤峰、包頭等處承接郵局四處，均由郵政人員辦理。兩部訂定《軍事郵遞章程》包括：1. 軍事郵遞所辦法，2. 普通郵局辦理軍事由物辦法共36條；又軍事郵遞所及軍事承接郵局報帳規則共16條。」見交通部郵政總局編印，《中華郵政七十週年紀念——郵政大事記》第一集上冊，頁94。

〔註299〕丁惠永，《中國百年大寫真》（吉林：人民出版社，1996年），頁51。

〔註300〕交通部郵政總局編印，《中華郵政七十週年紀念——郵政大事記》第一集上冊，1966年，頁94；《民國二年報》，頁2。民國3年（1914年）軍事救平，各軍隊次第撤回，軍事郵遞所即行裁撤，郵遞所改為普通郵局。

〔註301〕1936年春政府著手籌僅軍郵，8月1日郵政總局為便利軍事行動地區部隊官兵匯寄薪餉起見，經呈奉核准訂定「臨時郵局開發大宗匯票辦法」。交通部郵政總局編印，《中華郵政七十週年紀念——郵政大事記》第一集上冊，頁273；晏星，《中華郵政發展史》，頁434。

在各部隊及其駐在地配置軍郵業務局；其後改稱軍郵局，或軍郵收集所，並在各戰區設立軍郵總視察段，以便指揮監督。最初尚無特印之軍郵郵票發行，僅在郵件上蓋用軍郵局特戳，以示區別。所有軍事郵件或戰士家書，雖未納航空郵費，亦儘可能交由飛機運寄。自 1938 年冬季以來，各種郵票皆在香港印製，至太平洋戰爭爆發後，香港印發郵票事物因而停頓。〔註 302〕為因應軍隊的發展，1942 年起，在浙、粵等七地區在常用郵票上加蓋「軍郵」二字，由部隊機關開具官兵名冊，以公函請購，分發貼用。〔註 303〕1944 年以後，因幣值變動，郵資時有調整，經設計印行一種無面值之「軍郵郵票」，（圖 1-2-45）不印面值，仍按當時「軍郵優待」辦法出售，專供抗戰官兵交寄家書。〔註 304〕

1945 年，抗戰勝利後，9 月 9 日國民政府在南京中央軍校接受日軍投降後，臺灣列為第 15 受降區，國軍先鋒部隊第 70 軍及所屬第 107 師等部隊，奉命進駐臺灣；10 月 17 日部隊在基隆登陸，隨軍行動的第 53 軍郵局，配屬於師部的第 148 軍郵局，分別於 12 月 15 日隨同進駐臺北旭町和基隆兩地，其餘軍郵局陸續進駐臺灣。〔註 305〕抗戰八年，全國軍郵局、所收寄郵件 3 億 2580 餘萬件，投遞 3 億 9660 萬件，直至 1946 年 4 月，各軍郵局奉命撤銷。〔註 306〕然共軍進佔東北若干地區，國軍部隊陸續出關進擊，軍郵局亦隨軍行動，政府實施戡亂，又繼續辦理軍郵，因而出現了限東北貼用軍郵郵票（見圖 1-2-46）。〔註 307〕後因戰局逆轉，區域逐漸縮小，機構陸續撤銷。

〔註 302〕 交通代電 2252 號，引自交通部郵政總局編印，《中華郵政七十週年紀念——郵政大事記》第一集上冊，頁 348。郵政總局與中央信託局印製處訂立印票合同，在國內後方印製普通郵票。

〔註 303〕 晏星，《中華郵政發展史》，頁 436。

〔註 304〕 1943 年，郵政總局渝視字第 106 號，密通代電附件「抗戰時期前線作戰官兵交寄家書優待辦法」。軍事委員會訂定相關之優待辦法，共計十一項，參閱交通部郵政總局編印，《中華郵政七十週年紀念——郵政大事記》第一集下冊，1966 年，頁 380；晏星，《中華郵政發展史》，頁 436。

〔註 305〕 交通部訓令 244 號，引自交通部郵政總局編印，《中華郵政七十週年紀念——郵政大事記》第一集下冊，（臺北：交通部，1966 年），頁 434；中華郵政股份有限公司編印，《中華郵政史——中華民國建國一百年紀念》，頁 176。軍郵 148 局與 53 局隨軍入台，分別利用民船與福州、廈門兩郵局聯絡運郵，航空方面郵件亦可交由往來台滬盟機帶運。

〔註 306〕 中華郵政股份有限公司編印，《中華郵政史——中華民國建國一百年紀念》，頁 161～163。

〔註 307〕 中華郵政股份有限公司編印，《中華郵政史——中華民國建國一百年紀念》，頁 176；交通部訓令 567 號，交通部郵政總局編印，《中華郵政七十週年紀念——郵政大事記》第一集下冊，1966 年，頁 452。

圖 1-2-45
軍郵郵票 1945 年發行

圖 1-2-46
限東北貼用軍郵郵票 1947 年發行

　　政府遷臺後積極準備反攻，郵政總局為配合戡亂國策，乃於 1956 年春天再辦軍郵，於金門山外成立第一軍郵局，〔註308〕次年在馬祖南竿成立第二軍郵局，另於部隊駐地設置隨軍軍郵局；自二十一世紀以來，因時局變遷，隨著兩岸關係緩和，外島駐軍減少，因此，各軍郵局至 2006 年 12 月 31 日止，次年全部撤銷，改設普通郵局服務軍民，走過半個世紀的軍郵局從此走進歷史。〔註309〕

（十）改值郵票

　　由以上種種概述，我們瞭解到十九世紀清政府引進新式的郵政體系，官方在 1878 年發行了第一張郵票——大龍郵票後，也運用了郵票的遞送資費的方式。近代郵政系統是由外國人所掌握的海關所開啟的，清代的郵票無論是官方發行，或是外國所發行的「客郵」、商埠郵票，都反映了近代中國自治主權受制於外國勢力的特殊狀態。及至中華民國草創之初，郵政仍艱辛的運行著，從郵票票面上的「加蓋」、「改值」、「限○○地區使用」的頻繁出現，顯現出國家政局的動盪，國家實際的治權掌握在官僚和軍閥的手中，他們無視於名義上擁有國家統治權的民國政府，掠奪侵略征戰的結果，使國家陷入一種

〔註308〕交通部郵政總局編印，《中華郵政七十週年紀念——郵政大事記》第一集下冊，1966 年，頁 653〜654。1955 年 6 月，奉行政院頒發「戰區設置軍郵辦法」十九條，於 1956 年 2 月 1 日實施，規定各軍郵機構隸屬郵政總局，其業務由該局管轄指揮，並受國防部督導，軍郵機構分軍郵局與軍郵派出所；同年 12 月 25 日成立金門第一軍郵局。

〔註309〕中華郵政股份有限公司編印，《中華郵政史——中華民國建國一百年紀念》，頁 227。

野蠻無政府動亂狀態中。〔註310〕

　　同時，中華民國進入了一個不斷進行各種政治形式實驗的一個時期，政治體制從議會共和到軍事獨裁政體，再到君主立憲的過程，而後為以黨治國的體制。〔註311〕在國家戰爭時出現「軍郵」郵票，而無論戰時或戰後，在國家經濟崩壞、惡性通貨膨脹、幣制屢變之時，則在郵票票值顯現出來的數字，差異變化極大，有小數點位數以下，也有七位數之面值，如1947年「限東北貼用」國父遺像郵票十三種，面值為五分、一角、二角、二角五分～五十元等，〔註312〕（圖1-2-47-1）而至1948年4月上海大東書局所印第二版，（圖1-2-47-2）〔註313〕國父遺像郵票就有四千元、六千元、七千元、十萬元、二十萬元、三十萬元及五十萬元等七種。〔註314〕直至1949年年底後，國、共兩黨政府居於海峽兩岸，至二十世紀末，在不同的治國體制下，各以其所奉行的主義，採取不同的方式治理所統治地區，在政體、外交、社會、經濟、教育與文化上，呈現極其不同的發展，而所呈現的郵票圖像風貌，更是大異其趣。

圖1-2-47-1　常東北005國父像　　　圖1-2-47-2　國父像改值高額郵票
　北平中央2版限東北貼用郵票　　　　　（常054）1948年4月1日

〔註310〕（美）C.S. 斯塔夫里阿諾斯，董書慧、王昶、徐正源譯，《全球通史：從史前史到21世紀》，《A GLOBAL HISTORY FROM PREHISTORY TO THE 21ST CENTURY》下冊（北京：北京大學出版社，2005年），頁584。

〔註311〕柯偉林，〈中國的國際化：民國時代的對外關係〉，《二十一世紀雙月刊》第44期，1997年12月號，頁41。

〔註312〕中華郵政，1947年6月10日郵政總局例會通字第1257號訓令。

〔註313〕中華郵政全球資訊網，《郵票寶藏》，https://www.post.gov.tw/post/internet/W_stamphouse/post/internet/W_stamphouse，檢索日期：2017/1/12。

〔註314〕1948年4月9日郵政總局供會通字第1766號訓令。

（十一）郵資票

郵資票又稱電子郵票，為二十世紀末期所發明，與郵票性質相同，亦可寄遞、收藏。惟此郵票係採單排成捲方式印製，裝置在自動販賣機器裡發售，隨購買者投入之幣值多寡，按下面值鍵，由電腦控制的號碼機，將金額打印（加蓋）在空面值郵票上後出售。中華郵政第一套郵資票，於 1995 年發行，供民眾隨時投幣購買。（圖 1-2-48）〔註 315〕

圖 1-2-48　國父紀念館郵資票（資常 001）

1995 年 7 月 31 日發行

四、紀念郵票與圖像史料

郵票的發行與國家形象、社會環境、政策、文化背景相關。而紀念郵票則與發行目的有著極大的關係，紀念郵票是為紀念重大事件或重要人物而發行的，〔註 316〕有特定的紀念文字、並且有發行數量的限制，發行有一定的期限，且時限較短。刻印在郵票上的圖像包括風俗民情、政治、人物、建築、古蹟、生態環境、動植物等等。郵票圖像不僅具有傳統意義上的史料價值，通過其特有的方式，表徵了近代社會環境變遷的縮影，在取材、分析、立論上採取實證性的研究，故，以郵票上的圖像，作為一種圖像史料分析，若審視其中的學術價值與探索其現實的意義，有助於理解郵票發行時的社會文化變遷。本文以紀念郵票為主要探討對象，因此，對於圖像、郵票、紀念與史料研究的關係概念，探討如下：

〔註 315〕中華郵政全球資訊網，《郵票寶藏》：https://www.post.gov.tw/post/internet/W_stamphouse/post/internet，檢索日期：2019/6/25。

〔註 316〕有些國家對於紀念郵票的發行，常選擇與其紀念事件有密切關係的地點作為首日分售的地點，以加強其紀念意義，例如美國即是採取這種方式。黃世明，《從郵文存》，頁 221。

　　首先，探討圖像史料的視覺傳播。圖像作為材料並非始於現代，以圖像作為歷史研究的材料卻是近年興起的研究方法，圖像以及影響對社會事件所產生的巨大影響甚多，歷史學家如何利用這些圖像材料來界定和解讀歷史現象，是文獻學上所需面臨的課題。〔註317〕與文字相比，視覺性或是圖畫材料更具有直接性，具有全面性和同時性的特點。亦即圖像可以使人們直接、全面、同時地把它印在腦海裡。〔註318〕由圖像去探索圖像背後所具備的深層意涵，產生了圖像學。圖像不僅是一個時代的紀錄，也是某種觀看方式的載體，圖像利用各種圖形、造型、文字所構成具有意義組合及傳達訊息的目的；解讀圖像就是發現意義的過程，意義不但需要從訊息中獲取，更需要從文化中理解。〔註319〕圖像若賦予意義，則發揮其聯想、轉換、重組等功能，在視覺傳達與表現上易於引起觀看者的共鳴。

　　視覺研究或是圖像研究，與傳統的文獻研究是不同的，「藝術史研究的物件不再局限於『精英藝術』和『高雅藝術』，而逐漸擴展到『大眾藝術』和『通俗文化圖像』……研究方法也不在局限於本學科的理論方法，而是選擇和吸收了其他相關學科的方法和理論體系，如符號學、現象學、闡釋學、社會學、心理學、結構主義等研究理論。」「它能提供一種以文本研究基礎的人類學領域之外，是一種更傑出而實際的呈現。」〔註320〕圖像因為其本身即是文字的源頭，與文字語言有著密切的關係，因為文字和圖像能彼此互相印證，且聯合起來重構知覺世界的浩瀚圖景。〔註321〕因此圖像的研究甚為重要。圖像不僅具有敘事性，且透過暗示、象徵性，以及烘托與強化的方法，使其有著文本所無法比擬的優越性；〔註322〕它能增添人們印象的深刻性。

〔註317〕方維規，〈再論新媒介的能量〉，《社會科學論壇》第 5 期（2009 年），頁 62～75。

〔註318〕邢義田，《立體的歷史──從圖像看古代中國與域外文化》（臺北：三民書局，2014 年 5 月），頁 5～7。

〔註319〕韓叢耀，《中國近代圖像新聞史（1840～1919）》（南京：南京大學出版社，2012 年）。

〔註320〕（美）詹姆斯・埃爾金斯，雷鑫譯，《視覺研究：懷疑式導讀──西方當代視覺文化藝術精品譯叢》（南京：鳳凰傳媒出版，2010 年），頁 2。

〔註321〕汪悅進，〈夢的邊界與消解的身體：作為鏡殿的佛教石窟寺〉，收於（英）德波拉・切利（Deborah Cherry）編：《藝術、歷史、視覺、文化》（南京：江蘇美術出版社，2010 年），頁 26。

〔註322〕魚宏亮，〈重建觀念史圖像中的歷史真實──中國近代觀念史的新範式〉，《東亞觀念史集刊》第 3 期，（2012 年 12 月），頁 459。

　　許多具有「左圖右史」著述的史書著作，藉由圖像的呈現以及洗鍊的文字對史事記述，更能讓後人對當代歷史的認識與理解，甚而讓讀者產生更大的共鳴感，某些圖像的資料可以反映出現實的世界。有學者表示：「作為後人，我們無法複製歷史，甚至不能精確解讀它的偶然性，但圖錄歷史卻能成為我們一次次返回歷史現場的開門鑰匙。」〔註 323〕有些學者認為圖像可以輔助讀者對於史著論述的了解，而有些學者認為圖像與現實之間的關係，應是再現而非僅是映現的現象，圖像不僅是史料的輔助功能，有時也具有其主體性。

　　在黃克武《畫中有話──近代中國的視覺表述與文化構圖》中談到：視覺史料與文字史料有顯著的差異，除了創造者、傳播媒介不同外，兩者的接受者以及議題也不同，而視覺史料有時能給予讀者更強烈的感受，從而顯示文字史料所不易展現的歷史面像。視覺史料更能觸及宗教、族群、性別、階級等的界域劃分與不同界域的相互關係；而其內涵包括了理性的思維、理念的傳達，以及包括了情感的表達和群體的記憶與認同，因而具有主體性的地位。〔註 324〕

　　二十世紀九〇年代以來，對於圖像的研究漸增，以畫報為例，兩岸學者聚焦在幾種近代中國影響層面最大的畫報──《點石齋畫報》、《良友畫報》等的研究，逐漸開始將畫報的研究與中國近代社會經濟、歷史文化等背景結合起來，主要代表有王爾敏〔註 325〕、康無為（Kahn Harold）〔註 326〕、瓦格納（Rudolf G. Wagner）〔註 327〕等幾位歷史學者進行的研究，這些研究的共同特徵是不約而同地關注圖像的內容，認為畫報所刊載的圖像與文字，是具備類似價值的史料，是反映歷史事實的鏡子，研究者試圖通過分析畫報及其

〔註 323〕 王泰來、郭冬編著，《見證 1900～1911──解讀晚清明信片》（北京：中國大百科全書出版社，2012 年 5 月），頁 5。

〔註 324〕 黃克武，《畫中有話──近代中國的視覺表述與文化構圖》（臺北：中央研究院近代歷史研究所，2003 年 12 月），頁 i。

〔註 325〕 王爾敏，〈中國近代知識普及化傳播之圖說形成──《點石齋畫報》例〉，《明清社會文化生態》（臺北：臺灣商務印書館，1997 年 7 月），頁 227～295；〈《點石齋畫報》所展現之近代歷史脈絡〉，載於黃克武，《畫中有話──近代中國的視覺表述與文化構圖》，頁 1～25。

〔註 326〕 康無為（Kahn Harold），〈點石齋畫報與大眾文化形成之前的歷史〉，收錄於黃克武，《畫中有話──近代中國的視覺表述與文化構圖》，頁 73～100。

〔註 327〕 瓦格納（Rudolf G. Wagner），《進入全球想像圖景：上海的〈點石齋畫報〉》，《中國學術》第 2 卷第 4 期（總第八期）（北京：商務印書館，2001 年 1 月），頁 1～96。

內容，以更能掌握清末的城市生活、大眾文化等方面的歷史脈絡與社會型態。〔註 328〕

西方學者認為圖像學分析是「觀者解讀出圖像的意義，考慮到了該圖像製作的時間與地點、流行的文化風格或者藝術家的風格、贊助人的意圖等。」〔註 329〕圖像與文獻，是史學家研究的對象與起點，要瞭解圖像的時間、地點、文化環境以及贊助者的企圖，就必須依賴於文獻的記載。文獻的意義主要在於對圖像本體之外的狀況瞭解，通過這些瞭解，可以有效地幫助對圖像本體的正確闡釋。〔註 330〕

史學研究者認為圖像史料是一種表徵，而這種觀點便是將載體刊登的圖像，通過考察圖像的意旨，探索其在生產過程中的功能與價值，視為一種文化的建構。在彼得・柏克（Peter Burke）所著的《圖像證史》，其書所研究的內容，是將不同類型的圖像，在不同類型的歷史學中，如何被當作律師們所說的那種「可採信的證據」來使用。彼得・柏克的《圖像證史》追溯圖像（images）作為歷史證據的悠久歷史。作者力圖說明的一個基本論點是，圖像如同文本和口述證詞一樣，也是歷史證據的一種重要形式。它們（圖像）記載了目擊者所看到的行動，同時也讓我們能更加生動的想像圖像中的世界。〔註 331〕彼得・柏克在《目擊》一書的論述重點有四：一、說明圖像材料包含的種類無遠弗屆，著重的是當作歷史證據的可能性，而非審美的價值。二、強調社會脈絡是讓圖像成為證據的主要關鍵。三、從圖像證據性出發，討論圖像被當作紀錄使用者少，所呈現的大多是經由塑造的觀點。四、討論圖像材料的研究途徑與檢驗方式。〔註 332〕

彼得・柏克用豐富的例子說明圖像在歷史研究上，特別是物質文化史、

〔註 328〕 徐沛，〈近代畫報研究的文化轉向及其價值〉（成都：四川大學文學與新聞學院，610064），原載於《國際新聞界》第 3 期（2013 年），頁 5～6。

〔註 329〕 （美）安妮・達勒瓦著，李震譯，《藝術史方法與理論》（南京：江蘇美術出版社，2009 年）。

〔註 330〕 李倍雷，〈圖像還是文本：中國美術史學的基本問題〉，《山西大學學報（社會科學版）》第 25 卷第 1 期（2011 年 2 月），頁 104。

〔註 331〕 （英）彼得・柏克（Peter Burke）著，楊豫譯，《圖像證史》（北京：北京大學出版社，2009 年），頁 14。

〔註 332〕 陳建守，〈圖像的歷史重量——引介彼得・柏克著《目擊》——當作歷史證據的圖像用途〉，Peter Burke, Eyewitnessing: The Uses of Image as Historical Evidence London: Reaktion Books, 2001. pp. 224，《新史學》第 18 卷第 1 期（2007 年 3 月），頁 198。

生活史、身體史等領域扮演的重要角色，這種角色幾乎是文字史料無法替代的，此書同時也指出圖像作為歷史證據的局限性與特性。〔註333〕從不同的圖像資料能看到的歷史是非常的不同，這取決於該圖像資料提供給人們的歷史信息量，也取決於解讀者的角度、方法及能力外，還同時取決於能夠配合解讀的其他材料是否豐富。〔註334〕

　　因此，我們對於圖像的研究，不僅是對客體的研究，也是對主體的研究。〔註335〕圖像會有意地或無意地傳遞信息，而有意地傳遞信息，代表可能是圖像的製造者（如：畫家、雕刻家、建築師、攝影者等）自身觀念的圖像，也可能存在表達命人製作圖像者（如：皇帝、掌權者、施令人等）的觀念。在圖像所呈現的社會觀點方面，圖像創作者通常都帶著文化的偏見或是預設立場的眼睛進行創作，無論在實際或隱喻的面向上，這些圖像材料都能紀錄某一個「觀點」（point of view），圖像呈現出一種表面的寫實主義（apparent realism）。〔註336〕觀者所見到的是一個經過塑造的觀點，一個在意識形態下或實際上呈現的社會觀點，這些觀點，在東方主義者對圖像解析的著述中可以看到。〔註337〕

　　對於這些圖像是如何與政治、社會、經濟背景結合，如何再現並創造歷史，而其所產生的視覺效果與展現的出發點，更可能牽涉到權力的宰制問題。〔註338〕在 Jessica Evans and Stuart Hall 所著的「Visual Culture: The Reader」一

〔註333〕彼得・柏克，楊豫譯，《圖像證史》，2008 年，頁 269。

〔註334〕趙世瑜，〈圖像如何證史：一幅石刻畫面所見清代西南的歷史與歷史記憶〉，《故宮博物院院刊》，2011 年第 2 期，總第 154 期（2011 年 3 月），頁 45。

〔註335〕趙世瑜，〈圖像如何證史：一幅石刻畫面所見清代西南的歷史與歷史記憶〉，頁 46。

〔註336〕彼得・柏克著，《目擊——當作歷史證據的圖像用途》，Peter Burke, Eyewitnessing: The Uses of Image as Historical Evidence London: Reaktion Books, 2001，頁 19、115。

〔註337〕彼得・柏克（Peter Burke）著，《目擊——當作歷史證據的圖像用途》（Eyewitnessing: The Uses of Image as Historical Evidence London），頁 187～188。柏克認為檢驗圖像材料的方式為：一、圖像並非提供直指社會真實的路徑，而是給予一個當下的觀點。二、圖像材料提供的證言（testimony）需要被放在脈絡底下作討論。三、史家最好是研究一系列的圖像，而非把解釋立基在單一例子上。且需注意什麼圖像中被移除，更是提供解讀訊息中的好元素。四、史家應注意圖像細微的部份，以及圖像創造者未曾留意的社會習慣，與被視為理所當然的想法。

〔註338〕王正華，〈藝術史與文化史的交界：關於視覺文化研究〉，《近代中國史研究通訊》第 32 期（2001 年），頁 76～89。

書中，收錄二十世紀以來的學者所寫的三十多篇，對於視覺圖像的構成符碼、背後的論述機制、讀者閱讀的視覺經驗、文化模式的內在動力與衝突等觀點，可以有助於我們對於視覺圖像史料運用的思索層面。〔註339〕

　　正如十三世紀馬可波羅將遊歷中國的景象，用圖像與文字描繪出讓歐洲人感動萬分的《東方見聞錄》，而讓西方人對東方的烏托邦世界有了嚮往。然而，晚近學者研究，到了十九世紀末，西方人透過各種博覽會和陸續發表的照片或明信片，繼續影響著歐洲社會大眾人對非西方社會的印象，這些讓西方對非西方社會認識的媒介中，以明信片為主，明信片常加上有圖像說明的文字（caption），這些說明的文字引導了觀看者去解讀明信片上的圖像，因此圖像的文字說明具有關鍵性的意義。東方主義論述（Orientalist discourse）的學者認為近代西方人的中國觀在十八世紀是受到法國的影響，十九世紀受英國的影響，而二十世紀則是由美國所影響著。〔註340〕在清末，製作圖畫或攝影者大多來自於西方，他們提供了觀看中國的視角，這些人可能是商人、外交官、傳教士、記者、探險家、畫家、攝影家、漢學家、建築師……等等，也可能是英法聯軍或八國聯軍時的官兵，其中，有些明信片是當年八國聯軍的兵營將特意設計印刷的辱華的漫畫明信片供給官兵使用，以鼓舞其士氣，也致使許多對中國不甚熟悉的世界名人如黑格爾〔註341〕、羅素〔註342〕……等等，通過這些圖片或相關材料議論中國。〔註343〕

　　所以製作圖像者，依據自己的價值觀或其他因素而詮釋表現，透過各種

〔註339〕 Jessica Evans and Stuart Hall, Visual Culture: The Reader (London: Sage Publications)，1999 年，轉引自黃克武，《畫中有話──近代中國的視覺表述與文化構圖》iv。

〔註340〕 張瑞德，〈想像中國──倫敦所見古董明信片的圖像分析〉，收錄於張啟雄主編，《二十世紀的中國與世界論文選集》下冊（臺北：中央研究院近代史研究所，2001 年 3 月），頁 807。

〔註341〕 格奧爾格‧威廉‧弗里德里希‧黑格爾（德語：Georg Wilhelm Friedrich Hegel，1770 年 8 月 27 日～1831 年 11 月 14 日），時代略晚於康德，是德國 19 世紀唯心論哲學的代表人物之一。

〔註342〕 伯特蘭‧亞瑟‧威廉‧羅素，第三代羅素伯爵（英語：Bertrand Arthur William Russell, 3rd Earl Russell，1872 年 5 月 18 日～1970 年 2 月 2 日），OM，FRS，英國哲學家、數學家和邏輯學家，致力於哲學的大眾化、普及化。1920 年羅素訪問俄國和中國，並在北京講學一年，與美國人文哲學家杜威同時間在中國講學。回到歐洲後著有《中國問題》一書。

〔註343〕 王泰來、郭冬編著，《見證 1900～1911──解讀晚清明信片》，頁 6～7。

管道傳播開來，影響了觀看者對圖像上的認識與理解。因此，圖像的生產與消費其實並非是中立性的，因為其中涉及圖像的選擇與呈現方式，觀看者的角度與選擇，以及詮釋等等問題，每個過程可能都會受到意識形態或是現實利益，使觀看者感受不同。所以要在圖像中找尋意義的解釋，那麼觀看者的知識、閱歷、意識形態等經驗將是極其重要的；基於觀看者背景的差異，面對同一個圖像，每個觀察者都可以得到他們自己的意義。

　　例如史學研究者張瑞德分析了倫敦的古董明信片圖像，其研究發現：十九世紀後期與二十世紀初期，西方所出版有關中國的明信片圖像，乃是明信片編者基於各種動機所作精挑細選後的結果，所呈現的中國是古老、變化緩慢的社會形象：中國是勤勞節儉、墨守成規、耽於各種惡習、素質低落的。相對的，西方的社會則是進步的，西方人也是較優越的；其次，明信片也強化了東方主義的這些刻板印象。〔註344〕又如在戰時，各國政府為達到其國家政策對戰爭意識的宣傳效果，國家機器會透過各種宣傳形式來達到目的，比如漫畫與海報的圖像宣傳，明瞭易懂，透過對漫畫或海報的主題表現與圖畫意象上的設計，以此來喚起或塑造民眾對戰爭的意識。〔註345〕所以，在彼得‧柏克的《目擊》一書中，就倡導對圖像材料的利用，並警示在使用圖像材料時，可能產生的陷阱。

　　因此，圖像史料可能是一種文化產品，它的產生、銷售與消費過程，它的表述、它的呈現以及它的被觀看，這個傳達過程，值得我們去探討去解讀其文化價值與象徵的意涵。如果我們可以深入理解圖像所展現的歷史世界，相信有助於我們對當代歷史背景社會文化的認識，對於寫史者所乘載的承先啟後的使命當更有助益。而郵票，不僅僅是郵資證明，也是表明製作國家當時的社會文化，一種文化的精神象徵；每一枚郵票的誕生，與該國當代的社會環境背景關係密切，從一小張的郵票畫面上，能傳達出各時代的環境發展與歷史文化的變遷，透過郵政系統的傳遞，流通於世界各地。

　　郵票票面上的構圖，是經過政府部門決定其主題，由設計者繪圖構思，經過評估選擇後，印製而成的圖像，公開發行的有價票券，其所要傳達的主題意

〔註344〕 張瑞德，〈想像中國──倫敦所見古董明信片的圖像分析〉，收編於張啟雄，《二十世紀的中國與世界論文選集》下冊，頁829。

〔註345〕 古蕙華，〈日治後期臺灣皇民化運動中的圖像宣傳與戰時動員（1937～1945）──以漫畫和海報為中心〉（臺北：臺灣師範大學歷史學系碩士論文，2011年1月），頁95。

象，是深具傳播意義的。因此透過郵票上的圖像，有時可以看出當國政府的政令宣達，有時透露者當代社會的流行氛圍，有時紀錄了整個國家社會歷史發展的軌跡，國家人民的生活足跡、生活態度、審美趣味、設計流行的思潮等等，從郵票設計的主題運用以及表現的形式中，可敏銳地反應當時社會變動與特殊的時代精神。〔註346〕

　　在唐納德・里德（Donald M. Reid）"The Symbolism of Postage Stamps: A Source for the Historian"中，主要論述歷史學家可以透過各國郵票符號去搜索各個國家傳達的訊息，從郵票的銘記與圖像上來探討中東地區近代的歷史變遷，透過中東郵票顯現的各種圖像，可以瞭解中東國家在前殖民、殖民和後殖民國家，揉合了西方物質和土著傳統特色的近代歷史；〔註347〕其中他談到郵票可以提供的歷史證據至少有三個層面：首先是可以看到郵票紙墨印刷等製作技術的演進史；其次是郵票補充書面記錄提供在發行國郵政的證據；其三是郵票符號的載體，作為通信系統的一部分。過去歷史學家喜用硬幣作為歷史證據，但是近代自從有了郵票，歷史學家也試著以郵票當作歷史證據，因為各國所發行的郵票，不似多數國家的鈔票只在該國國內發行，而是可以通行國內外的「名片」，更多樣化更加開放，更有助於宣傳。〔註348〕

　　法國歷史學家斯特雷南（Emest Renan）他「Qu'estce qu'une nation?」認為：「紀念」，是向前人付出的「努力、犧牲和奉獻」致敬。從這個角度看，紀念難免變成「自己人」共享的時刻，只有對「我們」才有意義。〔註349〕「紀念」是研究民族的本質和民族延續的基礎，全民「共同擁有而豐富的回憶資產。」紀念活動：是通過集體活動，號召群體中的成員，承認群體存在的合理性，並起且能夠繼續在群體中找到歸屬感。法國史學家 Roger Bastide 強調：「紀念活動想要打動的是一個群體的內在與情感。這種想像根植於某個親身經歷或者非親

〔註346〕 姚村雄，〈從光復初期的社會環境探討當時臺灣的郵票設計〉，《商業設計學報》第 3 期，1999 年 7 月，頁 131。

〔註347〕 Donald M. Reid, "The Symbolism of Postage Stamps: A Source for the Historian", Journal of Contemporary History (SAGE, London, Beverly Hills and New Delhi), Vol. 19 (1984). P. 229, pp. 223~429。唐納德・里德，〈郵票的象徵意義〉，《雜誌當代史》，卷 19，1984 年 4 月，頁 229，總頁次 223～429。網址：http://www.jstor.org/stable/260594。

〔註348〕 Donald M. Reid, "The Symbolism of Postage Stamps: A Source for the Historian"，頁 223～225。穩定網址：http://www.jstor.org/stable/260594。

〔註349〕 （法）Emest Renan（斯特雷南），「Qu'estce qu'une nation?」（民族是什麼？）Paris: Mille et une nuits, 1997, p. 31.

身經歷的過去，然後經過傳遞或表現，成為『記憶』。」〔註350〕召喚回憶，常需借助當前社會環境中的各種信息媒介來重建過去，郵票即是媒介的一種。

「紀念郵票」的定義，是以紀念某一事件而特別發行的郵票，發行國認為有紀念意義者而發行，各國郵政部門皆十分重視紀念郵票的題材，把與該國直接有關的事件、人物等內容反應到郵票上，主要包括重大節日、人物、重大事件、政治宣傳等，〔註351〕多會選擇與其紀念事件的時間或週年或相關地點作為首日發行的時間或發行的地點，以加強其紀念的意義。紀念郵票發行的數目有一定的限制與時限，當發行的數量售罄，便不再多加添印發售，或當發行時限一過，即予銷毀未售罄之紀念郵票。以下探討中華民族第一套紀念郵票的緣起。

我國第一套紀念郵票為發行於 1894 年的「慈禧壽辰紀念郵票」（圖 1-2-49）〔註352〕。1894 年 11 月 7 日（光緒二十年十月十日）為慈禧太后六十歲壽辰，該年亦為中外通商五十週年（1843 年《南京條約》開放通商），當時郵政尚在海關試辦時期，總稅務司赫德建議發行紀念郵票，由造冊處德籍職員費拉爾（R. A. de Villard）設計繪製。慈禧太后的六十壽辰在當時大清朝廷上是一件大事，藉此機會發行紀念郵票是一個好契機，並且與正符合當時郵政實際所需。加上海關發行的郵票，甚得慈禧太后欣賞，故滿朝官員於其六十大壽時為其設計郵票祝賀，海關郵政為紀念慈禧太后六十壽辰之名義而發行的「慈禧六十壽辰紀念郵票」，通稱「萬壽郵票」。〔註353〕「由於三種面值海

〔註350〕Roger Bastide, "*Mémoire collective et sociologie du bricolage*"（集體記憶和變通社會學），L'Anne'e sociologi que（《社會學年鑑》），卷 21，1970 年，頁 78。

〔註351〕中華集郵聯合會編，《中國集郵大辭典》（北京：中國大百科全書出版社，2009年），頁 75。

〔註352〕中華郵政全球資訊網，《郵票寶藏》：https://www.post.gov.tw/post/internet/W_stamphouse/post/internet/W_stamphouse，檢索日期：2017/5/31。

〔註353〕黃世明，《從郵文存》，頁 222。另外，依據 1894 年 8 月 17 日（清光緒廿年七月十七日）赫德致葛顯禮（H. Kopsch）函，以慈壽郵票原交日本鑴版印製，旋以中日戰爭，臨時改交上海石印，致未能於慈禧壽辰發行。而西班牙人棉嘉義（Juan Mancarini，1860～1939），1881 年來中國至 1922 年在海關任職。集有大批名貴郵票，並注意收集大量中外郵票資料，著有論述中國郵票相關書籍；於 1906 年出版《1878～1905 年郵政事務報告》（英文本），集郵界通譯為《華郵紀要》及《華郵細目》，為中國第一個記錄郵票的官方資料，報告中對中國早期郵票發行的種類、數額、發行時間、變異等都作了記述，具有一定的參考價值，其中記載慈壽郵票發行日期為 1894 年 11 月 16 日（清光緒廿年十月十九日）。

關郵票對於大件郵件不敷應用和不方便，總稅務司署批准發行一套價值較高
的郵票。同時，為了慶賀慈禧太后六十歲生辰，決定發行一套新圖案的紀念郵
票。」〔註 354〕

圖 1-2-49　慈禧壽辰紀念郵票（紀 001）
清光緒 20（1894）年 11 月 1 日發行

票值紋銀一分	票值紋銀二分	票值紋銀三分
票值紋銀四分	票值紋銀五分	票值紋銀六分
票值紋銀九分	票值紋銀十二分	票值紋銀廿四分

〔註 354〕　《1984 年 11 月 24 日總稅務司署造冊處稅務司葛顯禮札第 214 號通知》，轉
　　　　　引自杜聖余〈中國第一套紀念郵票——萬壽票及其發行〉，《集郵研究》，1984
　　　　　年第 2 期，頁 28。

　　朝廷上下為此盛事醞釀已久，據費拉爾〔註355〕在其《費拉爾手稿》〔註356〕上記載，當年5月23日造冊處的總稅務司葛顯禮（Henry Charles Joseph Kopsch）〔註357〕向赫德提出計畫：

　　　　1. 在秋天，有必要印刷正常使用的海關郵票（約三十萬枚），以供各口岸冬令郵班之需。

　　　　2. 鑑於1894年是慈禧皇太后的六十壽辰，我認為對中國而言，這是效仿其他國家的做法，印製一套包括各種面值的壽辰慶典郵票來取代普通郵票的合適機會；如您同意，我將提供新的設計圖稿，或者利用1886年第8、10號文和1887年第17號文所附的三種郵票式樣。這些設計如被選中，請退回我處，因我處未留作品副本。

　　　　3. 新郵票的印模可以用較少的費用在日本製作，我相信每種郵票賣掉五十萬枚毫無問題，收入將有45000兩。一枚郵票最適合的顏色或許是明黃，其他兩枚用不同的紅色。〔註358〕

這樣的建議，是仿效當時各國發行紀念郵票來慶祝國家元首（他們了解慈禧太后才是國家真正的主政者）的做法，可顯示海關郵政的正統地位外，亦可得體的對朝廷示好。

　　萬壽郵票全套九枚，每一枚的圖案各不相同，九種的面值，小型者六枚，

〔註355〕 費拉爾（R. A. de Villard，1860～1904），德國人，1892年9月進入海關造冊處工作，任試用供事。善繪畫，通音樂，懂英語、法語和少許中文，對中國傳統文化有興趣，如陰陽八卦、書法篆書等，因此當時負責設計郵票及監製郵票的工作。曾設計清代的慈禧萬壽郵票、加蓋改值票、蟠龍郵票與郵資明信片等。

〔註356〕 （德）費拉爾（Villard, R. A.），《費拉爾手稿》（北京：中國郵電出版社，1991年）。《費拉爾手稿》是費拉爾於1896年8月，在上海寫了一份呈報總稅務司赫德的有關清代郵票與明信片的備忘錄《大清郵政郵票和明信片呈海關總稅務司備忘錄》，具體記載清代郵票的設計與製作過程，特別是萬壽郵票與蟠龍郵票，並附有一批海關郵政有關郵票文書往來的抄件。另附有摘抄的赫德、葛顯禮、賀璧理、費拉爾的一些來往書信。內容涉及「大龍」、「小龍」、「蟠龍」、「慈禧壽辰」郵票及明信片的設計、印製過程，其中詳述了郵票設計構圖、面值、文字、規格、版式、發行時間，用紙及承印廠家、印刷費用等，內容翔實，文字通俗，是研究我國清代郵政、郵票、明信片、商埠郵票的第一手珍貴資料。這份記載當代郵票的重要史料，後人稱為《費拉爾手稿》。

〔註357〕 葛顯禮 Henry Charles Joseph Kopsch，英國人，中國海關官員，於1862年起在中國海關任職。

〔註358〕 （德）費拉爾，《費拉爾手稿》，1991年，頁38～39。

大型者三枚，共九枚，均寓祥瑞吉慶之意。計低面值小型者六種為一分（硃紅）、二分（綠）、三分（橘黃）、四分（玫瑰紅）、五分（暗橘）、至六分（棕），高面值大型者三種，為九分（暗綠）、十二分（棕黃）、二錢四分（洋紅），〔註359〕以適應當代郵政業務發展的需要。九種郵票均用白色含有太極圖水印之薄紙印製，嗣因造冊處副處長德人穆麟德（德語：Paul Georg von Möllendorff，1847～1901）之建議，另以白色較厚之無水印紙印製一批，專備分贈清廷王公大臣及各國使節等之用。依據 1894 年 8 月 17 日（清光緒廿年七月十七日），赫德致葛顯禮（Henry Charles Joseph Kopsch）〔註360〕函，以慈壽郵票原交日本鐫版印製，旋以中日戰爭，臨時改交上海石印，致未能於慈禧壽辰發行。〔註361〕

此件由外國人所設計的華人第一套紀念性的郵票──萬壽郵票，其特點是九張的郵票圖案豐富多種，面值不同，銘記也不同，有寫「大清國郵政局」和「大清郵政」，圖框也不盡相同，有圓形、方形、圓形八卦底紋、四腳斜置和長方形的，這樣的情形並無說明原由，費拉爾在給郵商的圖案說明中，提到五分銀郵票有「魚躍龍門」之意，蟠桃、萬年青寓意長壽，一分銀和九分銀郵票圖案有「五蝠捧壽」之意，牡丹象徵著富貴、靈芝草和繡球花象徵著吉祥；而以八卦圖來裝飾面值，則有驅妖鎮邪之意。〔註362〕在費拉爾的手稿上，記錄三種郵票圖案分別是：其一、萬年青和葫蘆瓜圍繞龍，象徵「和合萬年」；其二、下部有菊花陪襯的牡丹花，象徵「富貴長春」；其三、鴻雁和鯉魚，比喻書信聯絡。〔註363〕

慈禧萬壽紀念郵票在圖像上多元的表象，祝壽吉祥之意明顯可見，洋人對

〔註359〕 《民國十年報》，頁 119；交通部郵政總局編印，《中華郵政七十週年紀念──郵政大事記》第一集上冊，頁 22。

〔註360〕 葛顯禮於 1862 年起在中國海關任職，在鎮江、台南、上海、牛莊、九江、北海、寧波、淡水等地擔任過海關稅務司，1891 年至 1897 年間出任海關總稅務司署造冊處稅務司。1896 年光緒帝下詔正式開辦國家郵政後，葛顯禮出任海關造冊處稅務司兼郵政總辦，成為清朝首任郵政總辦。中國社會科學院近代史研究所翻譯室，《近代來華外國人名辭典》（北京：社會科學院，1984 年）。

〔註361〕 《民國十年報》，頁 119；交通部郵政總局，《中華郵政七十週年紀念──郵政大事記》第一集上冊，頁 22。綿嘉義（華郵紀要）謂其發行日期為清光緒 20 年 10 月 19 日（1894 年 11 月 16 日），在現存古票中有慈壽 9 枚全套銷印票，其日期為 1894 年 11 月 19 日。

〔註362〕 （德）費拉爾，《費拉爾手稿》，1991 年，頁 39。

〔註363〕 （德）費拉爾，《費拉爾手稿》，1991 年，頁 38。

於中華文化的認識，透過郵票圖案的設計去闡釋的方式頗為有趣，然而也看出其對中華文化有些不甚瞭解之處。例如八卦寓意五行學中的驅妖鎮邪，但其搭掛圖案在方位以及順序排列有誤，坤、艮、震、坎的卦象有重複或丟失，因此八卦僅見六卦的圖樣。其次，「大清郵政」的「清」字，三點水旁多出了一點，而「郵」字的左下寫成了「曰」，可看出洋人當時也許對於漢字不夠瞭解，也未加以校對，因此從這第一套的紀念郵票的圖像，或可看出洋人熱衷中華文化亦力圖表現出中華文化的圖像特質，然而因為認識不夠，而有不盡完善之虞。另外，在繪畫的植物圖像上有些誤點，例如費拉爾稱其繪製在一分銀郵票下部和五分銀郵票的上部的植物為靈芝花，然所繪的靈芝花卻生於吉祥草之中；二分銀上部植物的繡球花，卻是將西蕃蓮花置於繡球葉之中；而蟠桃也繪成了複葉。〔註364〕以上，是對於我國這第一套紀念郵票圖像的一些誤點，也許和萬壽郵票製作的時間僅倉促的一個月，無法審慎校對研究有關。

在1894年8月17日時，赫德致函給葛顯禮道：「太后萬壽大典的籌備工作前途真不可樂觀，如果日本開始向北京進軍，我懷疑那裏還會有什麼慶祝……，所以人們對於慶典紀念郵票，並不表示熱心籌辦。再者，關於雕刻底版一層，日本現在是不能辦了，因而上海將不得不做這項工作。」〔註365〕而直到九月上旬開始製版，可見此套紀念郵票的製作時間甚為緊湊。雖然籌印甚早，但卻未能在慈禧太后六秩壽辰的當日發行，卻延後九天，至農曆十月十九日正式發行。〔註366〕

〔註364〕中華人民共和國信息產業部《中國郵票史》編審委員會編，《中國郵票史》第一冊，頁234～236。

〔註365〕H. B. Morse（馬士），張匯文譯，"The International Relations of Chinese Empire"《中華帝國對外關係史》（中譯本），卷三（上海：上海書店出版社，2000年9月），頁67。作者馬士曾長期供職於清朝海關總稅務司造冊處，對中國情況黯熟，又能接觸到英國和中國海關檔案的優越條件，以此而研究有關清朝對外關係之著述。

〔註366〕交通部郵政總局編印，《中華郵政七十週年紀念——郵政大事記》第一集上冊，頁22；中華人民共和國信息產業部《中國郵票史》編審委員會編，《中國郵票史》第一冊，頁248。對於此套紀念郵票為何延後九天，已無資料查考，有人大膽假設是外人為中外通商五十週年的前一日發行，在最高面值的貳錢四分票中的圖案為一般三帆巨船，乘風破浪，雖可解說為一帆風順，長風萬里，但似乎不切合祝壽之用，而含有通商意義，再觀此郵票，除中英文國名及面值外，沒有任何紀念文字，使人無法知道它是紀念郵票，更不知是祝壽之用。見徐宗本，《中國郵票簡介》（臺北：臺灣商務印書館，1979年），頁17～19。但目前中華郵政的郵票寶藏網站仍是以紀念郵票歸之。

　　各個國家郵政部門十分重視紀念郵票的題材，因為其反映了各個國家的重大事件或重要人物。〔註367〕紀念郵票的選題一般是根據紀念郵票的對象和內容而決定，而紀念郵票的對象和內容，則是隨著國際國內的政治形勢的發展和認識的變化逐步擴展的。〔註368〕民國成立後紀念郵票之選題，依據郵政總局在 1948 年 3 月擬定的《國郵分類大綱》，其內容主要有禮儀性的慶典活動（如：臺灣光復、抗戰勝利）、哀悼（如：孫中山國葬）、學術教育（如：西北科學考察）、社會活動（如：新生活運動）、郵政紀念（如：郵政開辦二十五週年，四十週年等）等五大類，戰後期選題上政治色較為濃厚。〔註369〕而政府遷臺後的主題內容則日益多元化，諸如：外交、人物、組織機構、制度、經濟、節日、交通建設、建築、醫療、體育活動等等。關於紀念郵票與當代各方面所呈現的意涵，於後面各章論述。

小　結

　　研究發現，古代郵政在制度與功用上並無太大改變，直到清末為因應時勢所需，而轉型為仿西方的新式郵政制度，因應新式郵政的發展，而有郵票之產生，第一套華人的官方郵票為 1878 年 6 月 25 日的大清海關雲龍郵票，臺灣地區在早發行亦是最早的華人自製的郵票為 1888 年臺灣郵票與郵政商票，第一套的紀念郵票為 1894 年 11 月 1 日發行的慈壽（又稱萬壽）紀念郵票。

　　每一枚郵票的發行，皆與其背景與社會環境，息息相關。郵票為各政府所發行的有價票券，取代了過去郵驛上的繁重的郵資，無論是由國家支付，或是人民自付，都是一項沈重負擔，此 1840 年所發明的郵票，的確是人類史上的一大創舉。而郵票是國家的名片，不限於本國使用的票券，向世界傳達其文化特色，因此，郵票的設計主題具有相當的意義，在圖像與數字或文字的結合之下，蘊含著深刻的意義，猶如微縮檔案般，紀錄了不同時代的文化特色。

〔註367〕中華全國集郵聯合會編，《中國集郵大辭典》，頁 75。

〔註368〕中華人民共和國信息產業部《中國郵票史》編審委員會編，《中國郵票史》第四冊，頁 298。

〔註369〕中華人民共和國信息產業部《中國郵票史》編審委員會編，《中國郵票史》第四冊，頁 218～219。

第二章　國家型塑與紀念郵票意涵

　　在二戰後，外在的形勢變化，影響著國家內在政策的走向，海峽兩岸與美國關係的轉折，牽動著中華民國的各項政策的施行，中華民國政府於 1949 年 12 月遷至臺灣，代總統李宗仁稱病赴美療養，而蔣中正以中國國民黨總裁身份操持國家大政。1950 年 3 月 1 日，蔣中正復職行事至 1975 年病逝，其在臺治國的基本目標是「建設臺灣，光復大陸」，建設重點在厚植國力，以求穩定發展，因此政權無法大幅開放走向民主，蔣經國時期，其不執著於個人崇拜，在臺灣經濟穩健發展後，逐步施行民主，將政治生態調整改變，給予國家一場「寧靜的革命」。〔註 1〕兩蔣時期，最大的貢獻是藉助美國力量鞏固臺、澎、金、馬地區之安全，並成功地發展臺灣的經濟與教育文化，唯因在特殊的時局下，實施戒嚴而使臺灣社會在民主自由的發展受到了限制，而形成了有限的民主國家。〔註 2〕本文列舉紀念郵票 55 套，從郵票圖像中可以看出其中變遷，以下一一論述之。

第一節　政治節日與體制變革

一、政治節日之紀念郵票意涵

　　臺灣的節日與相關慶典活動，對人民生活影響甚多，人民亦喜聞樂見，

〔註 1〕呂芳上，〈走出「黨國體制」的陰影——中國國民黨的轉型（1950～2000）〉，《近代國家的型塑——中華民國建國一百年國際學術研討會論文集》下冊，（臺北：國史館，2013 年），頁 656。
〔註 2〕張玉法，《中國現代史略》（臺北：東華書局，2010 年），頁 334。

在政府的領導下積極參與，形成一種生活文化，執政者藉由政治力量，主導節日的紀念內涵與方向，打造對執政當局有利的社會氛圍。[註3] 由於國定節日是透過政府單位研擬制定的，因此，可將節慶慶典視為一種政治、社會、文化的有機結合與展示，以此來塑造國人的集體記憶[註4]，所謂的集體記憶，是指一個團體或組員所具有的獨特記憶，他的存在和建構，使團體成員擁有一種命運共同體的經常感受，同時也可以增強組員的社會和政治認同。而節慶本身在政治背後提供一種認同的概念。[註5] 國家對於當代時空背景而言是重要與法定的節日時，往往透過舉行相關紀念活動進而對於人民的意識產生影響，建構人們對歷史共同的理解與認知，形成了集體記憶與國族認同。[註6] 節慶的活動具有敘述事件與人類經驗的意義，透過節慶活動可以強化民心與集體記憶，無論是對政治的宣傳或是對傳統的文化認同與延續，或多或少都可以達到政策上的某種效果，同時也反應了當代的歷史意義。

中華民國遷臺後，1952 年內政部邀集相關部門擬定紀念日或節日的紀念辦法，[註7] 經過國民黨中央常務委員會審議通過，函行政院予以修正，由蔣中正總統批准，於 1954 年 4 月飭內政部公佈施行。[註8] 此節日辦法為分甲、乙類，甲類依照內政部擬定的國定假日如：民族掃墓節、勞動節、抗戰勝利紀念日、聯合國日（後因退出聯合國後廢除），規定由各地方政府召開各界紀念大會，各機關團體並得分別集會，全國一律懸掛國旗，所有機關學校團體工廠均休假一日；乙類紀念日（或節日）四種，由有關機關團體主持集會，除法令別有規定外，均不休假。

在歷經了外交局勢與蔣中正的逝世等變局，因此 1981 年國定節日再次修訂法規，1982 年 10 月內政部修正「紀念日（或節日）紀念辦法」，將名稱改

〔註3〕 張羽、張彩霞，〈近十年臺灣節日變遷與文化認同研究〉，《廈門大學學報（哲學社會科學版）》，2008 年第 5 期（總第 189 期），頁 92。

〔註4〕 瞿海源、王振寰主編：《社會學與臺灣社會》（臺北：巨流圖書，2003 年），頁 63。

〔註5〕 Mona Ozouf, *Festivals and the French Revolution*, trans. Alan Sheridan (Mass: Harvard University Press, 1994), p.25.

〔註6〕 蕭阿勤，〈集體記憶理論的檢討：解剖者、拯救者、與一種民主觀點〉，《思與言》第 35 卷第 1 期（1997 年，臺北），頁 254。

〔註7〕 《宣傳週報》第 3 期，臺北，1952 年 8 月 13 日，頁 6～7。

〔註8〕 〈紀念節日辦法訂定　中常會審議通過　政府即公佈施行〉，《宣傳週報》第 2 卷第 15 期，（1953 年 10 月 9 日，臺北），頁 16；〈各項紀念日節日　內部頒紀念辦法〉，《中央日報》，臺北，1954 年 4 月 21 日，版 3。

為「紀念日及節日實施辦法」，規定國定節日為三類，即紀念日、民俗節日、節日三類。〔註9〕國定紀念日增為八種，增列了國父誕辰紀念日為中華文化復興節、國父逝世紀念日在植樹節舉行、先總統蔣公誕辰紀念日與總統蔣公逝世紀念日，〔註10〕另外納入行憲紀念日，抗戰勝利紀念日，則併為軍人節，刪除聯合國日；而在民俗節日項目，列入春節、端午節、中秋節等。對於相關節日的法規，在國府遷臺後至戒嚴時期共修訂十三次之多，一般可分為政治性的紀念節日、民俗性的節日和一般性節日：

其一、政治性紀念節日：每逢政治性節日時，全國懸掛國旗，各機關遵照一定的程序舉行紀念儀式，依據政治事件而定的，有開國紀念日、軍人節、國慶日、臺灣光復節、行憲紀念日；依照政治人物而制定的，則為國父誕辰／逝世紀念日，蔣公誕辰／逝世紀念日，革命先烈紀念日，青年節等。

其二、民俗性節日：為依循中華傳統習俗慶賀的農曆節日，例如除夕、春節、清明節、端午節、中秋節等；緬懷文化人物類的則為孔子誕辰紀念日、屈原逝世紀念日。

其三、一般性節日：由相關機關、學校、團體進行慶祝，有國際性質類的婦女節、母親節、兒童節等；職業性的如記者節、護士節、教師節等。

政府遷臺後的節日有個特色，政府藉由節日的增名措施與政治考量，使得原本單一意涵的節日，出現多種名稱，例如：國父逝世紀念日又稱植樹節、國父誕辰紀念日又稱中華文化復興紀念日／醫師節、青年節又稱革命先烈紀念日、蔣公逝世紀念日又稱清明節或民族掃墓節、蔣公誕辰紀念日又稱榮民節、孔子誕辰紀念日亦稱教師節，增加節日名詞，一來使假日的內涵與活動更多元，二來具備正當性的基礎，新增的假日名稱多數為自原有假日所賦予之精神信念或是歷史貢獻所延伸而來的。〔註11〕

節慶活動具有其政治與社會文化的意義，是一個打造集體記憶的方式，而結合日常生活魚雁往返中黏貼的郵票圖像，也在無形中成為當代人民共同的印

〔註9〕〈修正「紀念日（或節日）紀念辦法為紀念日及節日實施辦法」〉，《總統府公報》第1057號，臺北，1982年11月8日，頁5~6。

〔註10〕1975年7月2日，嚴家淦總統明令先總統蔣公誕辰紀念日為10月31日，民族掃墓節為先總統蔣公逝世紀念日。「會商修正紀念日、節日實施辦法」，〈修正紀念節日實施辦法案〉，《內政部檔案》，內政部藏，檔案號：0071/B11802/19/0001/001。

〔註11〕張羽、張彩霞，〈近十年臺灣節日變遷與文化認同研究〉，頁94。

象或理念，因此，中華民國亦透過發行國家認為必須而有意義的重要節日紀念郵票的方式，作為政治性或其他重要節日的宣揚方式之一，促進人民對國家文化的認同與集體歷史記憶的塑造，蔣中正對節日的重視，反映在其出席紀念活動的場合，以其名義親自發表文告，動員各部門共襄盛舉，而相對的，蔣經國自 1982 年起，對國定節日的參與甚為消極，僅在特定需要元首親自主持的節日出席，例如開國紀念日、國慶日、或是與蔣中正相關的紀念日。〔註12〕

在兩蔣主政時期節慶或紀念類的紀念郵票中，遷臺前有還都紀念、平等新約、抗戰勝利紀念、遷臺後有軍人節、青年節、國慶／建國紀念、臺灣光復節、行憲紀念日等屬於政治性節日的紀念郵票等（關於政治人物的紀念郵票另一節述之），以下分別論述：

（一）國慶郵票

國家的誕生日為國家歡慶之日，以建國之初的歷史記憶為基礎，具有一種政治的象徵，國慶日的紀念，可喚醒與凝聚人民的榮耀感與向心力，同時在慶典活動對國內外展現一種傳承與永續發展的精神。〔註13〕一個國家國慶日的確定和國慶活動的內容，蘊含著該國國民對這個國家性質的認識與期望，作為國家的慶典國慶活動具有展現國家面貌與教育意義的重要功能，並且表達了人們的思想、政治傾向或其他某種意願提供了一種機會、一個場所，藉由國慶活動，社會各界把自己所進行的活動與訴求呈現之，因此國慶的活動承載著多元的意義與功能。〔註14〕

雙十國慶的紀念，使國人延續與重建對辛亥革命的歷史記憶，而在國府對雙十國慶活動的規劃下，雙十節、孫中山、革命與建國等等，都與國民黨相關，同時說明中華民國由國民黨一手建立，並由國民黨政府領導中華民國國民走向三民主義所建立民有、民治、民享，此理想藍圖的合理性。〔註15〕至於當前的政府領導人，便是國父孫中山的繼承者，國民黨政府是孫中山三民主

〔註12〕周俊宇，《黨國與象徵——中華民國國定節日的歷史》（臺北：國史館，2013年），頁 345～346。

〔註13〕周俊宇，〈光輝雙十的歷史——中華民國國慶日近百年的歷史變貌（1912～2008）〉，《國史館館刊》第 30 期（2011 年 12 月 1 日，臺北），頁 1。

〔註14〕李學智，〈政治節日與節日政治——民國北京政府時期的國慶活動〉，《民國研究》，2006 年第 5 期，（天津師範大學，2006 年），頁 73。

〔註15〕何卓恩、周游，〈共和與革命：民初雙十節詮釋之演變〉，《社會科學研究》，2011 年第 1 期（2011 年，成都），頁 159。

義正統的政治嫡傳，帶領著全國國民一起建設反共復興基地，將臺灣建設為三民主義的模範省，運用國慶節日，透過各種紀念方式、公佈文告，國慶閱兵等，建構國民黨政府對中華民國統治的權威性；〔註16〕國慶閱兵儀式可說是一種愛國主義的呈現，也是一種軍事主義與國族主義的展現，〔註17〕以增強國內民眾的凝聚力與對國家實力的信心；而慶典的遊行儀式也可以反映社會的各種面向，其中蘊含著文化教育與政治的意涵，各遊行單位也代表著一種社會認同的身份標記。〔註18〕國慶慶典活動是一個政治文化傳統，亦可謂為國家機器所創造出具有意識的團結力量，並使國民對國家文化傳統的一種認知與建構，透過各種形式的表演與遊行活動，展現了政治、文化與社會的多方面向，一方面展現國民對於國家政府認同，並在喜慶歡樂的氛圍中，顯現著國家的安定與祥和團結。

每逢國家的生日，全國各地舉行各項慶祝活動，鑼鼓喧天，旗海飄揚，張燈結綵，海報標語林立，熱鬧非凡。〔註19〕在這些儀式活動過程中，顯現出人民對於國家的安全感與認同感，對國家有著期待與希望，同時也有著安定感，而在這些儀式活動中，人們無形產生認同的集體記憶；國慶閱兵儀式，也象徵著對國家權威的景仰與認同，儼然形成一種愛國思想，因為觀看盛大的國慶閱兵過程，人們為整齊劃一、精神抖擻的軍容與各式武力展現的陣容，為這些平時不易見著的磅礴的壯大場景所震懾。政府透過各方宣傳與談話文告等，使人民對國家的政策產生認同與支持，例如人們聆聽在閱兵台上的總統發表國慶談話的內容，多與反共抗俄、緬懷先烈建國的犧牲奮鬥、以三民主義建設臺灣等相關，同時報章媒體亦以此作為論述與宣傳出發點；〔註20〕民眾不自覺地對反共抗俄產生同仇敵愾外，並且無形中形成了忠於領袖與奉行主義的愛國情懷，同時對於政府深感認同與支持，因此典禮慶祝活動與閱兵的展演過

〔註16〕郭輝，〈民國國家儀式研究〉（武漢華中師範大學博士論文，2012年），頁164。

〔註17〕Rebecca Kook, "Changing Representations of National Identity and Political Legitimacy: Independence Day Celebrations in Israel, 1952/1998", *National Identities* 7: 2, (Lynn Hunt).

〔註18〕林‧亨特（Lynn Hunt）編，江政寬，《新文化史》（臺北：麥田，2002年），頁189～217。

〔註19〕〈各地慶祝國慶盛況〉，《聯合報》，1952年10月12日，版4。

〔註20〕「總統勉勵全國軍民爭取反共抗俄最後勝利，達成三民主義的最終目標。」、「反共必勝」、「發揚辛亥革命精神，完成反共復國任務。」《中央日報》，1952年10月10日，版1。

程，皆具有政治的功能。〔註21〕

　　軍隊是國家力量的象徵，自 1949 年以來，每當國慶閱兵儀式舉行時，〔註22〕總是吸引大批觀眾觀禮，在這些活動過程中，一來使人民對當前國家政體、族群與文化的認同，〔註23〕二來是一種抵禦外敵保衛國家能力的展現，具有提振士氣、安定民心的作用；參與國慶閱兵的部隊皆是經過千挑百選者，在經過嚴格的訓練，因此對於參與國慶閱兵者而言是一種榮耀與階級的無形定位，觀眾爭相觀禮外且與受閱者皆有機會目睹國家元首的風采，形成一種集體記憶，透過國慶相關的典禮、閱兵、大會、牌樓與遊行中，亦可看到總統的公眾形象。〔註24〕

　　郵政總局配合建國五十週年時製作國慶紀念郵票，於 1961 年 10 月 10 日發行一套兩枚與小全張一張的「中華民國建國五十年國慶紀念郵票」，以資慶祝；（圖 2-1-1）1971 年 10 月 10 日欣逢中華民國建國六十年國慶紀念日，郵政總局為宣揚蔣總統中正繼承國父遺志，領導建國之豐功偉業，與實行三民主義之輝煌成果，印製建國六十年國慶紀念郵票一套 4 枚，於 1971 年 10 月 10 日發行，四枚郵票票面左側皆以國旗飄揚為符號。〔註25〕（圖 2-1-2）〔註26〕此兩組郵票票面繪製有國父、總統的肖像與國旗飄揚的紀念郵票，使民眾在日常生活中也能感受到領袖者的存在與國家的象徵，六十週年國慶紀念郵票繪製雙十國慶的標誌，與兩位領袖的著作，亦是代表建設國家的基礎思想。

〔註21〕國家機器以意識形態呼喚或召喚，使民眾進入象徵秩序之中，使民眾將自己建構為主體。Chris Barker 著，許夢芸譯，《文化研究智點》（臺北：韋伯文化，2007 年），頁 122。

〔註22〕在蔣中正執政時期，除 1958 年八二三戰役、1959 年八七水災，因戰爭與救災等非常狀況，與 1962 年因官方聲明「對岸匪軍積極佈署，迄未停止，隨時可能蠢動。我三軍須時刻警戒防衛。」外，幾乎年年舉行閱兵儀式。林柏州，〈中華民國政府遷臺初期國慶閱兵的政治意義——民國三十八年到五十三年（1949～1964）〉，《史學彙刊》第 23 期（2009 年 6 月，臺北），頁 216；〈今年國慶閱兵暫停舉行〉，《中央日報》，1962 年 9 月 14 日，版 1；周俊宇，《黨國與象徵——中華民國國定節日的歷史》，頁 216。

〔註23〕林柏州，〈中華民國政府遷臺初期國慶閱兵的政治意義——民國三十八年到五十三年（1949～1964）〉，頁 219～220。

〔註24〕林柏州，〈中華民國國慶慶典及其相關的文化打造，1912～1987〉（中國文化大學史學系研究所博士論文，2014 年），頁 229～230。

〔註25〕中華郵政全球資訊網，《郵票寶藏》：https://www.post.gov.tw/post/internet/W_stamphouse/post/internet/W_stamphouse，檢索日期：2018/7/12。

〔註26〕中華郵政全球資訊網，《郵票寶藏》：https://www.post.gov.tw/post/internet/W_stamphouse，檢索日期：2018/11/13。

圖 2-1-1　中華民國建國 50 年國慶紀念郵票
（紀 072）1961 年 10 月 10 日發行

說明：以孫中山與蔣中正兩位領袖之圖像，隱喻著兩者使命地位的傳承。

說明：以臺灣的萬丈光芒，照耀到中國大陸地區，中華民國國旗飄揚在大陸地圖上。

說明：同日發行小全張，以 0.8 元及 5 元票各一枚組成。

圖 2-1-2　中華民國建國 60 年國慶紀念郵票
（紀 138）1971 年 10 月 10 日發行

說明：以雙十符號為底，中間置 60 數字的圓形圖底，其上為國旗，意寓中華民國辛亥雙十革命建國 60 週年。

說明：以國歌樂譜置於中國大陸與臺灣的地圖上，代表兩岸統一，同唱中華民國國歌。

說明：右側為蔣中正總統微笑肖像，左側繪製中華民國憲法，代表蔣中正領導憲政國家。

說明：左側為國父孫中山肖像，右側為其所著的三民主義，代表國父的政治理念，亦為中華民國的立基思想。

說明：5 元與 8 元，二者票面圖像結構設計相近，以三民主義建國，以憲法治國，亦即中華民國兩位領袖在建國治國理念之傳承，蔣中正為繼承國父志業之領袖。

　　1970 年代以前，國共在冷戰的結構下，兩岸保持兵戎相見的緊張態勢，而在國際地位大逆轉之後，中共在 80 年代開始走向「改革開放」的方針，在不放棄武力解放臺灣的前提下，對臺灣採取「和平統一」溫柔喊話的懷柔政策，呼籲中華民國回歸祖國，在中華民國建國七十週年時，亦是辛亥革命紀念，中共自 1961 年起亦舉行大規模的辛亥革命五十週年紀念活動，而在 1981 年時亦舉行盛大的辛亥革命七十週年紀念活動，對辛亥革命的紀念活動對其自身的歷史地位有宣傳統治正當性的助益。〔註 27〕中共指出中國歷史皆由國共合作所推動，因此提倡國共再度合作，臺灣的出路在於祖國的統一。〔註 28〕

　　面對中共的溫情喊話，蔣經國在〈建國七十週年國慶祝詞〉中，批評中共進行統戰是無恥勾當，妄想篡奪國民革命的歷史，竊取辛亥開國的榮耀。〔註 29〕因之，在 1981 年，時任總統蔣經國昭示：「中華民國 70 年代，必將是三民主義勝利的年代，也將是中華民國重光大陸的年代。」郵政總局為紀念此具有重大意義的 70 年代之開始，印製中華民國建國七十年紀念郵票一組 8 枚及小全張一種，特別將中華民國的創建史躍然於郵票畫面上，分別於 1981 年 10 月 10 日及 10 月 25 日於建國七十年郵票展覽會揭幕之日發行。小全張（116×168）則以郵票各一枚組成。（圖 2-1-3）〔註 30〕

　　此套郵票圖像將蔣中正領導東征、北伐、抗日、戡亂剿匪等功業為題材，以代表中華民國建國的艱辛歷程，並繪製反攻復國的國家政策，建設臺灣為三民主義的模範省於票面上，藉此套郵票，昭示中華民國的繼承國民革命的正統史觀。在國慶郵票上，除將象徵國家的青天白日滿地紅的國旗繪製其中，將國父孫中山創建民國的意象刻劃於圖像上，另一方面郵票圖像重複標誌蔣中正的肖像，顯示蔣中正承繼國父孫中山的志業，同時突顯了當代蔣中正的領袖形象，即使七十週年時蔣中正雖已逝世，亦有緬懷領袖之意。

〔註 27〕對辛亥革命推翻滿清的統治王朝的小資產階級的失敗革命的歷史撰寫之中，作為新中國的統治者，無須對這段歷史捨棄，因此舉行紀念活動有其必要。周俊宇，《黨國與象徵──中華民國國定節日的歷史》，頁 224～226。

〔註 28〕屈武，〈辛亥革命與兩黨合作　紀念辛亥革命 70 週年〉，《人民日報》，1981 年 10 月 8 日，版 5；王崑崙，〈共寫千秋大業新一報　紀念辛亥革命 70 週年〉，《人民日報》，1981 年 10 月 9 日，版 3；周俊宇，《黨國與象徵──中華民國國定節日的歷史》，頁 226～227。

〔註 29〕〈中華民國七十年國慶　蔣總統號召全國同胞　為實行三民主義奮鬥〉，《中央日報》，1981 年 10 月 10 日，版 1。

〔註 30〕中華郵政全球資訊網，《郵票寶藏》：https://www.post.gov.tw/post/internet/W_stamphouse/post/internet/W_stamphouse，檢索日期：2018/11/12。

圖 2-1-3　中華民國建國 70 年紀念郵票
（紀 183）1981 年 10 月 10 日發行

繪製國父孫中山肖像，代表創建國家的領袖。

說明：兩張圖像結構相同，唯肖像不同，意含兩位領袖之間的承繼關係。

繪製蔣中正肖像，代表建設領導國家的領袖。

說明：以黃花崗之役為題材，革命菁英份子於廣州黃花崗掀起壯烈革命，犧牲甚為慘烈，為辛亥革命成功之前奏。

說明：繪製在廣東東征之戰況，1925 年率領黃埔校軍與廣東教導團討伐陳炯明，歷經兩次東征與回師靖亂，統一兩廣，奠定北伐的基礎。

說明：繪製以北伐軍於烽火連天之背景圖，蔣中正騎著戰馬於前為主圖，意寓 1926 年蔣中正任北伐總司令，率領國民革命軍，向北征討軍閥吳佩孚、孫傳芳、張作霖，於 1928 年底完成統一大業。

說明：1937～1945 年，蔣委員長領導全國軍民，抵禦日軍侵略，經過艱苦的奮戰，終於戰勝日本，使國家得以平等屹立於國際舞台上。

說明：繪製以國共之第二次內戰，為進入戡亂時期之圖像。

說明：繪製三民主義與各項建設的景象，意為以建設臺灣為三民主義的模範省，以作為反攻復國的重要基石。

說明：1981 年 10 月 25 日建國七十年郵票展覽會揭幕之日發行。

（二）對日抗戰相關之紀念郵票

　　1945 年抗戰勝利時，舉國同歡，各地舞龍舞獅，鑼鼓喧天，臺灣地區獲知日本投降後，人民奔相走告，臺北地區如同沸騰一般的大放鞭炮，歡呼聲不絕於耳。戰後初期的活動，慶祝大於紀念性，民間多於官方活動，或許是民族情感在長期壓抑後的自然釋放所致。〔註31〕而由官方發動各團體參與慶祝活動之用意在於：一為表示抗戰勝利係由國民黨領導完成；其次、表示抗戰勝利乃是國民政府艱苦奮鬥之結果；其三、喚起民眾對領袖艱苦崇高偉大的認識，以彌補數年來被破壞損失之威信。〔註32〕

　　中華郵政總局發行有關對日抗戰的紀念郵票有：平等新約紀念郵票、慶祝勝利紀念郵票、軍人節紀念郵票、七七抗戰五十週年紀念郵票、光復臺灣紀念郵票等。國府遷臺之前發行的有平等新約紀念郵票、慶祝勝利紀念郵票等。

1. 平等新約

　　1941 年美國首先表示願放棄在華特權，修改不平等條約，雙方且經換文。嗣太平洋戰事爆發，中華民國與反侵略各盟國並肩作戰，國府運用有利的國際情勢，對美國與英國發起廢除不平等條約的輿論攻勢，1942 年 4 月 19 日，宋美齡在美國《紐約時報》發表《如是我觀》，譴責帝國主義在華的治外法權，呼籲有關各國應儘早廢除之。〔註33〕此篇文章引起美國輿論界的重視，主張廢除在華的治外法權呼聲日益高漲，使得美、英兩國在密切協商後，於同年 10 月 10 日發表聲明，宣佈立即放棄在華領事裁判及駐軍等特權，並願依平等互惠原則改訂新約，且同時通知中華民國政府，以平等互惠之原則另訂新約，於是中美與中英之間展開談判。1943 年 1 月 11 日，中、美、英三國分別在華盛頓及重慶兩地簽訂中美、中英平等新約，駐美大使魏道明（1899～1978）〔註34〕與美國國務卿赫爾（Cordell Hull，1871～1955）〔註35〕在華盛頓簽署《中美關於取消美國在華治外法權及處理有關問題之條約》，同日外交部

〔註31〕林桶法，〈抗戰勝利紀念的活動與詮釋──九三軍人節的觀察〉《近代中國》第 163 期（2005 年 12 月，臺北），頁 122。

〔註32〕唐縱於 1945 年 8 月 11 日建議，以擴大或主導慶祝活動，來凝聚社會力量，並可藉此宣示國民政府在抗戰的努力。唐縱，〈日本投降後我方處置之意見具申〉，國史館，《蔣中正總統檔案》，《特交檔》。

〔註33〕宋美齡，《如是我觀》（1942 年 4 月 23 日），收於《蔣夫人宋美齡女士言論選輯》（臺北：近代中國，1998 年），頁 80～85。

〔註34〕魏道明，字伯聰，江西省九江府德化縣人，為臺灣第一任省主席。

〔註35〕赫爾（Cordell Hull，1871～1955），美國政治家，美國第 47 任國務欽。

長宋子文（1894～1971）〔註36〕在重慶與英國駐華大使簽訂《中英關於取消英國在華治外法權有關特權條約》，但對於香港、九龍方面，英國則堅持戰後討論。1943年1月11日，同年5月20日互換批准書後，正式生效。〔註37〕

郵政總局於1943年1月15日即已提出發行平等新約郵票草案，而國民黨中央宣傳部又於1943年1月24日致函交通部，建議「發行中美、中英平等條約紀念郵票或於普通郵票上加蓋紀念字樣，以資慶祝」，並轉郵政總局照辦，接著《中央日報》2月20日又刊載關於「發行慶祝新約郵票的建議」，〔註38〕可見此套郵票意義何其重大，郵政總局遂決定向社會公開徵求圖案，在一百二十多件中，以匠心獨運、繪面精良又適合題旨且具有藝術意味者僅有數件，最後評選以一、二等獎的金有覺、孫恩華二人參合而成，經國民政府軍事委員會審閱同意，於同年六月三日附函寄送蔣中正照片，以置於郵票票面上。〔註39〕

郵票名稱原以「廢除不平等條約」為題，但認為字數冗贅改為「自由平等」，而又因國父孫中山致力於國民革命目的在於中華民國之自由平等，因此最終以「平等新約」定名之；此套郵票由紐約美國鈔票公司以雕刻凹版印製，另以膠版套印國旗紅藍兩色，一套六種（圖2-1-4）〔註40〕，全套面值分一元（藍）、二元（綠）、五元（橄綠）、六元（棕）、十元（玫紫）及二十元（洋紅）六種，於1945年7月7日發行。〔註41〕

2. 慶祝抗戰勝利

1945年夏，日本軍閥在久戰敗績之餘，同年於8月10日將請降書托由瑞典政府轉達盟方，經予接受，8月15日，日本天皇頒佈無條件投降詔書，同月21日，乞降使節飛抵湖南芷江，接受中華民國備忘錄；9月8日何應欽將軍飛抵南京，於9月9日上午九時，代表國民政府主持中國戰區日本投降簽字典禮。於是八年抗戰，獲得最後勝利，舉國騰歡。9月26日，郵政總局為紀

〔註36〕宋子文（1894～1971），中華民國的政治家、外交家、金融家，海南文昌人。
〔註37〕交通部郵政總局編印，《中華郵政大事記》第一集下冊，頁419～420。
〔註38〕《中央日報》，1943年2月20日。
〔註39〕中華人民共和國信息產業部《中國郵票史》編審委員會編，《中國郵票史》，卷4，頁229。
〔註40〕中華郵政全球資訊網，《郵票寶藏》：https://www.post.gov.tw/post/internet/W_stamphouse/post/internet/W_stamphouse，檢索日期：2018/7/12。
〔註41〕交通部郵政總局編印，《中華郵政大事記》第一集下冊，頁419～420；通令815號；通訊令14號；中華人民共和國信息產業部《中國郵票史》編審委員會編，《中國郵票史》，卷4，頁230～231。

念此偉大盛事，郵政總局起草訓令通知各區發行慶祝勝利紀念郵票，[註42]
由重慶中央印製廠以膠版套印三色或二色印製（圖 2-1-5），[註43]由於時間
緊迫，從醞釀到發行，在兩個月內趕印完成，印刷週期甚短。

圖 2-1-4　平等新約紀念郵票（紀 018）1945 年 7 月 7 日發行

說明：票面圖案左邊上半部為中華民國地圖，旁繪和平女神（美國自由女神像），手
執火炬，光芒照耀全國，地圖上載「1943」字樣，與下端花框內載「民國三十二年」，
代表簽定新約之年份；下繪中、英、美三國國旗，右邊盾形框內，為蔣中正肖像，外
框以中華民國國花梅花和傳統的回字紋飾相間組成，寓意福壽深遠，吉祥綿長。

圖 2-1-5　慶祝勝利紀念郵票（紀 021）1945 年 10 月 10 日發行

說明：以領導抗戰之蔣中正肖像與國旗為主圖，左側書「慶祝勝利」，下端刊「中華
民國三十四年」，代表戰勝之年。

[註42] 訓令言：「此項郵票因系分批寄發，各局恐不能一次收齊，上有續發者在後，
又此項郵票數量甚多，發售時無庸限制，惟 20 元、50 元二種較其他兩種為
多，除該 20 元、50 元兩種超出成套的票可以零售外，所有配成套者應視當地
集郵情形酌量以百分之五十到百分之七十限整套賣賣，其餘仍可零星發售以
便貼用。」中華人民共和國信息產業部《中國郵票史》編審委員會編，《中國
郵票史》，卷 4，頁 233。

[註43] 交通部郵政總局編印，《中華郵政大事記》第一集下冊，頁 428。中華郵政全
球資訊網，《郵票寶藏》：https://www.post.gov.tw/post/internet/W_stamphouse/
post/internet/W_stamphouse，檢索日期：2018/7/12。

3. 國民政府還都紀念郵票

抗日戰爭爆發後，在 1937 年「八一三淞滬會戰」後，國民政府配合軍事情勢，統籌全局，11 月 19 日國府發布《國民政府移駐重慶宣言》，西遷重慶，定為戰時陪都。以作長期抗戰之計。〔註44〕抗戰勝利後，國府著手準備還都南京，1946 年 4 月 28 日，國民政府還都大典籌備委員會成立，同月 30 日正式頒布《還都令》，宣布 5 月 5 日「凱旋南京」：「國民政府前衛持久抗戰，於二十六年十一月移駐重慶。八年以來，幸賴我忠勇戰士。前仆後繼，堅韌奮鬥。與夫同盟各國，海空並進，比肩作戰，卒使敵寇降伏，膺功克奏。茲者，國土重光，金甌無缺，抗戰之任雖竟，建國之責加重，政府為訂於本年五月五日凱旋南京，以慰眾望。」〔註45〕5 月 4 日蔣中正飛抵南京，政府各首長亦先後

〔註44〕1937 年「七七盧溝橋」事變和上海「八一三」事變爆發後，8 月 14 日，國民政府發表自衛抗戰聲明書，表示「中國決不放棄領土之任何部分，遇有侵略，惟有實行天賦之自衛權以應付之」。11 月中旬，在上海淞滬抗戰失敗已成定局，首都南京遭受巨大威脅的情勢下，國民黨中央和國民政府自料南京無法堅守，為堅持長期抗戰，遂決定依照既定方針，作出遷國民政府於重慶的重大決定。11 月 12 日，國民政府軍事委員會委員長、行政院院長蔣中正與國民政府主席林森會商，決定遷都重慶；15 日，作為當時國家最高決策機關的國防最高會議常務會議決定：「國民政府及中央黨部遷重慶，軍事委員會遷移地點，由委員長決定；其他各機關或遷重慶，或隨軍委會設辦事處，或設於長沙以南之地點。」16 日，南京國民政府各機關除其最高長官留南京主持工作外，其餘均自是日起離南京轉武漢赴重慶；17 日，作為國家元首的國民政府主席林森率國民政府直屬的文官、主計、參軍三處的部分人員乘「永豐艦」啟碇西上，從而揭開了抗戰時期國民政府遷都重慶的序幕。

〔註45〕秦孝儀，《總統蔣公大事長編初稿》，卷 6，（臺北：中正文教基金會出版），頁126～128。1946 年 4 月 30 日，三十日蔣中正偕夫人飛臨西安巡視。國民政府頒布還都令，定於五月五日凱旋南京，並以四川省為全國建設實驗區。國民政府還都令全文如下：「國民政府前為持久抗戰，於二十六年十一月移駐重慶。八年以來，幸賴我忠勇將士前仆後繼，壯烈犧牲，全國人民含辛茹苦，堅韌奮鬥，與夫同盟各國海空齊進，比肩作戰，卒使敵寇降伏，膺功克奏。茲者國土重光，金甌無缺，抗戰之任雖繁，建國之責加重，政府爰定於本年五月五日凱旋南京，以慰眾望。唯是大戰之後，民生艱困，國力凋敝，亟宜與民休息，恢復元氣，努力建設，保持戰果。所望全國軍民同心一德，朝乾夕惕，庶不負抗戰建國之初衷，實行三民主義之使命。回憶在此八年中，敵寇深入，損失重大，若非依恃我西部廣大之民眾，與憑藉其豐沃之地方，何以克植今日勝利弘基，而四川古稱天府，尤為國力之根源。重慶襟帶雙江，控馭南北，占戰略之形勢，故能安度艱危，獲致勝利，其對國家貢獻之偉大，自當永光史冊，奕葉不滅。當茲還都伊邇，鍾陵在望，緬維南京收復之艱難，更覺巴蜀關係之重要。政府前於二十九年九月，明令定重慶為陪都，近更以四川為全國建設實驗

抵達，5月5日起國府正式在南京恢復辦公，當日上午10點30分國府於國民大會堂舉行隆重的還都典禮，南京各界舉行慶祝活動，城裡處處張燈結綵，旌旗招展，蔣介石精神煥發地與宋美齡走上國民大會堂主席台，向與會者頷首致意。

隨後由南京市臨時參議會議長陳裕光恭請蔣介石致訓辭，蔣中正在還都大會上對全國同胞致訓，其訓詞節錄如下：「全國軍民同胞們：今天是我們國父二十五年前在廣州成立革命政府的紀念日，而我們國民政府亦於今日還都南京了。我們對日八年抗戰，賴我全國同胞始終一致，擁護抗戰國策，服從中央命令，百折不回、再接再厲、浴血犧牲、歷久彌堅，卒能獲得今日最後勝利，而且取消了一切不平等條約，滌除了我們中華民族百年來的國恥。今日中正與我們同胞仍能在首都相見，聚首一堂，這是何等欣慰，實在是我們中華民國最值得紀念的一天！……同胞們！所以今日政府還都，我以為只能表示我們對日抗戰的結束，就是我們國民政府抗戰到底的國策，率領全體軍民同胞犧牲奮鬥得到一個勝利。……國民政府今後仍秉持國父遺教和國民革命一貫的精神，始終領導著我們全國軍民同胞向前邁進，實現三民主義，完成抗戰建國的使命。……總之，我們在此勝利還都歡聲沸騰之中，撫今思昔，更覺我們獲得勝利之艱難、建國機會之可貴。務希我全體同胞，同心一德、實事求是，人人以刻苦耐勞、篤實踐履自矢，以共同一致、互助合作相勉；務使我中華民族黃帝子孫，永永遠遠不再受過去八年間那樣異族侵凌蹂躪的慘禍與恥辱。因之，我今日對我同胞特別提出幾個要求，來作我們今後共同一致、努力建國的方針，就是：一、要戒浪費；二、要尚節約；三、要明禮儀；四、要知廉恥；五、要負責任；六、要守紀律。中正夫婦今日承受我們同胞這樣熱烈的歡迎和愛護，實在不勝慚惶之至，甚恐辜負了同胞的期望；只有以往日抗戰的精神，朝乾夕惕，追隨全體同胞，擁護國民政府，來建立三民主義、統一獨立、平等自由、富強康樂的新中國。……恭祝全國軍民同胞抗戰勝利萬歲！」〔註46〕

還都紀念郵票與勝利紀念郵票同時著手籌備，但因1945年9月11日，交通部郵電司轉發行政院訓令：「中央正式還都以前不得作任何還都準備。」籌印工作遂緩辦之。在眾多圖案中，至1947年1月6日，郵電司轉達交通部

區，應即採其體制，崇其名實。著由行政院督同各該省市政府，妥為規劃，積極進行，使全川永為國家之重心，而樹全國建設之楷模，有厚望焉！此令。」
〔註46〕蔣中正，《蔣主席在首都慶祝還都大會上對全國同胞致訓》，1946年5月5日，中正紀念堂展示。

長批示「只用中山陵一式」，遂以此圖案為票面主題，於 1947 年 5 月 5 日還都一週年發行，六種票值，面值為 100 元（綠）、200 元（藍）、250 元（紅）、350元（棕黃）及 400 元（紫）五種；（圖 2-1-6）此套郵票另有東北與臺灣貼用，以同一圖案加上「臺灣貼用」與「東北貼用」之字樣，面值亦經改印，分發臺灣（圖 2-1-7）及東北地區（圖 2-1-8）售用。〔註 47〕

圖 2-1-6　國民政府還都紀念郵票（紀 024）1947 年 5 月 5 日發行

說明：圖案以首都中山陵前石牌坊遠望紀念堂為主，一套共有五種票值，由北平中央印製廠以雕刻凹版印製。紀念票以國父陵前石牌坊遠望紀念堂為主圖，上刊「國民政府還都紀念」，四周以小「V」字作框，寓勝利還都之意。

圖 2-1-7　國民政府還都紀念郵票（紀臺 003）1947 年 5 月 5 日發行

說明：票面數值下端於製版時加刊「臺灣貼用」字。

〔註 47〕 交通部郵政總局編印，《中華郵政大事記》第一集下冊，頁 477；《通訊令》第1097 號；中華郵政全球資訊網，《郵票寶藏》：https://www.post.gov.tw/post/internet/W_stamphouse/post/internet/W_stamphouse，檢索日期：2018/7/12。

圖 2-1-8　國民政府還都紀念郵票（紀東北 003）1947 年 5 月 5 日發行

說明：票面數值下端於製版時加刊「東北貼用」4 字。

4. 抗戰勝利紀念日與軍人節

　　八年抗戰是中華民國歷史上規模最大、死傷人數最多且影響最深遠的民族禦侮戰爭，在全民同仇敵愾、團結禦侮下，國軍浴血奮戰，經歷八年終獲致最後的勝利，1945 年政府於 9 月 3 日頒佈：1. 是褒獎全體將士；2. 是褒卹殉難軍民；3. 是廢止一切限制人民生活經濟行為及集會、結社、言論自由之戰時法令；4. 是豁免陷敵各省本年度田賦，後方各省田賦明年豁免，全國兵役緩徵一年，減租輕賦，限本年度內實施。〔註48〕

　　1946 年 4 月，國府決定將 9 月 3 日定為抗戰勝利紀念日，〔註49〕並規定當天舉行中樞秋季國殤大典，國府遷臺後，勝利紀念日的重要性，日漸歸併可以代表臺灣殖民地地位的結束，中華民國對日本作戰的勝利，以及臺灣回歸中華民國的光復節中。鑑於各軍種紀念節日不同，〔註50〕實有統一之必要。後

〔註48〕秦孝儀，《總統蔣公大事長編初稿》，卷五（下）（臺北：中國國民黨黨史委員會，1978 年），頁 822。

〔註49〕抗戰勝利紀念日，有些人主張 8 月 15 日，1945 年 8 月 15 日，日本天皇廣播詔書，正式無條件投降；也有主張以 9 月 3 日，因為 1945 年當天徐永昌代表政府在日本投降書上簽字確認，國際公認 9 月 3 日日本正式投降；亦有人主張 9 月 9 日，1945 年是日為南京中央陸軍軍官學校大禮堂正式舉行中國戰區日本投降的簽字儀式的日子，中方代表何應欽接受日方代表岡村寧次的降書，蔣中正亦強調：「本日為革命第一次在廣州起義的紀念日，而日本在南京投典禮以正於今日舉行，實為本黨五十年革命光榮與勝利的一日。」國史館，《蔣中正總統檔案》《事略稿本》，1945 年 9 月 9 日；林桶法，〈抗戰勝利紀念的活動與詮釋──九三軍人節的觀察〉，《近代中國》，頁 118。

〔註50〕7 月 7 日是陸軍節為紀念蘆溝橋事變，陸軍英勇抵抗日軍入侵；8 月 14 日為

經蔣中正於 1955 年 4 月 13 日指示，為紀念三軍豐功偉績，並激發國人敬軍愛國之熱忱，加強軍民合作，爭取反共勝利，收復國土，復興中華，於是明令規定以每年 9 月 3 日抗戰勝利紀念日為軍人節，同時原有各軍種節日一律廢除，並自 1955 年通令施行。〔註 51〕1955 年起，全國各界熱烈慶祝，展開為期一週之敬軍活動，民眾亦向蔣總統呈獻效忠簽名致敬書。〔註 52〕總統府說明軍人節之意義，首先，為紀念抗戰打敗日本帝國主義的光榮；其次，是象徵三軍一體，因而統一節日代表三軍協同聯合作戰，爭取勝利；再者，亦是象徵軍民一體，現代戰爭為總體戰力，9 月 3 日，全體軍民應可共同慶祝，以培養尚武之精神。〔註 53〕

　　兩蔣時期，對軍人節的紀念活動與報導較多，尤其在 1950～1957 年時，報紙對軍人節報導篇幅較多，強調抗日戰爭的重要性與強調軍人的意義。如《中央日報》，在 1971 年 9 月 3 日的社論《慶祝軍人節向三軍將士致敬》中提到：「由於九三軍人節是抗戰勝利的日子，我們回憶八年長期抗戰之所以愈挫愈強，終能獲致最後的勝利，乃由於將士們具有慷慨赴義的血統，與同仇敵愾的志節。」〔註 54〕而元首發表的談話內容重點兩位蔣總統有些差異，在蔣中正時期著重在反共復國的主題上，如 1957 年 9 月 3 日，蔣中正接見三軍代表，期勉充實反攻戰備，加速完成復國大業；1960 年 9 月 3 日，期勉發揚抗戰精神，再創歷史，完成反攻復國大業；1967 年 9 月 3 日對軍人發表祝賀詞時，談到：「反攻復國要用七分政治三分軍事，軍事的功用必須基於健全的政治。」〔註 55〕

空軍節，是日為中日第一次空戰，國軍以 0：6 的光榮戰績戰克日軍；12 月 12 日是憲兵節，為西安事變時憲兵為保護領袖而英勇殉職，另有三三裝甲兵節、四四聯勤節等，都是國軍的紀念日。〈中央決定軍人節　其他各軍種節日一律廢除〉，《宣傳週報》第 5 卷第 19 期（1955 年 5 月 63 日，臺北），頁 10。

〔註 51〕　《中華百科全書》，http://ap6.pccu.edu.tw，檢索日期：2018/11/10。

〔註 52〕　臺北，《徵信新聞》，1955 年 9 月 3 日，版 1。

〔註 53〕　臺北，《徵信新聞》，1955 年 9 月 4 日，版 1。

〔註 54〕　臺北，《中央日報》，1971 年 9 月 3 日，版 1。

〔註 55〕　林桶法，〈抗戰勝利紀念的活動與詮釋——九三軍人節的觀察〉，頁 123。對於「七分政治，三分軍事」的理念在蔣中正許多演講、書告中，經常出現，因此也對三軍官兵宣達。例如：蔣中正，〈復國建國的方向和實踐〉，秦孝儀編，《總統蔣公思想言論總集》，卷 28，1962 年；蔣中正，〈我們復國的精神志節和建國的目標方略——對第九次全國代表大會的指示〉，秦孝儀編，《總統蔣公思想言論總集》，卷 28，1963 年；蔣中正，〈中華民國五十六年國慶紀念告全國軍民同胞書〉，秦孝儀編，《總統蔣公思想言論總集》，卷 34，頁 159；以上等四十篇演講書告。

蔣經國時期則著眼於軍民一家，貫徹三民主義的勤儉建國精神，如1976年9月3日，其對三軍軍官表示：「我們國軍必須與民眾打成一片，除了建軍外，對建國也要負起重大的責任」；1978年9月3日總統勉勵國軍英雄模範，發揮大無畏精神，完成救國濟民之責任；1979年9月3日，勉勵全國軍民貫徹三民主義；1981年9月3日，期勉國軍將士勤儉建軍，創造更大的成果；1983年9月3日，期勉國軍發揚抗戰精神，對國家作更大的貢獻。〔註56〕

軍人節紀念郵票有1955年、1964年、1974年與小全張等，1955年9月3日郵政總局印製紀念郵票一種，另以三色合印小全張（147×104）一種，於同日發行；（圖2-1-9）而過去的郵票票面原題「中華民國郵政」字樣，遵交通部指示，自此套郵票發行開始，一律改為「中華民國郵票」之字樣標示。1964年逢第十屆軍人節發行一套2枚；（圖2-1-10）1974年為慶祝第二十屆軍人節，國防部總政治作戰部暨國父紀念館與郵政總局聯合舉辦國軍郵票展覽會，因而除了發行第二十屆的軍人節紀念郵票外，亦發行小全張；（圖2-1-11、圖2-1-12）而1974年後，則無專為軍人節發行的紀念郵票了。〔註57〕

圖2-1-9　軍人節紀念郵票（紀043）1955年9月3日發行

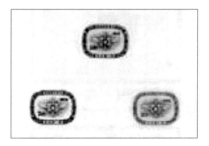

說明：繪製刀槍、錨、翅膀代表陸、海、空三軍，中間為青天白日國徽，有三軍矢志效忠，一心捍衛國家之寓意。印製一套圖案三種幣值，右下圖為小全張。

〔註56〕林桶法，〈抗戰勝利紀念的活動與詮釋——九三軍人節的觀察〉，頁123～128。
〔註57〕中華郵政全球資訊網，《郵票寶藏》：https://www.post.gov.tw/post/internet/W_stamphouse/post/internet/W_stamphouse，檢索日期：2018/7/18。

圖 2-1-10　第 10 屆軍人節紀念郵票
（紀 098）1964 年 9 月 3 日發行

說明：郵票圖案以中華民國陸、海、空軍之大砲、戰艦、噴射機等作戰武器為題材，表示軍事現代化裝備情形。印製一套圖案兩種幣值。

圖 2-1-11
第 20 屆軍人節紀念郵票
（紀 153）1974 年 9 月 3 日發行

圖 2-1-12　第 20 屆軍人節
國軍郵票展覽會紀念郵票小全張
（紀 154）1974 年 9 月 3 日發行

說明：為紀念國軍豐功偉績，以 1937 年
7 月 7 日「盧溝橋事變」為圖案主題，
描繪在盧溝橋上國軍英勇抵禦日軍強力
攻擊畫面。

說明：以第二十屆軍人節紀念郵票壹圓
面值八枚為圖案，四週加印淺茶色花
紋，印製郵展紀念小全張。

　　另外關於紀念抗戰的郵票有「七七抗戰五十週年紀念郵票」一套，於 1987
年 7 月 7 日發行。中華郵政總局為宣揚抗戰史實，自七七事變，蔣中正領導
全國軍民同胞，毅然擎起反侵略的旗幟，展開長期壯烈而艱苦的奮戰，1945
年，日本宣布無條件投降，終獲最後勝利。八年間，國軍對日作戰四萬次以
上，犧牲了無數軍心寶貴之生命，留下了許多可歌可泣的悲壯史蹟，於抗戰
起始日已屆五十年時，印製七七抗戰五十週年紀念郵票一套 6 枚，每一枚都
呈現著抗戰的史蹟。（圖 2-1-13）〔註 58〕分述如下：

〔註 58〕中華郵政全球資訊網，《郵票寶藏》，https://www.post.gov.tw/post/internet/W_
　　　　stamphouse，檢索日期：2018/11/15。

　　第一枚郵票圖像為敘述「七七盧溝橋事變」，1937 年 7 月 7 日晚上 10 點，日軍在距北平十餘公里的盧溝橋附近進行挑釁性軍事演習，並詭稱一名士兵失蹤，要求進入宛平縣城搜查，遭到拒絕後即發動進攻，7 月 26 日，日本對北平、天津發動總攻擊，駐守宛平盧溝橋前線的國民革命軍第 29 軍官兵奮勇抵抗，然在缺乏戰備的情況下，仍不到三天便告陷落，日軍佔領了宛平盧溝橋地區，全面抗戰自此開始。票面以盧溝橋為主題，右側為「盧溝曉月」的碑亭，第 29 軍在橋上防守抗敵的畫面。（圖 2-1-13-1）

　　第二枚郵票圖像依據 1937 年 7 月 17 日蔣中正時任國民政府軍事委員會委員長兼行政院院長，在江西盧山發表了著名的「盧山聲明」照片而描繪之，以示自此談話後，揭開全民抗戰之序幕。此聲明要旨為：「我們一個弱國，如果臨到最後關頭，便只有拼全民族的生命，以救國家生存；那時節再不容許我們中途妥協，須知中途妥協的條件，便是整個投降、整個滅亡的條件。全國國民最要認清，所謂最後關頭的意義，最後關頭一至，我們只有犧牲到底、抗戰到底！」「地無分東西南北，年不分男女老幼，皆有守土抗戰之責！」〔註59〕表明對日軍挑釁的退讓底線。〔註60〕此「盧山談話」鼓勵了中華民族的抗戰精神和意志。〔註61〕（圖 2-1-13-2）

　　第三枚郵票圖像以國旗為主圖，周圍人民爭相捐獻置於國旗上之畫面，代表全國人民捐獻物資支援前線，為國家奮戰，上下一心抗戰到底的決心。〔註62〕（圖 2-1-13-3）

　　第四枚郵票繪製以堪稱人類史上最險惡的戰爭運輸線——滇緬公路，以

〔註59〕秦孝儀，《總統蔣公大事長編初稿》，卷 4、上（臺北：中國國民黨黨史委員會，1978 年），頁 79～83。朱文原等編輯撰稿，《中華民國建國百年大事記》上冊（臺北：國史館，2012 年），頁 336。

〔註60〕然而日軍對這篇聲明竟毫無反應，繼續對宋哲元施加壓力，發動總攻擊。陳彥博，《決勝看八年：抗戰史新視界》（臺北：遠見，2015 年），頁 27。

〔註61〕1937 年 7 月 17 日出席盧山第二次談話會講要旨：一、盧溝橋事件不僅是中國存亡問題，亦且為世界人類禍福之所繫。二、中國外交政策，原在求和平共存，但到最後關頭，只有全力抗戰。三、盧溝橋事件，實為對方一貫之陰謀，能否結束，即是最後關頭境界。四、萬一逼到最後關頭，我們是應戰而非求戰，戰端一開，必須拼全民族生命，以求最後勝利。五、說明政府對於解決盧溝橋事件之基本立場。六、當此安危絕續之交，惟賴舉國一致，服從紀律，嚴守秩序，以達成吾人守土抗戰之責任。《總統蔣公思想言論總集》，頁 582。

〔註62〕中華郵政全球資訊網，《郵票寶藏》：https://www.post.gov.tw/post/internet/W_stamphouse/post/internet/W_stamphouse，檢索日期：2018/11/15。

曲折蜿蜒的滇緬公路中最為著名的貴州「晴隆 24 道拐」為背景圖，加上在滇緬作戰的遠征軍作為圖像題材；當時中華民國缺乏工業基礎，大部分武器靠國外購入，國府為作長期抗戰準備，早已計畫開鑿從昆明至畹町，滇緬之間大約950 公里的通路，以避免日本封鎖港口，無法輸送軍用物資的命運。至戰爭爆發，在保山到畹町之間為極其險峻的縱谷地區仍尚未開通，沿途懸崖峭壁，陡坡急彎，深淵縱谷不計其數，國府延聘外國工程師指導，卻以艱困難以短期施工完成為不可能之任務，拒絕參與工事，軍事戰況緊迫，許多來自南洋華僑機工與國內機工合作突破萬難，開鑿終於 1939 年初竣工，開始自緬甸輸送軍用物資，成為抗日運輸的大動脈。〔註 63〕1939 年歐戰爆發，法國陷於德國之手，影響受法國控制的越南對華態度，由滇越鐵路自越南輸入物資中斷，而英國亦因畏懼日本侵略，宣佈封鎖滇緬公路，使中華民國對外運輸通路完全斷絕，形成被日本全面封鎖的窘迫苦況。〔註 64〕至太平洋戰爭爆發，日軍攻入緬甸，中國遠征軍入緬作戰，在仁安羌之役，擊退日軍，救出英國七千多名軍民，揚威異域。（圖 2-1-13-4）

　　第五枚郵票圖像以 1945 年 9 月 9 日南京中央官校接受日本受降書畫面為主圖繪製，左為何應欽，右為日方小林淺三郎。〔註 65〕1945 年 9 月 9 日上午九時，日本代表岡村寧次在南京向中國戰區最高統帥蔣中正的代表陸軍總司令何應欽呈遞降書。稍後何應欽將蔣中正的第一號命令和受領證交給岡村寧次，由岡村寧次在受領證上簽名蓋章後，再送呈何應欽。命令中規定：中國戰區日軍應向區內各地指定人員投降。同時何應欽另以軍字第一號命令，規定中國戰區內十七個地區之受降主官、地點及日軍投降主官；臺灣地區受降主官是臺灣行政長官陳儀，日軍投降主官則為安藤利吉。〔註 66〕（圖 2-1-13-5）

　　第六枚郵票圖像以國民政府還都南京，蔣中正偕夫人宋美齡至南京中山

〔註 63〕 滇緬公路蜿蜒于海拔 500 至 3000 多公尺的橫斷山脈中，全長 1146 公里，由昆明至邊鎮畹町為 959.4 公里，由畹町至緬甸臘戍為 187 公里。滇緬公路所經之地為高山縱谷地區，毒蛇猛獸、瘴癘毒氣瀰漫，環境險惡異常，崎嶇的運輸線險象環生，運輸過程相當艱苦。

〔註 64〕 查時傑編著，《中國現代史》（臺北：弘揚，2007 年），頁 213～214。

〔註 65〕 國家發展委員會檔案管理局，《曙光黎明：臺灣光復檔案專題選輯》（新北市，檔案局，2015 年），頁 073。

〔註 66〕 《中國戰區中國陸軍總司令部處理日本投降文件彙編》，上卷（出版地不詳，1969 年 3 月），頁 78～79。國史館，〈中山堂受降檔案分析〉，《國史館館訊》第 5 期（2010 年 12 月，臺北），頁 159。

陵謁陵為題材。1946 年 5 月 5 日上午在南京中山陵舉行舉行紀念孫中山先生建立廣州革命政府二十五週年典禮。報載：「蔣介石偕夫人宋美齡抵達陵園。蔣中正身著特級上將軍服，左胸佩 5 枚勳章，精神換發，宋美齡身穿黑底紫花綢質旗袍，外加黑色尼質大衣，胸際佩勳標兩枚，戴黑色絲質手套。9 時整，典禮開始，地上 101 響禮炮轟鳴，天空飛機散發傳單，場面甚為壯觀。在隆重的謁陵儀式後，蔣中正步出靈堂，立于臺階，向全體謁陵人員致訓，追念八年苦難史蹟，提示今後努力方針。」〔註67〕（圖 2-1-13-6）

圖 2-1-13　七七抗戰五十週年紀念郵票（紀 221）1987 年 7 月 7 日發行

圖 2-1-13-1　　　　　　圖 2-1-13-2　　　　　　圖 2-1-13-3

說明：盧溝橋事變，國軍驅敵禦侮之奮勇精神。〔註68〕　　說明：宣示抗戰之決心，統一國民意志。〔註69〕　　說明：全民團結，集中力量，踴躍捐獻。〔註70〕

〔註67〕1946 年 5 月 6 日，《中央日報》。

〔註68〕影像來源：新唐人電視台。https://www.ntdtv.com，檢索日期：2018/12/1 盧溝橋事變。

〔註69〕影像來源：時報文化編輯委員會，《珍藏 20 世紀中國》（臺北：時報出版，2000年），頁 186。

〔註70〕影像來源：李雲漢主編，劉維開編輯，《中華民國抗日戰爭圖錄》（臺北：近代中國出版社，1995 年 8 月 14 日），頁 113。中正文教基金會，《中華民國抗日戰爭圖錄》，圖像為華僑踴躍捐獻，表全民一心，以支援前線所需。電子書，http://www.ccfd.org.tw/ccef001/ebook/ebook，檢索日期：2019/5/30。

圖 2-1-13-4　　　　　　圖 2-1-13-5　　　　　　圖 2-1-13-6

說明：揚威異域，遠征　　說明：戰勝強敵，南京受　　說明：國土重光，還都謁
印緬。〔註71〕　　　　　降。〔註72〕　　　　　　陵。〔註73〕

（三）臺灣光復紀念郵票

　　光復節在光復之初時，隆重慶祝，蔣中正時期多用來詔示新生與反共復國，蔣經國執政時期，則將光復節衍生為愛國精神的表現。〔註74〕臺灣原屬清國版圖，1895 年清朝於中日甲午戰爭戰敗，與日簽訂馬關條約，割讓臺灣、澎湖予日本，歷經八年對日作戰，至 1945 年獲得最後勝利的戰果，臺灣脫離殖民地的地位，至 1945 年 10 月 25 日在臺北市中山堂光復廳舉行受降儀式，

〔註71〕滇緬公路，影像來源：《珍藏 20 世紀中國》，頁 219。

〔註72〕影像來源：中國國民黨中央委員會文化傳播委員會黨史館；國家發展委員會
　　　　檔案管理局編，《臺灣光復檔案專題選輯》，頁 73；中國第二歷史檔案館，《臺
　　　　灣光復紀實》（臺北：柏氏科技藝術，2005 年），頁 145。圖像之人物，左為何
　　　　應欽，右為日方小林淺三郎遞交降書，南京受降典禮。

〔註73〕影像來源：大紀元——歷史上的今天，2011 年 5 月 5 日，蔣中正偕宋美齡至
　　　　南京謁陵。http://www.epochtimes.com/b5/11/5/1/n3244404.htm，檢索日期：
　　　　2018/12/1。

〔註74〕張羽、張彩霞，〈近十年臺灣節日變遷與文化認同研究〉，頁 96。

依據開羅宣言，〔註75〕「三國軍事方面人員，對於今後對日作戰計畫，已獲得一致意見。三大盟國決以不鬆弛之壓力，從海陸空各方面加諸殘暴之敵人，此項壓力，已經在增長之中。我三大盟國此次進行戰爭之目的，在制止及懲罰日本之侵略，三國絕不為自己圖利亦無拓展疆土之意思。三國之宗旨，在剝奪日本自 1914 年第一次世界大戰開始後，在太平洋上所奪得或佔領之一切島嶼，及日本在中國所竊取之領土，如東北四省臺灣澎湖列島等歸還中華民國。其他日本以武力或貪欲所攫取之土地，亦務將日本驅逐出境。我三大盟國稔知朝鮮人民所受之奴隸待遇，決定在相當時期使朝鮮自由獨立。基於以上各項目的，三大盟國將繼續堅忍進行其重大而長期之戰鬥，以獲得日本無條件之投降。」〔註76〕此會議決定了臺灣歸屬中華民國，結束五十年日本的殖民歷史，因此國民政府定是日為臺灣光復節。

　　1946 年 10 月 18 日，臺灣行政長官陳儀公告 10 月 25 日為臺灣省光復紀念日，省內各機關學校一律休假一天。〔註77〕並宣布當日舉行首屆省運動大會開幕式，〔註78〕是為省運，而最受矚目之事為當天國民政府主席蔣中正夫

〔註75〕開羅會議召開時間為 1943 年 11 月 23 日～26 日，這是中華民國首次以大國身份登上國際外交舞台，意義甚大，會議議題以三國聯合作戰與戰後對日處置問題，其中臺灣歸屬問題：日本用武力從中國奪去的東北各省，臺灣和澎湖列島，戰後必須歸還中國。1943 年 12 月 1 日由蔣中正委員長、羅斯福總統、邱吉爾首相在重慶、華府、倫敦同時發表宣言。此會議標誌著戰時中華民族在國際外交上最榮耀的一刻，但卻未料是一連串與盟國外交關係的惡夢自此展開。朱文原編輯撰稿，《中華民國建國百年大事記》上冊，頁 424；林能士主編，《中國現代史》（臺北：弘揚圖書，2009 年），頁 216～218；林孝庭，〈開羅會議再思考〉，《戰爭的歷史與記憶：抗戰勝利七十週年學術討論會》（臺北：2015 年 7 月），抽印本，頁 22。

〔註76〕林能士主編，《中國現代史》，頁 217。關於臺灣歸屬問題一事，在往後亦有相關的討論議案。如：案名：《對日和約》，檔號：A30300000B/0039/12.6/36，來源：外交部，1950 年，說明：美國向聯合國提出臺灣地位問題議案，並主張聯合國組成調查委員會，來臺調查開羅宣言與波茨坦宣言與臺灣主權歸屬問題，本檔案為外交部針對美方提案所擬具的因應之道；案名：《日英會談與臺灣地位問題》，檔號：A30300000B/0053/13.1/12，來源：外交部，1964 年，說明：1964 年 5 月，英國外相訪日，英、日雙方可能就臺灣主權問題交換意見。檔案為外交部對駐日公使陳澤華指示電文，請陳約晤日本外務省高層表達：臺灣歸屬問題已載明於有英國參加之開羅宣言及波茨坦宣言中，希望日方切勿討論臺灣地位問題，以免徒滋紛擾。

〔註77〕《臺灣省行政長官公署公報》第 17 期（臺北，1946 年 10 月 21 日），頁 286。

〔註78〕《臺灣新生報》，1946 年 9 月 28 日，版 1。

婦前來巡視臺灣。〔註 79〕是日由草山行邸進入臺北市區之際，自中山橋至中山堂廣場，民眾擁立道左歡呼，蔣中正為之感動自記曰：「四十年之革命奮鬥與八年之艱苦抗戰，至此方得重賭我民物版籍也」。〔註 80〕蔣中正在中山堂舉行的慶祝大會上致詞表示：恢復臺灣，鞏固中華，早為國民革命的目標，後經八年抗戰、開羅會議之努力才有今日之收穫，希望臺灣同胞努力建設新臺灣。〔註 81〕其致詞時說明：「國父倡導國民革命，以光復臺灣為革命之主要目標，今經八年艱苦抗戰，臺灣始得重歸祖國版圖，所望全省同胞記取革命先烈慷慨犧牲恢復不易之史實，同心一德，團結合作，努力建設我們的新臺灣和新中國」。〔註 82〕

　　光復節屬地方性節日，只在臺灣舉辦慶祝活動，規定臺灣光復節雖為地方性節日，可基於紀念重回祖國懷抱，人民復獲自由之意義自行集會紀念，全省應懸掛國旗。〔註 83〕在中央政府正式遷臺之前，在光復節來臨時，大陸地區有特別慶祝盛事，而臺灣地區則派遣政府要員至臺參與慶祝臺灣光復之紀念大會。〔註 84〕而國家元首在參與此節日時發表的文告，與國慶日或開國紀念日有所不同的態度是亦主亦客的參與狀態，除初期多透過廣播而非親臨現場演說外，在對百姓的稱謂上，早期亦有明顯差異，例如最初稱：「臺灣省同胞們」；〔註 85〕1957 年稱：「周主席並轉臺灣全省同胞們」；〔註 86〕1970 年代則稱：「全臺臺灣同胞」。〔註 87〕至蔣經國時期透過電視播放的光復節談話時，稱為：「各位親愛的同胞」〔註 88〕與「親愛的父老兄弟姊妹們」〔註 89〕等等，〔註 90〕從歷年的光復節文告，從層層轉頒省府代為宣讀到親自宣講，由對一省民眾到對

〔註 79〕　《臺灣新生報》，1946 年 10 月 22 日，版 2。
〔註 80〕　秦孝儀編，《總統蔣公大事常編初稿》，卷 6 上，頁 287。
〔註 81〕　《臺灣新生報》，1946 年 10 月 26 日，版 2。
〔註 82〕　秦孝儀編，《總統蔣公大事常編初稿》，卷 6 上，頁 287～290。
〔註 83〕　《宣傳週報》第 48 期，臺北，1953 年 6 月 26 日，頁 11～12；《宣傳週報》第 2 卷第 15 期，臺北，1953 年 10 月 9 日，頁 16，附錄 5。
〔註 84〕　《中央日報》，1947 年 10 月 25 日，版 2；《中央日報》，1948 年 10 月 26 日，版 2。
〔註 85〕　《中央日報》，1951 年 10 月 25 日；1952 年 10 月 25 日。
〔註 86〕　《中央日報》，1957 年 10 月 25 日；1966 年 10 月 25 日。
〔註 87〕　《中央日報》，1971 年 10 月 25 日。
〔註 88〕　《中央日報》，1980 年 10 月 25 日。
〔註 89〕　《中央日報》，1982 年 10 月 25 日；1986 年 10 月 25 日。
〔註 90〕　周俊宇，〈臺灣光復黨國認同——臺灣光復之歷史研究（1945～2007）〉，《臺灣風物》第 58 卷第 4 期（2008 年 12 月，臺北），頁 67。

全國百姓的變化，國家的元首對民眾稱呼的語調，從嚴肅的風格到親民的形象，可以觀察領袖與人民之間的關係。〔註91〕

1947 年郵政總局經交通部批准發行「臺灣光復」紀念郵票（圖 2-1-14），7 月 12 日郵政總局至上海供應處訓令，在中央印刷廠、大東書局、大業公司招標，先印臺灣地圖郵票一種 2 枚，以便按期於 10 月 25 日發售，另一種繼續向臺灣郵電管理局和臺灣省政府蒐集名勝或建築，然臺灣 1947 年 8 月 2 日代電稱：「本省光復以前，重大建築物大半殘破毀壞，市面出售風景照片，大多品質惡俗，不堪選用作紀念郵票。除電請臺灣省政府協助選購繪製外，先將本局庫存各種照片分裝兩包寄呈。」〔註92〕而對於收到的風景照當中，原擬以赤嵌樓較為可用的主圖案，但後查明該建築是為荷蘭人為防範漢人反抗所築，遂罷！而改以臺北中山堂與鄭成功延平郡王祠作最後的擇選，最後郵政總局選定以具有特別意義的中山堂為主圖。因此，此套紀念郵票分兩次發行，其一在 1947 年 10 月 25 日臺灣光復兩週年時發行，郵政總局發行以臺灣地圖為主圖的「臺灣光復紀念郵票」，（圖 2-1-14-1）其二是在 1948 年 4 月 28 日發行，以中山堂為主圖的「臺灣光復紀念郵票」。〔註93〕（圖 2-1-14-2）

1985 年為抗戰勝利四十週年，亦為臺灣光復四十週年，中華郵政總局為了宣揚抗戰史實，〔註94〕並闡揚臺灣光復四十年來「中興祥和、團結建設」

〔註91〕周俊宇，〈臺灣光復黨國認同——臺灣光復之歷史研究（1945～2007）〉，《臺灣風物》第 58 卷第 4 期，頁 67；周俊宇，《黨國與象徵——中華民國國定節日的歷史》，頁 259～262。文告由省主席轉頒省民，總統受省主席之邀出席官方儀式，總統不具主持非國定節日官方儀式的義務等，在形式上表現出中國國家體制的存在感。

〔註92〕交通部電 229 號；中華人民共和國信息產業部《中國郵票史》編審委員會編，《中國郵票史》，卷 4，頁 237。

〔註93〕交通部郵政總局編印，《中華郵政大事記》第一集下冊，頁 499；交通部訓令 1538、1784 號。

〔註94〕中華郵政在該頁紀念票製作說明載：「民國 26 年，日本先後挑起七七盧溝橋事變、八一三淞滬會戰，企圖以武力滅我民族，先總統 蔣公確認和平已經絕望，犧牲已到最後關頭，乃昭告全國軍民展開神聖艱苦的抗日戰爭，地不分東西南北，人不分男女老幼，秉持『前方流血、後方流汗』之全民奮鬥精神，堅忍不拔之意志，一面抗戰，一面建國，歷經 8 年長期抗戰，終於獲得最後勝利。中日馬關條約清廷將臺灣、澎湖群島割讓予日本。民國 32 年 11 月，3 大盟國領袖先總統 蔣公、美國總統羅斯福、英國首相邱吉爾在北非舉行會議，會後聯合發表有名的開羅宣言，其聲明最重要部分在於『使日本竊取於中國之領土，例如東北四省、臺灣、澎湖群島等，歸還中華民國。』民國 34 年，抗戰勝利，臺灣、澎湖群島終於重歸祖國版圖。我中央政府播遷來臺後，勵精圖

之新氣象，遂發行紀念郵票，〔註95〕而光復之日也與抗戰勝利一事合併，因此，此套郵票稱之為「慶祝抗戰勝利臺灣光復四十週年紀念郵票」。（圖 2-1-15）〔註96〕

圖 2-1-14　臺灣光復紀念郵票（紀26）1947 年 10 月 25 日發行

圖 2-1-14-1

說明：第一組以青天白日滿地紅國旗，飄揚於臺灣地圖上為主圖；兩側各繪自由火炬，寓意脫離殖民地位，地圖上端載「臺灣光復」四字，頂上橫框內刊「中華民國郵政」。

治，建設臺灣，實施憲政，推行民主，不僅創造了經濟繁榮、民生樂利的三民主義模範省，且名列亞洲 4 小龍之一，成就已廣為世人所肯定。」

〔註95〕解嚴之後中華民國仍發行抗戰勝利臺灣光復紀念郵票，一為 1995 年五十週年與 2015 年的七十週年時發行。在 50 週年發行的紀念郵票一組兩枚郵票與小全張，圖像一枚繪製國軍戰場上的衝鋒陷陣的景象，一枚以國旗總統府當底圖加上臺灣地圖為圖，而小全張則以開羅會議出席的蔣中正宋美齡夫婦與羅斯福與邱吉爾並肩而坐的相片為主底圖，此張相片深植全國民心，具有巨大的政治宣傳與心理效果，彷彿洗刷了一個世紀以來受的所有恥辱，故以此為主圖背景實據深刻意義，加上上述兩枚郵票而成為小全張的畫面；七十週年發行的紀念郵票，一組 4 枚，以十萬青年十萬軍、國民政府主席蔣中正為日本投降發表廣播演講後步出重慶中央廣播電台接受市民歡呼之留影、石門水庫前農村婦女捧著豐收稻穗、中山堂前廣場慶祝第 18 屆光復節的圖像。林孝庭，〈開羅會議再思考〉，《戰爭的歷史與記憶：抗戰勝利七十週年學術討論會》（臺北：2015 年 7 月），抽印本，頁 1；中華郵政全球資訊網，《郵票寶藏》：https://www.post.gov.tw/post/internet/W_stamphouse/post/internet/W_stamphouse，檢索日期：2018/11/15。

〔註96〕中華郵政全球資訊網，《郵票寶藏》：https://www.post.gov.tw/post/internet/W_stamphouse/post/internet/W_stamphouse，檢索日期：2018/8/18。

圖 2-1-14-2

說明：第二組以臺北市中山堂正景為圖案，代表中山堂上端刊「中華民國郵政」
及「臺灣光復」，下端刊「臺北中山堂」字樣及數值，此套郵票於 1948 年 4 月
28 日開始發售。

圖 2-1-15　慶祝抗戰勝利臺灣光復四十週年紀念郵票
（紀 210）1985 年 10 月 25 日發行

說明：以國旗飄揚在臺灣地圖上為主
圖，右側繪製火車代表鐵路電氣化的交
通進步、農民收割的豐足意象；左側繪
製三代同堂的人在舞龍隊伍前拍照留影
的歡欣景象，背景是城市的高樓林立，
意寓經濟改革建設城市化的成果。

說明：以蔣中正身著軍服神情喜悅的畫
像為主圖，背景為「慶祝勝利」的牌樓，
上有「V」的勝利標誌，其中置上青天白
日國徽標誌，下面群眾聚集，高舉「蔣
委員長萬歲」的標語，意寓蔣中正領導
抗日勝利並光復臺灣堅苦卓絕的功績。

二、體制的變革與紀念郵票意涵

　　1949 年中華民國政府在國共內戰中失利後，12 月代總統李宗仁明令政府
遷至臺北，自此，中國分裂為在臺灣的中華民國與在大陸的中華人民共和國
的兩岸關係。在美、蘇兩大強權國際冷戰的背景下，在臺灣的中華民國政府
於政治、經濟、軍事以及社會文化的發展上，明顯的受到美國政經文化與世
界資本主義的強大影響；而在早期建構政權與社會控制上，承襲蘇聯的黨政
合一體制，形成以黨治國的政治型態，但隨著時代的推移，日漸轉變為民主

法治的體制。〔註97〕

　　臺灣從邊疆一隅，瞬時轉為反共復國的前哨站，成為中華民國政府致力建設的疆域，為穩固統治，國府初期在黨政的改革、軍事的休整、經濟的復甦以及教育的改造上，積極推動並落實建設復興基地的目標。蔣中正遷至臺灣，徹底檢討敗退的種種因素，其大刀闊斧的對國民黨進行改造行動，經過黨的改造之後，確立了統治階層的穩固與效能，推動一連串的經濟改革，重用技術性官僚，進入行政體系，產生許多理性的政治政策，促使臺灣有著長期的經濟成長，1970 年代蔣經國推動十大基礎建設，健全臺灣水電與交通設施，奠定臺灣進一步經濟成長的基礎，在追求經濟成長之餘，亦重視經濟成果的再分配，促使社會階層的流動，漸次形成穩定社會的中產階級數量；在教育知識的提升上，1968年開始實施九年國民教育，國民素質的提昇有助於各行業的進步，1969 年開放增額中央民意代表選舉，並且為定期性的選舉，為民主體制奠定良好基礎。

　　在以黨治國的年代，不得不探討國民黨政權的屬性，關於國民黨的屬性有不同的界說，陳立夫（1900～2001）說國民黨是蘇俄軀殼，美國腦袋，中國作法的混合體。陳果夫（1895～1951）提出：「黨的宣傳是民主自由，黨的訓練是軍事化，黨的組織外表學蘇聯，內部是中國的。」〔註98〕國民黨體制乃是一種自由民主與列寧事權主義的結合體。〔註99〕國民黨的政黨特質，與英美或列寧共產性質有所不同，有學者歸納其特質如下：1. 採取「民主集中式」的決策模式，形式上維持民主程序，但實質上貫徹一元化領導方式，權隨人轉，黨主席權力幾乎不受任何牽制。2. 維持一黨獨大的原則，但非完全的一黨專制，以訓政過程，最終目標是民主憲政。3. 黨對國家機構與社會有相當支配地位。4. 以三民主義為中心的意識形態對國家社會進行控制、動員與整合。5. 政黨採取功能與地域性的編組。〔註100〕而以上特質接近政治學家所說的「威權政體」，此類型政體無法建構嚴謹的意識形態體系，僅能有一些寬鬆

〔註97〕謝國興主編，《改革與改造——冷戰初期兩岸的糧食、土地與工商業變革》（臺北：中央研究院近代史研究所，2010 年），頁 3。

〔註98〕《成敗之鑑：陳立夫回憶錄》（臺北：正中書局，1994 年），頁 106；呂芳上，〈走出「黨國體制」的陰影——中國國民黨的轉型（1950～2000）〉，《近代國家的型塑——中華民國建國一百年國際學術研討會論文集》，頁 646。

〔註99〕馬孟若、蔡玲著，羅珞珈譯，《中國第一個民主體系》（臺北：三民書局，1998年），頁 39～51。

〔註100〕呂芳上，〈走出「黨國體制」的陰影——中國國民黨的轉型（1950～2000）〉，《近代國家的型塑——中華民國建國一百年國際學術研討會論文集》，頁 647。

的心態與治國理念，亦無能力進行徹底動員，也無法對社會作全面絕對的控制，漸而形成一種「有限民主」的政治型態，國民黨政府以此類似開明專制的有限民主型態，在臺灣從事各項建設，帶動國家的各項發展。以下分別論述戰後臺灣體制的變革與紀念郵票之意涵。

　　1945 年 10 月，接收人員陸續來臺，展開實際的接收工作，同月 25 日陳儀（1883～1950）代表國民政府在臺北市公會堂（即今之中山堂）接受日本方面臺灣總督安藤利吉的投降。10 月 25 日此後定為臺灣光復節，接收與復員工作以及日本戰俘管理與遣返，甚為繁瑣，〔註 101〕接收系統紊亂，物資管理不當，官員貪污案件頻傳，加上無償將接收物資運往中國大陸投入內戰，〔註 102〕致使臺灣民眾生計困難，積怨日深，爆發二二八事件，〔註 103〕事件後的行政處置，並未使島內的情況好轉。這事件直到解嚴後，方不為人民談論之禁忌，而於 1997 年 2 月 28 日，適逢二二八事件五十年，郵政總局為撫平歷史傷痕，消弭仇恨，促進族群融合，同時中華民國政府亦將此日設立為國定假日紀念之，並印製紀念郵票一枚。〔註 104〕（圖 2-1-16）

　　1949 年元月 5 日陳誠出任省主席，〔註 105〕推動各項措施進行改革，1949 年 4 月 30 日，陳誠（1897～1965）〔註 106〕（圖 2-1-17）正式宣佈以臺灣作為反共基地，以「光復大陸」，同年 5 月 19 日，陳誠以臺灣灣省主席兼臺灣省警

〔註 101〕 歐素瑛，《戰後初期在台日人之遣返》，《國史館學術集刊》第 3 期（2003 年 9 月），頁 201～228。

〔註 102〕 李筱峰，《臺灣全志·戰後臺灣變遷史略》（南投：國史館臺灣文獻館，2004 年），頁 182。

〔註 103〕 1945 年抗戰勝利、臺灣光復初期，臺灣同胞對祖國的政治制度與社會現況均缺乏了解，價值觀上亦有差異。而當時實施的行政長官公署制度有所缺失，加以復員返鄉的前臺籍日軍軍人，就職無路，形成不滿政府的暗潮。1947 年 2 月 27 日，由於查緝私煙之緝私員及憲警單位處理失當，導致該年 2 月 28 日部份臺北市民之請願示威，變為對抗公署，事件中，臺灣民眾大規模反抗政府與攻擊官署，進而激化為省籍的衝突，本省人對外省人報復攻擊，國民政府派遣軍隊逮捕與鎮壓殺害臺灣民眾並迅即蔓延全島，變質為政治運動。事件造成民眾大量的傷亡，然而傷亡人數眾說紛紜，由數百人至數萬人不等。

〔註 104〕 中華郵政全球資訊網，《郵票寶藏》：https://www.post.gov.tw/post/internet/W_stamphouse/post/internet/W_stamphouse，檢索日期：2018/9/10。

〔註 105〕 何智霖，《陳誠先生書信集──與蔣中正先生往來函電（下）》（臺北：國史館，2007 年），頁 717～719。

〔註 106〕 陳誠（1898～1965 年），字辭修，浙江青田人，早歲獻身革命，參與軍旅，歷經北伐、抗日、剿共諸役，屢立戰功。政府遷臺後，在行政院院長任內，先後推行地方自治，實施耕者有其田，尤為全民所感戴。

備總司令以為「確保臺灣之安定，必能有助於戡亂工作的最後成功」，為鞏固風雨飄搖的局勢，宣佈臺灣戒嚴令，於 5 月 20 日開始實施戒嚴；〔註107〕目的為管制出入境，防止臺灣受到大陸崩潰、大批人員湧入的影響，戒嚴令發佈後，立法院隨即通過《懲治叛亂罪犯條例》，對擾亂治安、金融及煽動罷工、罷課、罷市者，均處以重刑。臺灣省警備司令部則據此訂定多項辦法，限制人民言論、集會、結社、請願等基本權利。這命令受到各方的激烈反對，但陳誠堅持「國家已到最嚴重關頭，只剩臺灣這一條救生挺了！」臺灣不能再發生任何問題，非常時期當用非常手段，才能保障臺灣的安全。〔註108〕1949 年中華民國政府在國共內戰中失利後，12 月 7 日遷至臺北，臺灣瞬時轉為反共復國的前哨站，成為中華民國政府致力建設的疆域，為穩固統治，國府初期在黨政的改革、軍事的休整、經濟的復甦以及教育的改造上，積極推動並落實建設復興基地的目標。

圖 2-1-16
二二八事件五十週年和平紀念郵票
（紀 264）1997 年 2 月 28 日發行

說明：以 228 事件紀念基金會提供之 228 紀念碑圖片為主題，加繪和平鴿。發行此紀念郵票是為希望國人記取教訓，以愛心與寬容走出悲愴陰影，使社會充滿祥和安寧，共同攜手邁向光明未來。

圖 2-1-17
陳副總統逝世 3 週年紀念郵票
（紀 155）1968 年 3 月 5 日發行

說明：1968 年 3 月 5 日為陳副總統逝世 3 週年紀念日，以陳氏遺像為圖案，印製「陳副總統逝世 3 週年紀念郵票」，追念其對國家之重大貢獻。〔註109〕

〔註107〕 薛月順、曾品滄、許瑞浩主編，《戰後臺灣民主運動史料彙編（一）從戒嚴到解嚴》（臺北：國史館，2000 年），頁 7。

〔註108〕 薛月順編輯，《陳誠先生回憶錄——建設臺灣》（上），（臺北：國史館，2005 年），頁 21。

〔註109〕 中華郵政全球資訊網，《郵票寶藏》：https://www.post.gov.tw/post/internet/W_stamphouse/post/internet/W_stamphouse，檢索日期：2018/9/10。

（一）國家政策以反共復國為基調

為配合國家政策與時代需求，郵政總局發行大量含有特殊時代精神象徵的政治意義的郵票，包括復興基地的建設、民族英雄及國家領袖的政治人物，相關事件的紀念，以及其他可以傳達「反共復國」主題相關的郵票圖像，來宣傳並惕勵全國人民反共復國之精神，在同時也向國際宣揚反共抗俄的決心，因而此時期出現各種反共復國等相關政治性主題的郵票，在當代特殊的環境背景之下，郵票圖像在設計上有個特色，即以故事性的寫實畫面來傳達政令，以達到宣傳的最佳效果；相對的，郵票圖像的主題除了有其一定的範疇外，在設計上亦受到相當的限制，如若違背了「反共復國」思想，或有「傾共」之意象，則為設計之大忌。〔註110〕

自國軍在中國大陸三大會戰遭受失敗，呈現劣勢，1949年8月12日，行政院為徹底實施總體戰，動員軍民加速肅清共黨，完成戡亂任務，特訂定「國民反共公約實施辦法」，要求各級政府機關於每次月會時，規定會議主席引領宣讀「國民反共公約」，與會人員隨身朗誦。撤遷來臺的中華民國政府，初期矢志反攻大陸，除了對大陸沿海地區進行軍事攻擊之外，基本國策以「反共復國」為目標。蔣中正強調：「（臺灣）做為我們中華民族反共抗俄的基地，就是我們中華民國整個領土主權光復的保證。」〔註111〕1949年10月9日其發表〈中華民國三十八年國慶紀念告全國軍民同胞書〉一文表示：「反共抗俄，實為我中華民國存亡、三民主義成敗的決定關頭。」以及「竭盡一切可用的力量，堅持反共產國際侵略，反極權主義暴政的鬥爭，以恢復我們中華民國的領土，保障我們中華民國的主權。」〔註112〕並於其後幾次的重要談話中，重申相同的立場及決心，如在1950年元旦，蔣中正以中國國民黨總裁的身分，

〔註110〕 孫文雄，〈郵趣文粹系列之四——郵票設計巨將溫學儒〉，《印刷科技》第9卷第1期，1992年9月，頁25。略述其文所舉之例：1971年，「紀140」約旦建國五十週年紀念郵票，我國國旗在「左方」，約旦的國旗則在右方，「有關單位」調查為什麼設計者要把我們的國旗放在左邊？後來設計者溫學儒即搬出警察機關的法條規定，及中國傳統地位稱為「左為大」，右為小的傳統，才為沒被戴上「左傾」帽子。再如1962年，「紀82」招商局九十週年紀念郵票的「信封」圖案本為兩朵梅花，被民間印刷廠認為星星比較好看，而自作聰明改印成星星，調查證明是印刷廠「好事」，不知政治禁忌，故將整批作廢重印。

〔註111〕 秦孝儀編，〈臺灣省光復四週年紀念告全省同胞書（1949年10月25日）〉，《先總統　蔣公思想言論總集》（臺北：中國國民黨黨史會編印，1986年），卷32，頁242。

〔註112〕 《中央日報》，1949年10月9日，版1。

發表告全國同胞書，號召「全國同胞萬眾一心，反共到底」。全文指出：「俄國
侵略手段比日本更險毒，共產國際的侵略方法比帝俄更陰狠殘酷，中國首當
其衝遭無比浩劫，中共政權係蘇俄共產國際的侵略工具，政府為維持國家領
土主權，保障人民生命財產自由，堅持剿共。」〔註113〕同年 3 月 1 日復行視
事，以「光復大陸，重建三民主義新中國」為號召，〔註114〕其在復職聲明中
說：他此次復職的使命，「是要恢復中華民國，解救大陸同胞。」〔註115〕當時
就任行政院長的陳誠（1897～1965）亦於 3 月 13 日宣佈：「竭盡一切力量，確
保以臺灣為中心的基地，準備反攻大陸；而外交、內政的一切措施，皆以達成
這一中心任務為目的。」〔註116〕1950 年國慶文告上，宣稱：「建設臺灣、反攻
大陸，拯救同胞復興中國，團結四億五千萬同胞意志力量，消滅奸匪、驅逐
赤俄」。〔註117〕自此，政府全面性地帶動臺灣社會上下形成一股「反共抗俄」
的集體意識。

　　在 1940 年代末期至 50 年代中期，臺灣省府的一切目標以挽救危機重建
政權為導向。〔註118〕1950 年代初期，國府在政治宣傳工作上以「反共復國」
為定調，對政治文宣制訂五項指導原則：1. 以寬大與殘酷對照。2. 以自由與
極權對照。3. 以事實與虛偽對照。4. 以安定與恐怖對照。5. 以理智與瘋狂對
照。〔註119〕從蔣中正在 1956 年的元旦文告上可以瞭解：「我自民國三十九年
春復職視事之後，施政目標，首在安定內部，搶救危機，故自三十九年至四十
年之間，黨的工作總目標為完成改造，政治與軍事方面則以完成戰備，鞏固
臺灣為其總方針，四十一年以後黨政軍工作進入了另一個階段，即為一面加
強防衛臺灣，一面培養反攻力量。」〔註120〕1960 年代經歷了臺海危機的中華

〔註113〕國防研究院院長訓詞編纂委員會，《院長訓詞——陽明山講習錄》（臺北：國
　　　　防研究院，1962 年），頁 273～276，附錄：〈總統於民國三十九年元旦告全國
　　　　同胞書〉。
〔註114〕張玉法，《中國現代史略》，頁 334。
〔註115〕張玉法，《中國現代史略》，頁 335。
〔註116〕張玉法，《中國現代史略》，頁 335。
〔註117〕國防研究院院長訓詞編纂委員會，《院長訓詞——陽明山講習錄》，頁 277～
　　　　279，附錄：〈總統於民國三十九年國慶告全國同胞書〉。
〔註118〕鄭梓，《〔光復元年〕戰後臺灣的歷史傳播圖像》（新北市：稻香出版，2013
　　　　年），頁 457。
〔註119〕中央改造委員會第四組編，《宣傳手冊》（臺北：中央改造委員會，1952 年 6
　　　　月），頁 14。
〔註120〕蔣中正，〈民國四十五年元旦文告——反攻復國心理建設的要旨與建設臺灣為

民國，致力於文化的復興運動與經濟計畫的推行。

　　當 1971 年 10 月中華民國被迫退出聯合國後，許多友邦紛紛與中華民國斷交，面臨一連串的外交風暴與政治挑戰，舖天蓋地而來的外交風暴自此展開，襲擊當時中華民國。為因應變局，蔣中正決定啟用以其多年栽培的已在黨、政、軍、特漸次掌握大權的蔣經國組織新內閣，以應變新的時局。〔註121〕1972 年蔣經國（1910～1988）〔註122〕出任行政院長〔註123〕，其對臺灣的治理方向，在於積極推動臺灣改革與建設，面臨石油危機時，推動經濟十大建設以因應之，奠定臺灣經濟的發展基礎，提高人民的生活水準；經過數十年的國家建設，教育環境的提昇，台灣本土人才顯現，蔣經國調整政壇上的人事政策，致力拔擢臺灣本土菁英人才，實施政治上的革新，透過中央民意代表增補選，將政權逐漸地轉為臺籍人士之手，落實本土化，〔註124〕帶領臺灣的政治社會走向民主憲政的道路上，使臺灣民主化更加進展。

　　蔣經國就任行政院長時致詞：「個人突出的時代已過，只有集體的思考、計畫、努力、創造，才能完成時代的任務。」主政風格顯現的特徵是權力上層人士的結構有「年輕化」、「本土化」、「專業化」之特色，亦即拔擢青年才俊，重用臺籍人士以及以學有專長者從政；在政治作風上與蔣中正最大的不同為

三民主義模範省得要領〉，1956 年；國防研究院院長訓詞編纂委員會，《院長訓詞——陽明山講習錄》，頁 308～309，附錄：〈總統於民國四十五年元旦告全國同胞書〉。

〔註121〕 高明士主編，《中國近現代史——大國崛起的新詮釋》（臺北：五南圖書，2009年），頁 301。

〔註122〕 1975 年 4 月蔣中正過世，嚴家淦副總統繼位至 1978 年 5 月嚴家淦總統任滿，蔣經國繼任為第六屆總統，1984 年 5 月為第七任總統至 1988 年 1 月過世。

〔註123〕 在 1972 年 2 月 20 日召開第一屆國民大會第五次會議，有 1183 位國大代表聯名籲請蔣中正總統任命蔣經國為行政院長，理由是：「蔣經國先生志性高潔，器識宏通，氣魄雄渾，襟懷謙沖，在以往數十年獻身黨國之奮鬥中，凡所作為，皆有極卓越之成就。因此博得國際稱譽，國人信賴，匪敵更為之忌憚，時乃當前主持政院之唯一最佳人選，在昔鈞座謙抑為懷，為盡發揮其才猷，誠為國家之損失，今當面臨空前之變局，遺有大開大闔之作風，似不必有所瞻顧。」《蔣經國總統先生》，頁 204；小谷豪冶郎著，陳鵬仁譯，《蔣經國先生傳》（臺北：蘭臺出版，2018 年），頁 274；1972 年 5 月蔣中正與嚴家淦就任中華民國第 5 任總統、副總統，當天蔣中正提名蔣經國為行政院長，5 月 26 日經立法院以空前的最高得票率 93.38%獲得同意，5 月 29 日出任行政院長。李筱峰，《臺灣全志・卷首——戰後臺灣變遷史略》，頁 111。

〔註124〕 張玉法，《中國現代史》，頁 355。

大量啟用臺籍政治菁英；〔註125〕在 16 名內閣中有六名臺籍人員，〔註126〕對此內閣有評論曰；「新閣不但陣容新，氣象新，活力也新，平均年齡六十一點八歲。」〔註127〕省主席也開始啟用臺籍人士，如謝東閔、林洋港、李登輝、邱創煥等人，透過修改「動員戡亂時期臨時條款」，自 1972 年底開始增額中央民意代表選舉。這些上層的政治家，其權力要與見識相稱，領導國民的「技術政治化」與「經濟政治化」現象。蔣經國在立法院首次作施政報告時，公開宣示推行民主憲政：「民主政治既是民意政治，政府的措施，自應完全依據民意，與民意的願望相結合，以民眾的利益為依歸……為民眾提供最好的服務。因之所有行政部門，從觀念當作法，都須不離民眾，接近民眾，以親愛精誠的態度，確盡做到公僕的職責。」〔註128〕

　　1975 年 4 月蔣中正過世，嚴家淦（1905～1993）〔註129〕（圖 2-1-18）副總統繼位至 1978 年 5 月嚴家淦總統任滿，蔣經國繼任為第六屆總統，1978 年蔣經國就任中華民國第六任總統，其指示：

　　　　第一、今後不希望再有「蔣經國時代」這一類名詞出現在報紙雜誌上。

〔註125〕陳鵬仁教授回憶當初蔣經國曾詢問其政治人士用人的方向時，其建議蔣經國宜多啟用臺籍人士，以避免日後省籍之爭的疑慮。陳鵬仁口述，2017 年 11 月，臺北。

〔註126〕在蔣中正時期，臺籍人士入閣僅蔡培火、連震東二人。蔣經國啟用的本土人士為副院長徐慶鐘、內政部林金生、交通部高玉樹、政務委員連震東、李連春、李登輝等六員，當時新聞記者有的稱為「財經內閣」、或稱「戰鬥內閣」，亦有「自強內閣」之稱，而蔣經國則希望是一支「為國效命，為民服務的內閣。」小谷豪冶郎著，陳鵬仁譯，《蔣經國先生傳》，頁 276。

〔註127〕劉宜良（江南），《蔣經國傳》（臺北：李敖出版社，1993 年）；葛永光，《蔣經國先生與臺灣民主發展：紀念經國先生逝世廿週年學術研究論文集》（臺北：幼獅文化，2008 年），頁 85。

〔註128〕中央日報編印，《歷史巨人的遺愛——蔣故總統經國先生紀念專輯》（臺北：中央日報，1988 年），頁 83。

〔註129〕嚴家淦，江蘇省吳縣人，歷任政府重要職務，為財經專家，曾擔任福建省政府建設廳長、臺灣省行政長官公署交通處處長、臺灣省財政處處長、臺灣銀行首任董事長、財政部部長、臺灣省省主席、經濟部部長、行政院國軍退除役官兵就業輔導委員會第一任主任委員、行政院院長、中華民國第四任及第五任副總統等職。先生為財經專家，其重大貢獻頗多如：推動新臺幣幣制改革，與金圓券隔離，因此被經濟學家稱為「新臺幣之父」。國家圖書館，數位影音服務系統：http://dava.ncl.edu.tw/SecondCategory.aspx?SubjectID=Subject07&id=93，檢索日期：201812/2；財政部史料陳列室：http://museum.mof.gov.tw，檢索日期：2018/12/2。

第二、今後不希望稱呼他為「領袖」。他認為國民黨只有兩位領袖，一位是是孫中山先生，一位是蔣中正總裁。除了他兩人以外，沒有人可以再被稱為領袖，他個人只是一個普通的黨員，一個普通的國民，只願以黨員與國民的身份，與全體同志及全國同胞，共同奮鬥。

第三、今後不希望有「萬歲」的口號出現。只有國家民族的萬歲，只有三民主亦即國民的萬歲，沒有個人的萬歲。〔註130〕

其在位時，堅持的原則有三：一、接受三民主義；二、效忠總裁進行反共；三、主張「民主革命政黨」。因此其完成了從威權體制走向憲政的重要過程。〔註131〕

中華郵政之《郵票寶藏》載：「嚴前總統家淦先生生於民國前7年9月25日（農曆），畢生奉獻國事，為全民所敬愛，不幸於中華民國82年12月24日逝世，享年90歲。為紀念嚴家淦前總統有守有為、無私無我、待人謙沖、治事嚴謹、胸襟開闊、淡泊明志，是締造臺灣經濟奇蹟的先行者，更是一位為臺灣經濟奠定基礎與領航的政治家。獻身黨國50餘載，為臺灣金融制度奠立穩固的基礎。」〔註132〕1975年依法繼任總統後，勤政愛民，堅忍沈著，雖肩負重任，仍謙抑為懷，以無私之操守，推動政務；開創新猷，貢獻卓著，畢生奉獻國事，為全民所敬愛，為使國人感念及緬懷。1994年為其逝世週年，發行紀念郵票（圖2-1-18-1）；而2004年11月為嚴前總統家淦先生百年誕辰，特發行「嚴前總統家淦先生百年誕辰紀念郵票」1枚。〔註133〕（圖2-1-18-2）

蔣經國的政權背景來自繼承其父蔣中正的權位，而蔣經國也成為臺灣政治的強人，完成了民主化。展開民主化的原因，以客觀環境而言，在於其對世界潮流的體認，其次是1950～1980年代臺灣經濟的發展，教育的提昇，中產階級的興起，公民社會的成型，加速了轉型的條件基礎；蔣經國在政治的改革上，主要為政黨的本土化推動，吸收本土菁英為國效力，同時吸取受過民主洗

〔註130〕《星島日報》，香港，1978年5月30日。

〔註131〕呂芳上，〈走出「黨國體制」的陰影──中國國民黨的轉型（1950～2000）〉，《近代國家的型塑──中華民國建國一百年國際學術研討會論文集》，頁654。

〔註132〕中華郵政全球資訊網，《郵票寶藏》：https://www.post.gov.tw/post/internet/W_stamphouse/post/internet/W_stamphouse，檢索日期：2018/11/12。

〔註133〕中華郵政全球資訊網，《郵票寶藏》：https://www.post.gov.tw/post/internet/W_stamphouse/post/internet/W_stamphouse，檢索日期：2018/11/12。

禮的留美學者的知識經驗，其次，對於 1970 年代隨著社會變遷、國際外交的一連串挫敗等各方挑戰，採取正面的態度因應，如：1971 年失去聯合國席位、中共與美國建交、1984 年江南案與 1985 年十信案，中共的和平攻勢，與其身體狀態，使其做出儘速變革的決定。〔註 134〕

圖 2-1-18-1
嚴前總統逝世週年紀念郵票
（紀 250）1994 年 12 月 24 日發行

圖 2-1-18-2　嚴前總統家淦先生
百年誕辰紀念郵票（紀 299）
2004 年 11 月 5 日發行

說明：票面圖案為嚴家淦肖像。

說明：嚴家淦探視農村，與農民握手慰問之畫面。

說明：以嚴家淦舉帽揮手致意為主圖。

　　經濟蓬勃發展使中產階級的興起，也醞釀了政治變革的呼聲，在一些異議人士的行動之後，〔註 135〕蔣經國意識改弦更張的時機到了，〔註 136〕而在中常會言：「因應這些變遷，執政黨必須以新的觀念、新的作法，在民主憲政的基礎上，推動革新措施。」於是政治社會在 1986～1987 年開始轉型。因此，國民黨政府並非真正的專制與獨裁，控制所有的一切公共領域，故在經過一些異議分子的政治事件後，（中壢事件、美麗島事件），意識到改革時機與人民的聲音；最後，是社會力量的崛起，各種民間力量的興起，促使蔣經國採取相對措施，以因應時代的潮流。〔註 137〕

〔註 134〕呂芳上，〈走出「黨國體制」的陰影──中國國民黨的轉型（1950～2000）〉，《近代國家的型塑──中華民國建國一百年國際學術研討會論文集》，頁 655。
〔註 135〕異議人士引發的社會運動，如早期的「劉自然事件」（1957 年）、「雷震案」（1960 年）、「中壢事件」（1977）、「美麗島事件」（1979～1980）等等。
〔註 136〕「馬樹禮回憶：蔣經國七十四年已思考解嚴問題」，薛月順、曾品滄、許瑞浩編著，《從戒嚴到解嚴──戰後臺灣民主運動史料彙編》（臺北：國史館，2000年），頁 435。
〔註 137〕呂芳上，〈走出「黨國體制」的陰影──中國國民黨的轉型（1950～2000）〉，《近代國家的型塑──中華民國建國一百年國際學術研討會論文集》，頁 654。

　　1986 年 8 月 14 日香港《鏡報月刊》登出陳香梅帶著蔣經國口信，向鄧小平開出「和談六條件」的內容，轟動海外。〔註 138〕同年 9 月底民主進步黨宣佈成立，〔註 139〕蔣經國為避免衝突，並未依戒嚴法取締，1986 年 10 月 7 日，蔣經國接受美國《華盛頓郵報》及《新聞週刊》訪問時宣稱，臺灣將在近期內解嚴及開放黨禁。〔註 140〕1987 年 7 月 15 日起解除戒嚴，〔註 141〕開始一連串的開放改革措施，開放黨禁、報禁，並同時實施動員戡亂時期國安法，〔註 142〕即是：不得違背憲法或主張共產主義或主張分裂國土。〔註 143〕基於人道精神，亦解除兩岸交流的禁令，在該年 9 月開放民眾赴中國大陸探親。國際間對於此項使臺灣社會逐漸走向真正民主道路的重要舉措，國內外輿論皆予以高度的肯定。

　　自美國與中共建交後，大陸的一國兩制的和平統戰攻勢，蔣經國雖宣示對中共政權的不接觸、不談判、不妥協的「三不政策」；〔註 144〕但蔣經國打算修正，默許臺灣人民與商界的民間交往行動，其了解北京熱切鼓勵兩岸在經濟社會文化的交流，長期下來對臺灣是利大於弊，如果審慎發展，必可提昇臺灣在中國大陸的形象和影響力，鼓勵大陸正在萌芽的民主運動。〔註 145〕國家在一連串的外交失利後，因主政者推動民主化與經濟高速成長，在國際上建立良好的形象，中共亦對臺灣經濟經驗有學習興趣，而使兩岸之間的互動

〔註 138〕中央研究院財團法人張榮發基金會國策中心臺灣史料編纂小組編纂，《戰後臺灣歷史年表》電子索引，第三冊，中央研究院：http://twstudy.iis.sinica.edu.tw/twht/Professional/，檢索日期：2018/12/2。

〔註 139〕若林正丈、劉進慶、松永正義編，《臺灣百科》（臺北：克寧，1993 年）。

〔註 140〕中央研究院財團法人張榮發基金會國策中心臺灣史料編纂小組編纂，《戰後臺灣歷史年表》電子索引，第三冊，中央研究院：http://twstudy.iis.sinica.edu.tw/twht/Professional/，檢索日期：2018/12/2。

〔註 141〕「總統府令宣告臺灣地區自七十六年七月十五日起解嚴」（民國七十六年七月十四日），薛月順、曾品滄、許瑞浩編著，《從戒嚴到解嚴——戰後臺灣民主運動史料彙編》（臺北：國史館，2000 年，頁 497。

〔註 142〕〈總統令公布「動員戡亂時期國家安全法」〉，薛月順、曾品滄、許瑞浩編著，《從戒嚴到解嚴——戰後臺灣民主運動史料彙編》，頁 498。

〔註 143〕中央研究院財團法人張榮發基金會國策中心臺灣史料編纂小組編纂，《戰後臺灣歷史年表》電子索引，第三冊，中央研究院：http://twstudy.iis.sinica.edu.tw/twht/，檢索日期：2018/12/1。

〔註 144〕Jay Taylor 陶涵著，林添貴譯，《臺灣現代化的推手：蔣經國傳》（臺北：時報文化，2000 年），頁 378。

〔註 145〕Jay Taylor 陶涵著，林添貴譯，《臺灣現代化的推手：蔣經國傳》，頁 378。

益加頻繁，使民主憲政進一步開展。〔註 146〕

　　1987 年 7 月 15 日零時起解嚴，2007 年適逢解嚴廿週年，中華郵政配合規劃以解嚴後開放報禁、黨禁及言論自由為主題，發行「2007 解嚴 20 週年紀念郵票」，面值新臺幣 12 元，以紀念之，此發行時期的郵票並無中華民國郵票字樣，而是臺灣的中英文字「Taiwan」標示。〔註 147〕（圖 2-1-19）

圖 2-1-19　2007 解嚴 20 週年紀念郵票（紀 307）
2007 年 7 月 15 日發行票值 12 元

說明：主圖案為書頁上一朵百合之筆，右頁為七彩的顏色著之。代表解嚴後的民主社會是多種色彩齊放。

（二）國民大會紀念郵票

　　國民政府遵照國父遺囑召開國民會議，實施憲政。最初原定 1935 年 3 月召開國民大會，嗣以代表選舉辦理未竣，展期至 1937 年 11 月，復因抗戰軍興，不及召開。勝利後，經決定於 1946 年 11 月 12 日舉行，旋復展期至 11 月 15 日，在南京國民大會堂正式揭幕，出席代表 1300 餘人，全國各地區各團體之國民大會代表齊集首都南京，舉行制憲國民大會討論憲法案。〔註 148〕至 1948 年 3 月 29 日，行憲後國民大會在南京國民大會堂首次開幕。而 1946 年，郵政總局經呈奉核准為紀念制憲之國民大會發行國民大會紀念郵票，全套面

〔註 146〕中央研究院財團法人張榮發基金會國策中心臺灣史料編纂小組編纂，《戰後臺灣歷史年表》電子索引，第三冊，中央研究院：http://twstudy.iis.sinica.edu.tw/twht/，檢索日期：2018/12/1。

〔註 147〕中華郵政全球資訊網，《郵票寶藏》：https://www.post.gov.tw/post/internet/W_stamphouse/post/internet/W_stamphouse，檢索日期：2018/9/10。

〔註 148〕11 月 15 日南京國民大會召開制憲國民大會，中共及民主同盟與政府組織及國民黨意見相左而拒絕參加，出席有國民黨、青年黨、民社黨及無黨無派代表共 1381 人，12 月 25 日三讀通過，然中共以未參加制憲大會為由，極力杯葛並對外宣稱不承認這部憲法。

值分 20 元、30 元、50 原籍 100 元四種，由大東書局上海印刷廠以膠版印製。
〔註 149〕此票原定於 1946 年 11 月 12 日國民大會開幕之日開始發行，嗣大會
展期，經分電各地郵局改期發售，惟若干邊遠郵局所未能適時收到電令，仍照
原定日期出售。〔註 150〕（圖 2-1-20）

圖 2-1-20　國民大會紀念郵票（紀 023）1946 年 11 月 15 日

說明：以會議所在地南京國民大會堂全景為圖案，左右邊框各繪國花（梅花）。

（三）行憲紀念郵票

1946 年 11 月 15 日，舉行制憲國民大會，12 月 25 日將憲法草案三讀通
過，中華民國憲法於焉制定完成。1946 年 11 月 15 日蔣中正在在國民大會制
憲大會開會時致詞，其要旨如下：「一、國民政府秉承國父遺志，在民國十七
年北伐完成以後，就積極開始訓政，而以實行憲政、完成建國為最大目標。二、
我們全國同胞要以召開國民大會制頒憲法來紀念我們革命建國的導師。三、國
民政府深切感覺國家經八年抗戰非常的破壞之後，必須立即進行非常的建設，
而國家建設要順利進行，必須有舉國一致精誠團結的努力。四、實行三民主義
和五權憲法的民主政治，這是我們革命的最後目標。五、此次制定憲法，乃為
安定國家根本的要圖，實現憲政之治的發軔。」〔註 151〕其強調憲法的施行是
民主政治的基本要素，而實行三民主義與五權憲法，更是立國之道，以不負手
創中華民國的革命導師──國父孫中山。

1946 年 12 月 25 日經制憲國民大會議決通過「中華民國憲法」，1947 年 1
月 1 日由國民政府明令公佈，同年 12 月 25 日施行，1947 年行憲時，政府公

〔註 149〕交通部郵政組編印，《中華郵政七十周年紀念──郵政大事記（第一集下
　　　　　冊）》，頁 456。
〔註 150〕中華郵政全球資訊網，《郵票寶藏》：https://www.post.gov.tw/post/internet/W_
　　　　　stamphouse/post/internet/W_stamphouse，檢索日期：2018/11/12。
〔註 151〕蔣中正，〈國民大會制憲大會開會致詞〉（中華民國三十五年十一月十五日），
　　　　　秦孝儀總纂，《總統蔣公思想言論總集》，卷 21，演講（臺北：中國國民黨中
　　　　　央委員會黨史委員會，1985 年），頁 444。

告休假一日。〔註 152〕中華民國憲法除前言外，全文供 175 條條文，計分十四章。憲法本文特為揭櫫主權在民的理念，明定人民自由權利的保障，規定五權分立的中央政府體制及地方自治制度，明示中央與地方權限劃分採取均權制度，並名列基本國策等；憲法本文開宗明義寫著：「中華民國國民大會受全體國民之付託，依據孫中山先生創立中華民國之遺教，為鞏固國權，保障民權，奠定社會安寧，增進人民福利，制定本憲法，頒行全國，永矢咸遵。」〔註 153〕

第一章第一條規定：「中華民國基於三民主義，為民有民治民享之民主共和國。」〔註 154〕1947 年，所孕育的中華民國憲法，其本質是一套繼承孫文以西方政黨政治為理想的模式，容許多黨競爭和民主政治的格局。雖然戰後的國民黨政府以特殊情況為由，制定動員戡亂臨時條款，非常時期的法令，限制民主的進程，但畢竟民主憲政才是目標，威權的政治體制只是在特殊的時代環境下的過渡體制，經過政府與人民的努力，共同建立了現今亞洲式的民主社會。〔註 155〕

由於 1947 年 12 月 25 日為行憲之期，郵政總局奉准於此日發行行憲紀念郵票，全套面值為二千元，三千元及五千元三種，由劉祥君設計繪圖，香港中華書局雕至凹版原模，交由大東書局上海印刷廠印製。〔註 156〕（圖 2-1-21）1948 年 3 月 29 日，行憲後首次國民大會在南京國民大會堂開幕，會中選舉蔣公中正為行憲後第 1 任總統，5 月 20 日就職。而 12 月 25 日這一天曾是國民政府定為雲南起義紀念日與民族復興節，〔註 157〕戰後初期臺灣行政長官公署曾公告為假日，〔註 158〕12 月 25 日有三個節日名稱，民族復興節之意義更受

〔註 152〕〈令知本年度起各項紀念日集會召集辦法〉，《臺灣省政府公報》第 20 期，臺北，1948 年 1 月 27 日，頁 33～334；〈省會各界明晨集會　慶祝第一屆憲法日　放假一天懸掛國旗誌慶〉，《臺灣新生報》，1947 年 12 月 24 日，版 4。

〔註 153〕中華民國總統府，https://www.president.gov.tw/Page/93，檢索日期：2018/11/30。

〔註 154〕全國法規資料庫，https://law.moj.gov.tw，檢索日期：2018/11/30。

〔註 155〕呂芳上，〈走出「黨國體制」的陰影──中國國民黨的轉型（1950～2000）〉，《近代國家的型塑──中華民國建國一百年國際學術研討會論文集》，頁 658。

〔註 156〕交通部郵政總局，《中華郵政七十週年紀念──中華郵政大事記》，頁 507。

〔註 157〕〈十二月廿五日　規定為民族復興節〉，《中央日報》，南京，1936 年 12 月 29日，版 4。民族復興節是為紀念蔣中正自西安事變脫險，而發起與雲南起義紀念日合併的節日。

〔註 158〕〈明日為民族復興節　蔣主席銅像舉行隆重揭幕典禮　各機關循例放假一天〉，《臺灣新生報》，臺北，1946 年 12 月 24 日，版 4。

重視，〔註159〕至1963年蔣中正總統正式公佈行憲紀念日為國定紀念日後，〔註160〕1982年又納入「紀念日即節日實施辦法」中，此後行憲紀念日以其象徵著中華民國法統的重要性地位，因而受到突顯。

圖2-1-21　行憲紀念郵票（紀028）1947年12月25日

說明：紀念票面左半為中華民國憲法原本攝影為主圖，右半以制憲所在地——南京國民大會堂全景，中央下行刊「中華民國三十六年」為開始行憲之年份。

　　1957年12月25日，行憲屆滿十週年，蔣中正於當日對行憲十週年紀念大會致詞，表示1946年與1947年的12月25日是革命建國的里程碑，其言：「實行憲政是我們國民革命的一貫目標，從國父倡導國民革命以來，迄今六十餘年，我們的革命先烈和愛國軍民，不知為了五權憲法與三民主義的全民政治，付出了多少血的代價！在抗戰之初，國民政府已預定抗戰勝利之日，即是憲政開始之期；抗戰結束之後，我們排除萬難，召開國民大會，民國三十五年的今日，國民大會制定了憲法。三十六年的今日開始行憲。這兩個日期乃是我們革命建國道路上的里程碑，指引我們全體國民，走向全民政治的光明前途。」〔註161〕1958年，各地郵局均曾於當日收寄及投遞之郵件上普遍加蓋特製郵戳，以誌紀念。其後因國民大會代表全國聯誼會認為行憲十週年意義重大，為宣揚中華民國國體，爭取國際瞭解，交通部允宜發行郵票一套4枚，以申慶祝並誌永久紀念。（圖2-1-22）

　　此後每隔十年，即發行郵票紀念之：國民大會秘書處1967年10月24日致函交通部建議印製行憲二十週年紀念郵票，以誌慶祝；卻因時間迫促，未及於1967年12月25日（印行憲二十週年紀念當日）發行，經徵得同意定於1968

〔註159〕〈紀念民族復興節　特地軍民昨歡慶　雲南起義紀念會暨憲法日均合併舉行〉，《中央日報》，臺北，1951年12月26日，版5。

〔註160〕〈將十二月二十五日行憲紀念日定為國定紀念日〉，《總統府公報》第1436號，臺北，1963年5月17日，頁1。

〔註161〕蔣中正，〈對行憲十週年紀念大會致詞〉（中華民國四十六年十二月二十五日在第一屆國民大會代表舉行之慶祝會中講），《總統蔣公思想言論總集》，卷27，演講，頁213。

年 12 月 25 日發行，一套兩枚，兩種票值，同一圖案，底色不同，繪圖者黃植榮。（圖 2-1-23）1977 年 12 月 25 日為行憲三十週年紀念日，以憲法首頁之圖面與 1946 年國民政府蔣中正主席在國民大會接受中華民國憲法之歷史鏡頭兩幅為題材，印製行憲三十週年紀念郵票一套 2 枚，以誌慶賀。由胡崇賢與黃炯提供照片，顏奇石繪製花邊及文字。（圖 2-1-24）郵政總局為闡揚行憲四十年之意義與成果，印製紀念郵票 1 組，於行憲四十週年紀念日發行，行憲四十週年紀念郵票之發行，乃民主憲政里程之標記，亦海內外同胞歡欣鼓舞之象徵。然四十週年時間應為 1987 年發行，又延後一年才發行之。〔註 162〕（圖 2-1-25）

圖 2-1-22　行憲 10 週年紀念郵票（紀 060）1958 年 12 月 25 日發行

說明：以《中華民國憲法》為主畫面，左上角繪一天秤，表示在憲法保障下，中華民國國民，人人所享有平等之權力。

圖 2-1-23　行憲 20 週年紀念郵票（紀 124）1968 年 12 月 25 日發行

說明：以飄揚的旗幟為主圖，右方題「民有民治民享」字樣代表中華民國特質。

〔註 162〕中華郵政全球資訊網，《郵票寶藏》：https://www.post.gov.tw/post/internet/W_stamphouse/post/internet/W_stamphouse，檢索日期：2018/11/12。

圖 2-1-24　行憲 30 週年紀念郵票（紀 165）1977 年 12 月 25 日發行

說明：右側圖面以《中華民國憲 法》之首頁為主題。　　說明：以 1946 年中華民國憲法制定完成後，由 吳稚暉將憲法致贈給蔣中正之照片為主圖。

圖 2-1-25　行憲 40 週年紀念郵票（紀 224）1987 年 12 月 25 日發行

說明：票值 3 元者以國旗藍白紅三色為線條主色，以阿拉伯數字「40」為週年 時間，數字 0 的部份以國花──梅花為構圖，花心部份為中華民國憲法，數字 4 之縱線白底題上「行憲四十週年紀念」，橫線藍底「1947～1987」表示行憲的 時間。票值 16 元，以藍白紅三色與票值 3 元票面之類似圖形呈現之。

　　1985 年 8 月 16 日，總統蔣經國接受美國《時代》（Time）雜誌訪問，指 出國家元首依憲法選舉產生，並表明下一任總統從未考慮由蔣氏家族人士繼 任。由於當時蔣經國的健康以大不如前，其對接班人產生方式的意見，對於 其後強人威全體制的鬆動、解體，有正面的意義，其次，因當時憲法體制仍 尚未完全確立，人治色彩濃厚，而有此專訪問題。同年 12 月 25 日，蔣經國在 行憲紀念大會中指出，下任總統必依憲法產生，其家人「不能也不會」競選總 統；並指出不會實施軍事統治。1987 年 12 月 25 日，蔣經國發表行憲四十週 年書面致詞，充實中央民意代機構勢在必行，惟必須符合憲法及臨時條款精 神。〔註 163〕

〔註 163〕〈關於蔣經國先生的事跡〉，《戰後臺灣歷史年表》，中央研究院主題計畫·臺 灣研究網路化：http://twstudy.iis.sinica.edu.tw/twht，檢索日期：2018/12/1。

（四）地方自治郵票

地方自治的推動可以作為與中共的極權政體相異的重要指標，1950 年春，行政院頒佈「臺灣省各縣市實施地方自治綱要」，並自同年 4 月開始實行，各縣市參議會先後成立，所有鄉、里、區、村、鄉、鎮及縣、市長均由人民普選，在實施後，縣市長由公民直接投票選舉，臺灣的地方自治是在戒嚴體制下所推行的民主選舉，由中央主導，故呈現「由上而下」的特色，因而有行政權主導之現象。〔註 164〕臺灣的地方自治是在戒嚴體制下所推行的，由中央主導，是由上而下展開的民主方式。由於母法「省縣自治通則」始終未能完成，在 1994 年之前遂以行政命令作為實施之準繩，與憲法規定有所歧異，加上地方自治地位與權限並未有法律之保障，故由行政權介入主導之，地方無法有效制衡中央行政部門，因此地方自治的效能未能真正落實，但是，地方公職人員選舉是在戒嚴時期唯一能依照民意決定執政者的政治場域，因此提供了地方精英參與政治體制的重要管道。〔註 165〕

為紀念此民主建設之成果，發行紀念郵票誌慶。此郵票製作前曾公開登報徵求郵票圖案，題旨為「臺灣省實行地方自治，奉行三民主義，達到民有民治民享之實情或精神需在圖案內表達之」。精神與主義並非具體實相，而民有、民治、民享之口號要以簡單線條表達，誠屬不易。經過七位評審從四百多件作品中挑選出第 260 號的作品，圖面的中心為一隻大手捏著一張選舉票正在投向票匭中，右下方為一位面帶笑容的農夫和一束豐碩的稻穗，言簡意賅的表達的題旨，簡樸有力，切合主題，畫面動人，於是雀屏中選為地方自治得票面繪製發行。〔註 166〕繪圖者為廖未林，郵票圖案以農民、稻穗及投票選舉匭為主題，票面下端橫飄帶上書「臺灣省實行地方自治紀念」字樣，數值背後繪臺灣地圖輪廓以示地方自治在臺灣積極實行之意。〔註 167〕（圖 2-1-26）

〔註 164〕何鳳嬌，〈行政區域調整與地方自治〉，載於呂芳上主編，《中華民國近六十年發展史》（臺北：國史館，2012 年），頁 67。

〔註 165〕薛化元，〈臺灣地方自治體制的歷史考察——以動員戡亂時其為中心的探討〉，收入《權威體制的變遷：解嚴後的臺灣》（臺北：中央研究院臺灣史研究所籌備處，2001 年），頁 202。

〔註 166〕晏星，〈一枚紀念郵票的誕生〉，收入於《郵票與郵史漫譚第四版》（臺北：交通部郵政總局，1984 年），頁 107～108。

〔註 167〕中華郵政全球資訊網，《郵票寶藏》：https://www.post.gov.tw/post/internet/W_stamphouse/post/internet/W_stamphouse，檢索日期：2017/11/15。

圖 2-1-26　臺灣省實行地方自治紀念郵票
（紀 032）1951 年 3 月 20 日發行

說明：郵票圖案以農民、稻穗及投票選舉甌為主題，票面下端橫飄帶上書寫「臺灣省實行地方自治紀念」11 個字，數值背後繪臺灣地圖輪廓，以示地方自治在臺灣積極實行之意。

　　政府為促進經濟成長及實現住者有其屋之理想，舉辦「69 年臺閩地區戶口及住宅普查」，並定 12 月 28 日為普查標準日。戶口普查係指一個國家或一個國家之特定地區，於某一特定之時間，對所有人口之人種、經濟及社會特性等資料之蒐集、製表、鑑定、分析及發布等全部過程之作業而言；住宅普查則在蒐集住宅現況資料，以為推動國民住宅決策及規劃住宅興建與都市發展之依據。為配合劃一世界普查資料統計基準，故特參照聯合國之提議：「每逢公元末位數『0』年，舉辦全面普查」，而定於 1980 年辦理此次戶口及住宅普查。為期各界對此項普查有所認識，印製紀念郵票一組。郵票圖案之主題分為戶口普查及住宅普查，一套兩枚。〔註 168〕（圖 2-1-27）

圖 2-1-27　六十九年臺閩地區戶口及住宅普查紀念郵票
（紀 179）1980 年 12 月 13 日發行

說明：中央為中華民國國旗，右上角繪一本戶口名簿，所繪頭像代表三代同堂一家七口。

說明：繪製國旗置於中央，周圍為各式建築物，代表不論居住在大樓或平房，全國各地城鄉皆普查戶口。

〔註 168〕中華郵政全球資訊網，《郵票寶藏》：https://www.post.gov.tw/post/internet/W_stamphouse/post/internet/W_stamphouse，檢索日期：2017/11/15。

　　從郵票圖像的演變，可以看到蔣中正時期（1950～1975）的施政目標為建設臺灣、光復大陸。著重穩定發展，厚植國力，因此政權無法大幅開放走向民主。蔣經國時期（1978～1988），其不執著於個人崇拜，在臺灣經濟穩健發展後，逐步施行民主，將政治生態調整改變，使社會的發展更加蓬勃，給予國家一場「寧靜的革命」。〔註169〕

第二節　型塑領袖與愛國青年

　　每一種集體記憶都需要一個具有時空界域的團體作為支撐，是確立認同、動員支援、競奪權力的象徵資源之一，而藉由語言、文字與圖像媒介將集體經驗敘事化；〔註170〕國家文化的認同與集體記憶有著密切的關係，相似的集體記憶越多，認同性就越大，日常生活的社會行動是集體記憶創造與選擇的來源，透過社會、媒體、教育等方式，使人民對於國家選定的重要歷史人物形象印象深刻，訂定相關紀念節日與儀式設計，長期影響人們的群體記憶與歷史認同。〔註171〕以下以政治領袖人物與愛國青年的型塑郵票系列兩大類論述。

一、政治領袖形象的型塑

　　對當政者的形象塑造，亦以發行郵票之方式宣揚之，國家領袖以既定而隆重的儀式，在重要的日子與場合發表文告，無形間可強化其強人領袖的形象。在發行的紀念郵票裡，專為特定政治人物設計的有鄭成功（1624～1662）〔註172〕、

〔註169〕呂芳上，〈走出「黨國體制」的陰影——中國國民黨的轉型（1950～2000）〉，《近代國家的型塑——中華民國建國一百年國際學術研討會論文集》，頁656。

〔註170〕林柏州，〈中華民國國慶慶典及其相關文化打造（1912～1987）〉，中國文化大學史學研究所博士論文，頁26。

〔註171〕王明珂，《華夏邊緣——歷史記憶與族群認同》（臺北：允晨文化，2006年），頁383～384；王明珂，〈過去的結構：關於族群本質的認同變遷的探討〉，《新史學》第5卷第3期（1994年9月），頁119～140。

〔註172〕鄭成功，原名森，字明儼、大木，幼名福松，福建南安人，明天啟四年（1624）生，南明隆武帝賜明朝國姓朱，賜名成功，世稱國姓爺。滿清入關，明祚垂危，鄭成功率領父親舊部在中國東南沿海抗清，成為南明後期主要軍事力量之一，鄭氏毅然以匡復為己任，倡舉義旗，以中興復國為號召，威震東南，縱橫海疆。嗣於明永曆十五年（1661）四月率部由閩渡海，鄭成功在陸耳門登陸，包圍荷蘭人於熱蘭遮城使之投降，於是驅逐荷人，光復臺灣，在臺灣島上建立一府二縣，次年病逝。

國父孫中山（1867～1925）〔註 173〕、蔣中正與其他少數人等，其中以反共復國的領袖蔣中正圖像所出現的頻率最高，相關形象打造的主題紀念郵票有：蔣主席就職紀念、蔣主席六秩壽辰紀念、總統復行視事紀念、總統復行視事三週年紀念、第二任總統就職週年紀念、第三任總統就職週年紀念、第四任總統就職週年紀念、第五任總統就職週年紀念、蔣總統七秩華誕紀念、蔣總統勳業紀念、蔣總統逝世週年紀念、總統　蔣公逝世三週年紀念、先總統　蔣公逝世十週年紀念、蔣總統九十誕辰紀念、先總統　蔣公百年誕辰紀念等，以下分別述之。

（一）鄭成功復臺之紀念郵票

　　對於臺灣光復相關意象的人物郵票為民族英雄——鄭成功，在全國以反共復國為口號時代，鄭成功具有著特殊的意義，因此發行相關郵票以紀念之。清康熙皇帝在 1700 年褒揚鄭氏為明室忠臣，在清朝其忠臣的角色大於民族英雄。劉銘傳治臺時，於 1875 年尊鄭成功為「延平郡王」，仍強調其忠君的思想。而鄭成功披上民族主義的色彩，則始於廿世紀初的革命運動展開之後，從種族主義與民族主義的觀點而言，其反清復明的立場，與孫中山「驅逐韃虜」宣傳口號不謀而合；自十九世紀以來，在華人世界並無任何能成功的擊退帝國主義的紀錄者，在內憂外患，喪權辱國的時代裡，往上追溯，只有鄭成功，因此其為抵抗帝國主義侵略的好榜樣，其民族英雄色彩於焉形成，在五四運動爆發時，華人的民族主義較為成熟，直到 1931 年，日本發動九一八事變，進佔東北，刺激民族主義進入成熟的階段，鄭成功在此時被視為中國全民的民族英雄；到了 1937 年全面抗日戰爭的爆發，更使得民族意識廣被於全國人民，鄭成功民族英雄的地位更為鞏固。〔註 174〕

　　在兩岸分治之後，鄭成功的地位仍受到重視，在兩岸皆有著特殊的歷史地位。在臺灣，國府為加強民族教育，許多歷史忠臣皆賦予民族主義的色彩，如岳飛、文天祥、鄭成功、曾國藩、劉銘傳等皆奉為民族英雄，國府以其反清復明的形象，立志恢復中原的志向，與國府的「反攻復國」國策性質，不謀而合；其次，其奉明朝為正朔的氣節，無視滿清統治江山的現實，與中華

〔註 173〕孫中山先生諱文字逸仙，民前 46（1867）年 11 月 12 日誕生於廣東省中山縣（原香山縣）之翠亨村。
〔註 174〕陳芳明，〈鄭成功與施琅——臺灣歷史人物評價的反思〉，收錄於張炎憲、李筱峰、戴寶村主編，《臺灣史論文精選》上，頁 139～141。

民國仍是中國的正統唯一代表，以其民族氣節鼓勵人民效忠國家；由於鄭成功當年為力抗大清王朝，而固守臺灣的精神，與國民政府當年立於臺灣反攻大陸的處境相似，因此在今日位於臺灣臺南延平郡王祠之牌枋上有著青天白日的國徽。

相對的，中共則以其對抗帝國主義而加以宣揚，中共對臺政策為「解放臺灣」，臺灣是「中國神聖領土的一部分」，而臺灣在第一次臺海危機之後，受美帝國主義所侵佔，因此強調鄭成功是驅逐荷蘭，戰勝帝國主義的代表人物，以此鼓舞民族情緒。中華民國重視其反清復明的復國運動，而中共方面則對鄭成功逐荷之舉為值得推崇之處；其次，由於鄭成功為中日混血兒，因此在日本眼裡，則將其視為日本第一位遠征臺灣之人，亦將之視為民族英雄，〔註175〕在當年日本據臺之時，祭祀鄭成功之廟宇成為日本在臺的「開山神社」。如此觀之，鄭成功無論在兩岸或是日本，都有其特殊的歷史地位。

不過，隨著時代的變遷，臺灣地區對當初「反攻大陸」的口號早已不再高喊，然中共解放臺灣的立場不變，因此，在大一統的理念下，過去被視為明鄭叛將的施琅（1621～1696）的歷史地位，日漸與鄭成功相抗衡，過去看重鄭成功驅走白種帝國主義，收復臺灣的偉大英雄作為，轉而，看重能順應在時代的潮流，站在滿清的立場，秉持國家統一的理念的施琅，其反正作為，是使滿清帝國得以「收復」臺灣，避免祖國分裂，因此，其為促進大中國疆土統一的民族英雄，對其事蹟大為歌頌，也暗喻著大陸方面期待臺灣地區，也能出現如施琅一般成為解放臺灣的功臣。歷史人物的定位，隨時代推移，後世因為立場角度不同，使其評價有所更迭。

郵政總局當年為紀念鄭成功復臺勳績並對民族英雄表示崇敬起見，印製鄭成功復臺三百週年紀念郵票，於其祭典之日發行。（圖2-2-1）〔註176〕

（二）國父相關之紀念郵票

在大陸時期國家節日宣傳的重點有二：一為尊崇孫中山的個人地位，無論在事業成就或是個人理念上，皆推以至極的崇敬。在《中國之命運》當中，對

〔註175〕陳芳明，〈鄭成功與施琅——臺灣歷史人物評價的反思〉，收錄於張炎憲、李筱峰、戴寶村主編，《臺灣史論文精選》上（臺北：玉山社，1996年），頁140～142。

〔註176〕中華郵政全球資訊網，《郵票寶藏》：https://www.post.gov.tw/post/internet/W_stamphouse/post/internet/W_stamphouse，檢索日期：2015/5/10。

孫文學說方面則述說：「國父的思想更遠承百代悠久的源流，會通世界進步的學說，以為中國建國最高原理。其中尤以國父所著的心理建設—「孫文學說」，對症下藥，這是心理建設最寶貴的指針，故獨立自主的思想運動必以此為準則。以言科學的知識，則不獨採取西洋的科學方法原理，亦將一掃百年來倚賴盲從的積習，以恢復民族固有的創造力。」〔註177〕，強調建設國家的基本核心便是國父的思想，而國民黨政府則是以此政治哲學作為施政方針，亦表示為孫文理念的繼承者；二是強調國民政府在國民革命史上的貢獻，遷臺之後，亦是以此為導向，但對於領袖人物的型塑，則更為突顯，尤其是國民革命中的領袖角色，並且強調蔣中正繼承孫中山的遺志，致力於革命事業，在東征、北伐、剿共、抗日等事業的貢獻。

圖 2-2-1　鄭成功復臺三百週年紀念郵票
（紀 078）1962 年 4 月 29 日發行

說明：1961 年為鄭成功光復臺灣三百週年之期，臺灣各界曾於 1961 年 4 月 29 日在臺南延平郡王祠舉行隆重祭典。此票面以延平郡王鄭成功塑像為圖案印製之。

　　1925 年 3 月 12 日孫中山病逝與北平，此日為國父逝世紀念日。政府緬懷國父締造民國之艱難，遵從國父造林建設之遺訓，1930 年規定每年 3 月 12 日為植樹節，普遍植樹，以資紀念，由於森林為國家重要資源，造林保林尤為經濟建設之基本工作，將植樹節與孫中山作為一個儀式與符號的結合，以植樹活動意寓孫中山精神之傳承與三民主義遺教之宣揚，並藉著植樹節之際，喚醒民眾對孫中山的集體記憶，以強化政府當局的意識教育。並在植樹造林時

〔註177〕蔣中正，〈第七章　中國革命建國的動脈及其命運決定的關頭〉，《中國之命運》，收入秦孝儀，《總統蔣公思想言論總集》，卷 4，專著，頁 82。

將時間與空間相應，將此節日所造之林稱之為中山紀念林等。〔註178〕透過對孫中山的各式紀念活動與固定儀式，促使人民對孫中山之崇敬，而以國民政府為國父志願的正統繼承者，〔註179〕推行三民主義建設臺灣為中華文化復興基地。

　　在郵票宣傳上，1955 年 11 月 12 日為國父誕生九十週年，郵政總局以「國父畢生致力國民革命，以救國救民為職志，經十次起義，百折不撓，卒將帝制推翻，建立民國。惟功成不居，從不以個人得失為懷，態度光明，胸懷坦白，其人格之偉大，洵為古今完人。」而發行紀念郵票，以示崇仰。（圖 2-2-2）〔註180〕

圖 2-2-2　國父九十誕辰紀念郵票（紀 045）1955 年 11 月 12 日發行

說明：票面以廣東省中山縣翠亨村國父故居之風景為圖案，左首以小字標明「國父誕生地翠亨村故居」字樣。

　　孫中山不僅是中華民國的國父，亦為黨國體制下的黨國之父，在宣傳國父相關紀念活動上，特別強調在建國過程中黨的重大貢獻；〔註181〕而早期國民黨的建黨紀念，與國父誕辰一同舉行；〔註182〕在 1963 年時，則規定建黨之紀念活動，在逢五、逢十之時，方單獨擴大宣傳活動。〔註183〕因此，在 1964 年中國國民黨建黨七十週年時，便舉行建黨紀念活動，蔣中正則書勉全黨同志，應以三民主義為身體力行目標，開啟復國建國新機運；並於中國國民黨第九屆

〔註178〕陳蘊茜，〈植樹節與孫中山崇拜〉，《南京大學學報》，2006 年第 5 期，頁 84。
〔註179〕林柏州，《中華民國國慶慶典及其相關文化打造（1912～1987）》，中國文化大學史學研究所博士論文，頁 5。
〔註180〕中華郵政全球資訊網，《郵票寶藏》：https://www.post.gov.tw/post/internet/W_stamphouse/post/internet/W_stamphouse，檢索日期：2015/5/10。
〔註181〕《宣傳週報》第 7 卷第 15 期（臺北，1965 年 4 月 6 日），版 8；周俊宇，《黨國與象徵──中華民國國定節日的歷史》，頁 277～278。
〔註182〕〈本黨中央今紀念　國父誕辰暨本黨建立六十週年〉，《中央日報》，臺北，1954 年 11 月 12 日，版 1。
〔註183〕〈今年建黨六十九週年　合併　國父誕辰紀念　明年建黨七十週年單獨舉辦〉，《時事週報》第 6 卷第 19 期（臺北，1963 年 11 月 8 日），頁 5。

中央委員第二次全體會議，講述：「非常時期革命幹部的決心和責任」。全會並通過「民生主義現階段社會政策──加強社會福利措施，增進人民生活實施方針」。〔註184〕郵政總局早已為中國國民黨建黨七十週年籌備，在1964年印製名之為「國父創建中國國民黨七十週年」紀念郵票，一組兩枚發行之，票面圖像則以國父像為主，旁邊寫上「民族　民權　民生」的字樣，代表國父三民主義的思想精髓。（圖2-2-3）〔註185〕

圖2-2-3　國父創建中國國民黨七十週年紀念郵票
（紀101）1964年11月24日發行

說明：兩張幣值不同（8角與3元6角），但皆以國父遺像為主圖，右側書寫「民族　民權　民生」之三民主義中心思想，左側題上「國父創建中國國民黨七十週年紀念」等字。

在國父百年誕辰之際，蔣中正發表〈國父百年誕辰紀念文〉，文中闡揚國父「繼承堯、舜、禹、湯、文、武、周公、孔子聖聖相傳之道統為己任，為締造我中華民國挺生之聖哲，實為復興亞洲民族之導師，而又為救人救世指引人類同趨於三民主義「大同世界」之先驅。」讚頌國父之立說《三民主義》，「為三民主義所以闡堯、舜、禹、湯、文、武、周公、孔子之正傳，而又為我中華民族不偏不易、中和位育、繼繼繩繩之道統也。」「我　國父以公天下之身，容天下之量，其精神固肫肫其仁，其思想乃淵淵其淵，其創業垂統之功烈，則

〔註184〕當日亦選舉蔣經國、嚴家淦、張其昀、謝東閔、黃杰、袁守謙、倪文亞、張道藩、彭孟緝、谷正綱、陶希聖、鄭彥棻、黃少谷、唐縱、連震東、沈昌煥等十七人為常務委員。秦孝儀編，〈總統蔣公大事長編初稿〉，卷8，1964年11月24日，頁114。
〔註185〕中華郵政全球資訊網，《郵票寶藏》：https://www.post.gov.tw/post/internet/W_stamphouse，檢索日期：2016/1/05。

浩浩其天，所謂『以天地萬物為一體』,『無不覆幬』,『無不持載』,自有生民以來，蓋未有盛於孔子，尤未有盛於　國父者也。」〔註186〕以上皆在於彰顯國父人格之偉大與功績之昭著，亦同時型塑國父偉人領袖之形象。

　　除此，蔣中正在文中也述及與國父的傳承關係，亦及其承繼著民國的開創者，國民黨的領袖所賦予的偉大使命，實踐三民主義之理想，因此也可顯示其為偉大革命家國父正統傳人的地位。其文道：「中正師事　國父，時承『歷史之中心為民生，革命之大道曰仁愛，仁者仁民，愛者愛國』之訓示，深悟三民主義乃在恢復民族固有之道德智能，發展現代日新又新之科學技藝，以其民主政治，全民建設，求得國際、政治、經濟上之自由平等，亦即以其所愛，助天下人愛其所愛，於是而鰥寡孤獨廢疾者皆有所養也。」〔註187〕又言：「承示革命方略，策定討逆計畫，訓誨諄諄，不覺時之破曉，　國父乃忽而起示曰：『須臾即將換船，予自知在世之日，最多不踰十年，而爾則至少尚有五十年，望爾勉為主義奮鬥、為革命自重！』聆教之下，誠不知何辭以慰　父師之感慨，乃惶恐以對：『中正今年亦已三十有六。』國父又重言之曰：『本黨革命，遭此鉅變，吾人猶未為叛逆所害，今後倘無不測之事，則爾為主義，繼續五十年之奮鬥，自不為多。』」〔註188〕

　　並且強調：「唯是終身秉持　遺訓，壹以繼志承烈，保衛民國，實行主義，發揚我文化，光大我歷史，掃除我國民革命一切障礙，以仰答作育深恩於萬一，此則一片耿耿精忠，自矢不逮　國父之遺志不止，不竟國民革命之全功不止也。中正視承提命之切，久受非常之任，每當艱危之際，一念及　國父遺訓，必益為之激越鼓舞，再接再厲，獻身盡瘁，最後則無不克底於成。此則　國父之革命主義，不僅為中正志節之所自，而亦為我民族精神之所寄。中正自當一本所志，相與全體同胞，戮力同心，光復大陸，重整河山，滌除國家所遭匪共覆巢之痛，湔雪陵寢所蒙腥膻污辱之恥，以國民革命之成功，壽我國父，亦以此三民主義大道之行，壽我國家，壽我民族。」〔註189〕

〔註186〕蔣中正，〈國父百年誕辰紀念文〉，秦孝儀，《總統蔣公思想言論總集》，卷35「文錄」，頁262～265。

〔註187〕蔣中正，〈國父百年誕辰紀念文〉，秦孝儀，《總統蔣公思想言論總集》，卷35「文錄」，頁263。

〔註188〕蔣中正，〈國父百年誕辰紀念文〉，秦孝儀，《總統蔣公思想言論總集》，卷35「文錄」，頁264～265。

〔註189〕蔣中正，〈國父百年誕辰紀念文〉，秦孝儀，《總統蔣公思想言論總集》，卷35「文錄」，頁265。

當日中午蔣中正主持國父紀念館動土典禮，此日中山博物館（故宮博物館）亦同時成立，〔註190〕法國名雕塑家（Paul Landowski）設計的孫中山銅像亦在中山博物館大廳同時揭幕。〔註191〕1965 年 11 月 12 日欣逢國父百年誕辰紀念，發行紀念郵票一套 3 枚；（圖）1 元票值，構圖左側為國父遺像，右側印製國父手書「民族民權民生」；4 元票值，票面圖案右側為國父遺像，左側印製國父手書「自由平等博愛」；5 元票值之構圖則以國父遺像右下樹立旗海飄揚，右上題「天下為公」四字。（圖 2-2-4）〔註 192〕

圖 2-2-4　國父百年誕辰紀念郵票（紀 107）
1965 年 11 月 12 日發行

說明：該組郵票均以國父遺像及國父手書名言為主題，共有三種票值。

國父紀念館座落臺北市仁愛路四段，於 1965 年 11 月 12 日國父百年誕辰，由蔣中正親臨主持奠基典禮，1968 年 3 月開工，1972 年 5 月 16 日落成，同月 20 日正式開放，此後，取代總統府與中山樓成為國父誕辰集會之重要場所。〔註193〕1985 年為國父一百廿年的誕辰紀念日，舉行紀念活動地點，為國父紀念館，此年發行一組 2 枚的紀念郵票。（圖 2-2-5）〔註194〕

〔註190〕國立故宮博物院於 1925 年在北平正式成立，故宮博物院於 1948 年由南京遷來臺灣，1965 年傳統中國宮廷式建築之新館於外雙溪正式落成，國之重寶才找到安身之所，古代中國藝術史與漢學研究機構。
〔註191〕黃猷欽，〈臺灣偉人形象的服飾意涵──從故宮兩座青銅像說起〉，《故宮文物月刊》第 19 卷第 7 期，2001 年，頁 63。
〔註192〕中華郵政全球資訊網，《郵票寶藏》：https://www.post.gov.tw/post/internet/W_stamphouse/post/internet/W_stamphouse，檢索日期：2015/5/10。
〔註193〕曾一士編，《國父紀念館三十週年館慶特刊》（臺北：國立國父紀念館，2002 年），頁 17。
〔註194〕中華郵政全球資訊網，《郵票寶藏》：https://www.post.gov.tw/post/internet/W_stamphouse/post/internet/W_stamphouse，檢索日期：2015/5/25。

圖 2-2-5　國父一百二十年誕辰紀念郵票
（紀 212）1985 年 11 月 12 日發行

說明：票面以國父誕生地翠亨村故居為構圖背景，與 1955 年發行「國父九十誕辰紀念郵票」相同，前置國父遺像圖。

（三）蔣中正相關紀念郵票

　　學者馬克思‧韋伯（Max Weber，1864～1920）認為合法的權力稱為權威，權力正當性的基礎有三種「理念型」的支配，〔註 195〕他認為魅力型權威的不穩定性必然導致其被迫轉變為「常規的」權威形式，也就是傳統或者官僚型支配。而依據韋伯的三種統治的理念型態分析，蔣中正的領袖權威特質應屬於魅力型權威與法理性權威交織而成，是由個人崇拜組織轉為官僚組織的型態。〔註 196〕近年來由於蔣中正日記的開放，使許多學者對其人有更深入的研

〔註 195〕韋伯（Max Weber）著，康樂等譯，《支配的類型》（臺北：遠流，1996 年）。「任何我們可以想像到的制度，都不能沒有權力來發號施令；因此，就有支配。」這是韋伯政治社會學研究的起點。必須強調的是，韋伯的分析是屬於理念的型態（idea type），在現實世界中，權威往往是以混合（mixed）方式出現的。國家權威作為一種「強制力」與「正當性」的結合而使得人民服從之，其中「強制力」是一種純粹的支配性力量，而「正當性」則是使一種人民的自願性服從，使國家權威得以穩定、長久與持續的運作。從人類歷史經驗中，韋伯歸納出三種「理念型」的支配：（1）合法理性型權威（legal-rational authority）：法理權威的最適宜的組織形式是官僚制，如以選舉方式獲得權位。（2）傳統型權威（traditional authority）：這種權威具有神聖的性質，並根據傳統的習俗和做法推選出統治者，是一種世襲權威，如國王、教宗。（3）領袖魅力型權威（charismatic authority）：正當性源自領袖個人的特殊人格魅力而使他人願意接受領導。如先知、軍閥等。

〔註 196〕韋伯指出，在這三種組織類型中，只有傳統組織和官僚組織才有相當程度的穩定性。個人崇拜組織與這兩種組織差異極大，古代王朝的創立時期，常得

究，釐清許多歷史事件的真相，了解其對重要決策的是非對錯，也讓人更能貼近去理解蔣中正的價值觀、生存之道、思維脈絡，其經常自我反省惕厲，毅力恆心超越大多數人，但其仍是與一般人一樣，關懷親人、受病痛折磨、苦於現實與理想的差距、焦慮失眠或情緒失控於危機發生時等等現象，並且一般人對其所認知的「獨裁」有所差距，雖是權力的中心，卻並非皆能專斷獨行的決定。〔註197〕

威權政治與民主政治有很大的區別，而自由中國的涵義，在威權時代又是另一番詮釋，威權政治的領袖，自然與民選的政治領袖大相逕庭，多半具有著「打天下」的歷史意味，通過「打天下」作為其政治理想的實踐，為其執政作為合法性的基礎，依據蔣中正的家庭背景、成長經驗、見識閱歷、政治實踐，以及中國政治的歷史傳統與當代的現實環境等等，都只能使蔣中正成為一位威權的領袖，而非民主憲政下的領導者；〔註198〕也因而使其在位時期，在政治民主的轉型上，甚為困難與緩慢，在於當政者往往是為保留其政治的權力，而藉由各種方式保持權力的壟斷，直到國家實行民主政治的時機成熟為止。〔註199〕然蔣中正在地方上民主實踐上「地方自治」，對於臺灣民主實踐的積累與人民的民主訓練，具有一定的貢獻意義，也對蔣經國時期的民主化轉型，有著一定程度的助益；〔註200〕畢竟數千年的華人民主素養，並非如歐

益於某個具有超凡魅力的領袖，人們信賴他那種拯救社會的神力，對烏托邦式美好世界的追求形成對領袖的擁戴，並煥發出「打江山」的動力。而一旦轉入「坐江山」，就得實現權威的轉變，把神力變成傳統，制定典章制度，個人崇拜組織隨之平凡化，變成傳統組織。

〔註197〕 張淑雅，〈蔣介石一瞥：1950年代後期日記中的觀察〉，收錄於呂芳上主編，《蔣中正與民國政治 II》（臺北：國立中正紀念堂管理處，2013年），頁354～357。其晚年所感：「處此亂世混局中，唯有自強不息，才能生存，而免致煩惱憂傷，……有時候，除了順應自然外，無法勉強。」可見若非有驚人的毅力與耐力，豈能持續不斷的在逆境中生存下來。

〔註198〕 汪朝光，〈威權領袖與近代中國的國家型塑——由蔣介石的自由民主觀點論起〉，收錄於吳淑鳳、薛月順、張世瑛編，《近代國家的型塑——中華民國建國一百年國際學術討論會論文集》（臺北：國史館，2013年），頁895。

〔註199〕 伯特蘭·羅素著，吳友三譯，《權力論》（北京：商務印書，1991年），頁134；汪朝光，〈威權領袖與近代中國的國家型塑——由蔣介石的自由民主觀點論起〉，收錄於吳淑鳳、薛月順、張世瑛編，《近代國家的型塑——中華民國建國一百年國際學術討論會論文集》，頁895。

〔註200〕 汪朝光，〈威權領袖與近代中國的國家型塑——由蔣介石的自由民主觀點論起〉，收錄於吳淑鳳、薛月順、張世瑛編，《近代國家的型塑——中華民國建國一百年國際學術討論會論文集》，頁895。

美國家那般的成熟，及至 21 世紀的中華民國在 2018 年底舉辦的九合一選舉，人民的民主素養，仍有許多待加強之處。

在蔣中正的理念上，「民主」、「自由」與「法治」，可謂是三位一體，是密不可分的，在其所著的《中國之命運》，在第六章「革命建國的根本問題」的第三節「自由與法治觀念之養成問題」中，是如此強調「在改造社會風氣的時候，我們必須徹底改造國民對於法律和自由二個觀念。」〔註201〕在〈中華民國三十二年國慶紀念告全國軍民同胞書〉中，亦論及「民主政治的精神，全在於守法，國民必須認識自由與法治之真諦，養成尊重自由與遵守法紀的習慣，而後民主政治始有確實之基礎。」〔註202〕意味著此三者在民主轉型中，不可偏廢，否則將帶來「危險」，藉「自由」之名，戕害「民主」的理性，因此需藉由「法治」維之繫之，以保障真正的民主精神，這些看法在廿一世紀的中華民國可以漸漸得到印證。

一般而言，將蔣中正歸屬於威權領袖，在其所建立的威權時代，其領袖地位的型塑是透過方方面面的，而「郵票」是其中一種很好的管道，其在位期間及其逝世之後，仍有許多奠定其領袖地位的相關郵票，而蔣經國主政時期，並無其個人相關的郵票，1978 年，其在位時向宣傳部門指示，取消對其稱呼「領袖」二字，意味堪稱國民黨領袖者，僅孫中山總理與蔣中正總裁矣！其雖亦為強人政治體系，然其特質卻非如蔣中正一般，自認只是黨員和國民，使用「萬歲」二字，也僅在為國家民族而呼喊，為三民主義、為國民黨而使用，而沒有所謂個人的萬歲，強調此後是民主主義的時代，不是英雄主義時代，因此不再稱呼「蔣經國時代」。〔註203〕以下僅蔣中正的相關郵票介紹之。

1. 執政者就職紀念類之紀念郵票

（1）蔣主席就職紀念郵票

1943 年 8 月 1 日，國民政府主席林森逝世之後，經中國國民黨第五屆中央委員會第十一次全體會議議決，推舉當時軍事委員會委員長蔣中正於同年

〔註201〕蔣中正，〈自由與法治觀念之養成問題〉，《中國之命運》，出版於 1943 年 3 月 10 日，收錄於秦孝儀編，《總統蔣公大事長編初稿》卷四，專著，《中國之命運》第六章第三節，頁 113～116。

〔註202〕蔣中正，〈中華民國三十二年國慶紀念告全國軍民同胞書〉，中華民國 32 年，收錄於秦孝儀編，《總統蔣公思想言論總集》，卷 32，書告，頁 42。

〔註203〕尹元吉之助，《台湾の政治改革年表・覺書（1943～1987）》（東京，帝塚山大學，1988 年），頁 218；周俊宇，《黨國與象徵——中華民國國定節日的歷史》，頁 341。

10月10日繼任國民政府主席，郵政總局立即著手籌印「就職紀念」郵票，於1943年10月28日向交通部提出申請，1945年10月10日正式發行，面值有2元、4元、5元、6元、10元、20元六種，計一千萬枚。抗戰後因社會購買力提高，集郵熱情增長，加上郵商高價收購，鑑於平等新約、林森逝世紀念郵票購票踴躍，供不應求，為增加郵政收入，遂續印八百萬枚，而此套郵票增印至一千兩百萬枚。〔註204〕（圖2-2-6）全套6枚，於蔣主席就職二週年時發行。〔註205〕

圖2-2-6　蔣主席就職紀念郵票（紀020）1945年10月10日發行

說明：紀念票以蔣主席就職時著戎裝之肖像及國旗為圖案，上端花框內橫列「蔣主席就職紀念」，下刊就職日期「中華民國三十二年十月十日」。

（2）總統就職紀念郵票

中華民國第一屆國民大會，於1954年2月19日，依憲法規定召開第2次會議，推選行憲後第二任總統及副總統。第一任總統蔣中正當選連任，陳誠膺選為副總統。當茲赤禍橫流，舉世滔滔，總統之連任，不獨反攻復國大業之完成得獲保證，亦為摧毀極權統治，打倒共產主義之先聲，兆民鼓舞，普天同慶。爰於1955年5月20日第二任總統副總統就職週年之日，發行紀念郵票，以申慶祝；圖案右半幅為國旗一雙，終至中華民國憲法，左半幅為總統蔣中正照片，並以選舉第二任總統及副總統第二次國民大會場所所在地臺北中山堂之遠景為襯，由中央印製廠臺北廠印製，另以四色四枚郵票之小全張以及首日封亦同時發行之。〔註206〕（圖2-2-7）

〔註204〕中華人民共和國信息產業部《中國郵票史》編審委員會編，《中國郵票史》，卷4，頁242～243；當日各區郵政管理局及辦事處使用紀念日戳，以資慶祝，戳圓形上刻「蔣主席就職紀念」「普天同慶」等字樣。交通部電78號；交通部郵政總局編印，《中華郵政大事記》第一集下冊，頁383。
〔註205〕中華郵政全球資訊網，《郵票寶藏》：https://www.post.gov.tw/post/internet/W_stamphouse/post/internet/W_stamphouse，檢索日期：2015/5/25。
〔註206〕交通部郵政總局編印，《中華郵政大事記》第一集下冊，頁643～644。

圖 2-2-7　第二任總統就職週年紀念郵票
（紀 042）1955 年 5 月 20 日發行

說明：全套面值分為新臺幣 2 角、4 角、2 元及 7 元四種。另以四色合印四枚郵票之小全張（147×104）同時發行。

　　1961 年 5 月 20 日為中華民國第三任總統就職週年之日，為慶祝起見，發行「第三任總統就職週年紀念」郵票及小全張，均以總統就職玉照為中心圖案，一組 2 枚，票值為新臺幣 8 角與 2 元；（圖 2-2-8）1967 年 5 月 20 日為總統蔣中正連任第四任總統就職週年之日，為表崇仰並誌慶祝，循例印製「第四任總統就職週年紀念」郵票，一組 2 枚，票值為新臺幣 1 元與 4 元，此票面上的字體以篆體呈現。（圖 2-2-9）〔註 207〕

圖 2-2-8　第三任總統就職週年紀念郵票
（紀 070）1961 年 5 月 20 日發行

說明：總統肖像左邊繪製中華民國抗戰後的疆域圖，大陸地區寫上「光復大陸」四字，以表反攻復國之意。

說明：票面圖案為總統蔣中正就職時之照片。

說明：同日發行小全張一種，以新臺幣 8 角及 2 元票各一枚組成。

〔註 207〕中華郵政全球資訊網，《郵票寶藏》：https://www.post.gov.tw/post/internet/W_stamphouse/post/internet/W_stamphouse，檢索日期：2016/3/25。

圖 2-2-9　第四任總統就職週年紀念郵票
（紀 111）1967 年 5 月 20 日發行

說明：以蔣中正就職時之照片，左繪製國旗，肖像上方「天下為公」之匾額。

　　1973 年 5 月 20 日為第五任總統就職週年紀念日，印製紀念郵票一組，票值與第四任總統就職週年紀念郵票一樣，為新臺幣 1 元與 4 元，與前幾張票面上肖像不同的是總統的穿著，前面皆為中山黑色禮服，披掛紅色上任彩帶，而此次票面呈現的是穿著軍裝，並別上各式徽章，右手高舉軍帽，對群眾揮手致意，精神煥然，雖是威嚴的軍裝，面帶歡欣笑容，顯現總統亦嚴亦親的另一種面向，票面構圖較為活潑，具畫面張力。（圖 2-2-10）〔註 208〕

圖 2-2-10　第五任總統就職週年紀念郵票
（紀 147）1973 年 5 月 20 日發行

說明：該項郵票係以蔣中正膺選連任接受群眾歡呼之玉照為圖案。

〔註 208〕中華郵政全球資訊網，《郵票寶藏》：https://www.post.gov.tw/post/internet/W_stamphouse/post/internet/W_stamphouse，檢索日期：2016/3/25。

此時期的總統就職紀念郵票，僅有總統肖像，而無副總統肖像，蔣經國任總統時期，則皆無總統就職紀念郵票發行，是此時期之特點。直至中華民國民選總統後，才有正副總統肖像同時呈現的就職紀念郵票出現。

2. 總統復行視事紀念郵票

民國以來，蔣中正有三次下野與復出，前兩次為「辭職」，而第三次為「因故不能視事」，以此理由下野，則無總統缺位及繼位之問題，以蔣中正下野文告觀之，其引退原因為促成與中共的和平談判，因此依據憲法第四十九條「總統因故不能視事時，由副總統代行其職權」之規定，遂由李宗仁代其職權，而和談失敗，則此「故」已不復存在，自當復職。〔註209〕

另外，蔣中正三次的下野，其中以第三次下野局勢對蔣中正與國民黨最為不利，然而也是下野後的表現最為成熟，蔣中正雖引退，但仍具備國民黨總裁之職。蔣在退隱前已有若干的佈署，例如黃金與故宮文物皆已運至臺灣，而代總統李宗仁無法控制政府與軍隊，因此，蔣的領袖地位即使遭受嚴重的挑戰，但仍然是權力的中心，關鍵在於人而不在職位。〔註210〕而遷至臺灣是其最重要的選擇，最後臺灣成為其晚年的棲身之地。

1950 年蔣中正復行視事，國民黨曾以「蔣中正應全國軍民要求復行總統職務，為國家民族轉捩點」之由，定每年 3 月 1 日舉行「總統復行視事紀念」，並基於民眾愛戴領袖之熱忱，與臺灣光復節同列懸掛旗幟的一般節日，其黨內人士甚至建議定此日為「中華民國中興紀念日」，然 1954 年時，蔣中正即手諭不必集會慶祝之，才無此規定頒布；〔註211〕但仍在郵票宣傳上發行總統復行視事二週年與三週年時，各發行一組紀念郵票。

故在郵政總局方面，說明發行此套郵票之理由，其載：「1949 年 1 月 21 日蔣中正引退，中樞主持無人，迄 1950 年春，國內外情勢，甚為緊張，蔣以全國

〔註209〕1927 年第一次下野，辭國民革命軍總司令職；1931 年 12 月第二次下野，辭國民政府主席、行政院院長及陸海空軍總司令本兼各職；而第三次若辭總統職，則依據憲法 49 條規定為「總統缺位」，則無復職之可能，因此採「因故不能視事」，以保留其彈性。劉維開，《蔣中正的一九四九——從下野到復行視事》（臺北：時英，2009 年），頁 326～327。

〔註210〕蔣任國民政府主席時，國民政府是權力中心；任委員時，委員長可控制全局；任總統時，總統是權力核心；任國民黨總裁時，即以黨的決策為中心。林桶法，〈從溪口到臺北：第三次下野期間蔣介石的抉擇〉，收錄於呂芳上主編，《蔣中正與民國政治 II》（臺北：國立中正紀念堂管理處，2013 年），頁 306～308。

〔註211〕周俊宇，《黨國與象徵——中華民國國定節日的歷史》，頁 169。

軍民殷切願望，並鑒於國家民族存亡絕續所繫，爰於同年3月1日在臺北復行視事，萬民鼓舞，齊集總統府前廣場，高呼『總統萬歲』。」〔註212〕發行「總統復行視事紀念郵票」一組10枚，圖像一樣，十種色彩，計五種票值：新臺幣4角、1元、1元5角、2元、5元，由臺灣銀行第一印刷所，以凹版印製，票中國旗套印紅籃二色。〔註213〕（圖2-2-11）

圖2-2-11　總統復行視事紀念郵票（紀035）1952年3月1日發行

說明：以總統半身像及國旗為主圖，並以當日總統府前萬眾歡呼之情景為背景。

圖2-2-12　總統復行視事三週年紀念郵票
（紀036）1953年3月1日發行

〔註212〕中華郵政全球資訊網，《郵票寶藏》：https://www.post.gov.tw/post/internet/W_stamphouse/post/internet/W_stamphouse，檢索日期：2016/3/25。
〔註213〕交通部郵政總局編印，《中華郵政大事記》第一集下冊，頁608～609。

總統復行視事三週年，再發行紀念郵票，圖案與前次大致相同，惟國旗及總統像略放大，並改印六種面值由中央印製廠臺北廠以雕刻凹版印製，國旗紅藍兩色則另用凸版套印，同日並蓋印紀念日郵戳一天，全套郵票面值分為新臺幣 1 角、2 角、4 角、1 元 4 角、2 元、5 元六種。〔註214〕（圖 2-2-12）

3. 勳業之紀念郵票

製作蔣中正的領袖形象，最重要的是其對國家社會等貢獻之事蹟。因此，東征、北伐、抗日都是需要傳輸給國民認知的，對國家的統一人民生活安定的功績，值得萬民愛戴與景仰。郵政總局以「總統　蔣公，豐功偉業，薄海景崇。恭輯　總統彪炳勳業，繪為圖案，印製紀念郵票」，〔註215〕其以不同主題為票面構圖，以彰顯蔣中正的功績勳業，以「黃埔建軍」、「北伐統一」、「安內攘外」、「抗戰勝利」、「實施憲政」、「反攻復國」等六個主題繪製而成，票值依序為新臺幣 1 元、2 元、2 元 5 角、3 元 5 角、4 元、5 元。（圖 2-2-14）郵政總局所製作之主題說明如下：

（1）黃埔建軍：蔣中正為黃埔軍校首任校長，建立國民國命軍，培養革命武力，1925 年東征，敉平粵、桂軍閥，統一兩廣，鞏固革命基地，奠定北伐大業。（圖 2-2-13-1）〔註216〕

（2）北伐統一：1926 年 7 月總統就任國民革命軍總司令於廣州，誓師北伐，由國民政府主席譚延闓（1880～1930）授印，吳敬恆（1865～1953）代表中央授旗。當時，北洋軍閥實力雄厚，總兵力約有百萬人，而國民革命軍祇有八個軍；約十萬人，且裝備窳劣，軍械不足。但以「不怕死、不貪財、愛國家、愛百姓」的口號，高唱「打倒列強、除軍閥」的歌聲中，〔註217〕次第消滅盤據南力各省軍閥。1927 年 4 月，建都南京，繼續北伐。1928 年 7 月收

〔註214〕交通部郵政總局編印，《中華郵政大事記》第一集下冊，頁 620。中華郵政全球資訊網，《郵票寶藏》：https://www.post.gov.tw/post/internet/W_stamphouse/post/internet/W_stamphouse，檢索日期：2016/3/25。

〔註215〕中華郵政全球資訊網，《郵票寶藏》：https://www.post.gov.tw/post/internet/W_stamphouse/post/internet/W_stamphouse，檢索日期：2018/11/25。

〔註216〕中華郵政全球資訊網，《郵票寶藏》：https://www.post.gov.tw/post/internet/W_stamphouse/post/internet/W_stamphouse，檢索日期：2016/3/25。

〔註217〕北伐歌歌詞：「打倒列強，打倒列強，除軍閥！除軍閥！努力國民革命，努力國民革命，齊奮鬥！齊奮鬥；打倒列強，打倒列強，除軍閥！除軍閥！國民革命成功，國民革命成功，齊歡唱！齊歡唱。」與「兩隻老虎」之曲子同，而譜之。

復平津，同年 12 月 29 日東北張學良易幟，通電歸順中央，全國統一。（圖 2-2-13-2）〔註 218〕

（3）安內攘外：蔣中正於完成全國統一後，即致力國防建設及推行國民經濟建設運動。由於日本軍閥侵華益烈而中共叛亂又復猖獗，總統為貫徹攘外必先安內主張，痛剿中共，蕩平瑞金共區。1934 年 2 月在江西南昌，發起新生活運動，革新社會風氣，樹立建設國家新精神基礎。（圖 2-2-13-3）〔註 219〕

圖 2-2-13　蔣總統勳業紀念郵票（紀 123）
1968 年 10 月 31 日發行

圖 2-2-13-1

說明：黃埔建軍。構圖以總統像後方的陸軍軍官學校校門圖樣為背景，蔣中正為第一任校長，故繪製校門，作為代表。

圖 2-2-13-2

說明：北伐統一。繪製南京政府，代表 1927 年還都南京，蔣總司令騎在白色駿馬上的英姿，後方為其率領的北伐國民革命軍。

圖 2-2-13-3

說明：安內攘外。繪蔣中正指揮作戰剿共之行動，在收復地區實行「禮義」為主的人民心理重塑的新生活運動，努力建設地方。

圖 2-2-13-4

說明：抗戰勝利。繪製抗日勝利之日，全民歡欣鼓舞，舉旗慶祝之象。

圖 2-2-13-5

說明：實施憲政。以中華民國憲法為主圖，表現中華民國在蔣中正的帶領下，實現國父以三民主義、五權憲法而建立的國家。

圖 2-2-13-6

說明：反共復國。繪製中華民國青天白日滿地紅的大國旗光芒四射，普照整個中國大陸與臺灣。

〔註 218〕中華郵政全球資訊網，《郵票寶藏》：https://www.post.gov.tw/post/internet/W_stamphouse/post/internet/W_stamphouse，檢索日期：2016/3/25。

〔註 219〕中華郵政全球資訊網，《郵票寶藏》：https://www.post.gov.tw/post/internet/W_stamphouse/post/internet/W_stamphouse，檢索日期：2016/3/25。

（4）抗戰勝利：日本軍閥企圖以蠶食鯨吞方式侵略中華民國國家，國府不惜忍辱負重，整軍經武，努力建設，積極抵抗。乃日本軍閥於 1937 年發動七七事變，暴露其武力侵略我國野心。在蔣中正領袖領導下，全國軍民展開保衛世界和平之神聖抗日戰爭。經八年浴血抗戰，終令日本人無條件投降，獲致光榮勝利，光復臺澎，廢除不平等條約，中華民國地位躋列於世界四強。（圖 2-2-13-4）〔註 220〕

（5）實施憲政：蔣中正領導國民革命之最終目的為實行民主憲政，中華民國憲法於 1946 年 12 月 25 日經國民大會三讀通過制定後，由總統代表國民政府接受並由國民政府于 1947 年 1 月 1 日明令公布，自同年 12 月 25 日開始施行。1948 年 3 月 29 日第一屆國民大會開幕，蔣中正當選為中華民國第一任總統，組織行憲政府，厲行法治。（圖 2-2-13-5）〔註 221〕

（6）反共復國：此票面構圖是想望當國際共產極權國家已呈分崩離析現象，蔣中正領導復國建國、解救大陸同胞、消滅赤禍、永奠世界和平之偉大使命，定將相繼順利完成。（圖 2-2-13-6）〔註 222〕

而關於專屬北伐之紀念郵票在 1986 年 7 月 9 日，距 1926 年蔣中正領導國民革命軍從廣州誓師北伐六十週年的日子，因此，由郵政總局發行其六十週年的紀念郵票一套 2 枚，以 1986 年添印之三版國旗郵票一套 2 枚，兩種面值，分別加印「國民革命軍誓師北伐六十週年紀念」，以資紀念。（圖 2-2-14）〔註 223〕

4. 與蔣中正壽誕相關之紀念郵票

郵政總局發行此類郵票以為執政者祝壽。祝壽活動是一種特殊的政治文化，在過去的中國歷史傳統上，為國家元首慶賀壽辰，是理所當然的作為，是全民歡慶的日子，在歷史傳統上，政治領袖的健康與國家的政治運作是有著某種程度的關係的，即便在廿一世紀的世界上亦有國家行之，不應以此而非議其專制獨斷霸權之統治者。蔣中正於 1887 年 10 月 31 日誕生於浙江省奉化縣溪

〔註 220〕中華郵政全球資訊網，《郵票寶藏》：https://www.post.gov.tw/post/internet/W_stamphouse/post/internet/W_stamphouse，檢索日期：2016/3/25。

〔註 221〕中華郵政全球資訊網，《郵票寶藏》：https://www.post.gov.tw/post/internet/W_stamphouse/post/internet/W_stamphouse，檢索日期：2016/3/25。

〔註 222〕中華郵政全球資訊網，《郵票寶藏》：https://www.post.gov.tw/post/internet/W_stamphouse/post/internet/W_stamphouse，檢索日期：2016/3/25。

〔註 223〕中華郵政全球資訊網，《郵票寶藏》：https://www.post.gov.tw/post/internet/W_stamphouse/post/internet/W_stamphouse，檢索日期：2016/3/25。

口鎮，因此在當代的黨組織等部門每當在 10 月 31 日，皆想盡辦法為其舉辦壽誕，然而其多未出席此類壽誕慶祝場合，而以「避壽」方式回應之。

圖 2-2-14　國民革命軍誓師北伐六十週年紀念郵票
（紀 216）1986 年 7 月 9 日發行

說明：此郵票係以 1985 年添印之三版國旗郵票 6 元及 9 元兩種面值，分別加印黑色「國民革命軍誓師北伐六十週年紀念」字樣及新面值「2」與「8」等文字予以加字改值。

郵政總局發行此類郵票計有：蔣主席六秩壽辰紀念、蔣總統七秩華誕紀念、蔣總統九十誕辰紀念、先總統　蔣公百年誕辰紀念等，以及蔣總統像臺北版郵票——慶賀總統蔣公六秩晉七華誕的常用郵票，分述如下：

（1）蔣主席六秩壽辰紀念郵票：國民政府主席蔣公中正於 1887 年 10 月 31 日誕生於浙江省奉化縣溪口鎮，至 1946 年 10 月 31 日適為其六十大壽。郵政總局載：「為紀念　蔣主席領導革命，完成北伐，堅決抗敵終獲勝利之豐功偉績，特發行紀念郵票一套。」〔註 224〕郵政總局於 10 月 8 日與上海大業公司簽訂印製紀念郵票之合同，印製紀念郵票一組四種，各 100 萬枚，於 1946 年 10 月 31 日發行。票面以蔣主席就職時肖像為中心圖案，上端刊「蔣主席六秩壽辰紀念」篆字，四邊以六十個橫直式篆文「壽」字作框，用示祝壽之意，一套 6 枚。〔註 225〕（圖 2-2-15）東北與臺灣則另行製版貼用郵票，在肖像空白旁加

〔註 224〕中華郵政全球資訊網，《郵票寶藏》：https://www.post.gov.tw/post/internet/W_stamphouse/post/internet/W_stamphouse，檢索日期：2016/3/25。

〔註 225〕此票原擬全部交由上海大業印刷公司以雕刻凹版印製，嗣以大業廠凹印設備不足，無法趕於壽辰前印竣，另由大東書局上海印刷廠，就大業所製原模翻版，協同分印，而於票名篆文「六」字上加 1 小點，以資識別。最初大業承印 20 元、100 元兩種；大東承印 30 元、50 元、200 元、300 元四種，隨後均各印足全套六種。大東所印之票未上膠，大業先印者不上膠，後印者有膠；

入「東北貼用」與「臺灣貼用」四字，發行較晚。（圖 2-2-16）〔註 226〕

圖 2-2-15
蔣主席六秩壽辰紀念郵票
（紀 022）1946 年 10 月 31 日發行

圖 2-2-16　蔣主席六秩壽辰紀念
臺灣貼用郵票（紀臺 002）
1947 年 2 月 1 日發行

說明：蔣主席就職時肖像為主圖案。

說明：票面兩旁於製版時加刊「臺灣
貼用」。

　　（2）蔣總統像臺北版郵票——慶賀總統蔣公六秩晉七華誕。1953 年 10
月 31 日為蔣中正六秩晉七華誕，發行其戎裝半身像郵票，不加邊框，文字集
中下端，全套 15 枚，十五種票值：1 角、2 角、4 角、5 角、8 角、1 元、1 元
4 角、1 元 6 角、1 元 7 角、2 元、3 元、4 元、5 元、10 元、20 元。（圖 2-2-
17）〔註 227〕

圖 2-2-17　蔣總統像臺北版郵票（常 080）1953 年 10 月 31 日發行

說明：15 枚，有
15 種票值，15
種色彩。

說明：以 80 磅西道林紙印行郵票冊一種，封面繪彩色牌樓及篆
書「民主之光」，下端刊「中華民國郵政」篆字，冊內共四頁，
第一頁為扉頁，備題字加款之用，餘頁各印郵票五枚。

大東票為 14 度小圓孔，大業則為 10 度半、11 度或 11 度半，頗不規則。交
通部郵政總局編印，《中華郵政大事記》第一集下冊，頁 456。

〔註 226〕中華郵政全球資訊網，《郵票寶藏》：https://www.post.gov.tw/post/internet/W_
stamphouse/post/internet/W_stamphouse，檢索日期：2016/4/10。

〔註 227〕中華郵政全球資訊網，《郵票寶藏》：https://www.post.gov.tw/post/internet/W_
stamphouse/post/internet/W_stamphouse，檢索日期：2016/4/10。

（3）蔣總統七秩華誕紀念郵票：1956 年 10 月 31 日為蔣中正七秩華誕，發行紀念郵票，敬申慶祝。全套 6 枚，以蔣中正生活照片六種作為圖案。另加繪各式篆文壽字花框。（圖 2-2-18）〔註 228〕

圖 2-2-18　蔣總統七秩華誕紀念郵票（紀 050）
1956 年 10 月 31 日發行

（4）蔣總統九十誕辰紀念郵票：1976 年 10 月 31 日為蔣中正九十誕辰，印製紀念郵票，以申崇敬。邊框圖案由顏奇石繪製。蔣總統遺像、蔣總統與王太夫人之合影由胡崇賢攝影，國父與蔣總統在廣東北上火車合影原係油畫，由王鐵石拍攝。（圖 2-2-19）〔註 229〕

（5）先總統蔣公百年誕辰紀念郵票：為追思先總統蔣公畢生勳業及對國家民族之偉大貢獻；印製紀念郵票一組，於 1986 年 10 月 31 日蔣公百年誕辰紀念日發行，以表崇仰。郵票圖案分別以蔣公遺訓中之 a. 實踐三民主義、b. 光復大陸國土、c. 復興民族文化、d. 堅守民主陣容等昭示為主題。（圖 2-2-20）1986 年 10 月 31 日至 11 月 9 日在臺北市重慶南路郵政博物館舉辦紀念郵展，並於郵展開幕之日發行郵展紀念郵票小全張一種。（圖 2-2-21）此亦為目前臺灣以蔣中正為主題發行的最後一套郵票。〔註 230〕

〔註 228〕中華郵政全球資訊網，《郵票寶藏》：https://www.post.gov.tw/post/internet/W_stamphouse/post/internet/W_stamphouse，檢索日期：2018/11/10。
〔註 229〕中華郵政全球資訊網，《郵票寶藏》：https://www.post.gov.tw/post/internet/W_stamphouse/post/internet/W_stamphouse，檢索日期：2018/11/10。
〔註 230〕中華郵政全球資訊網，《郵票寶藏》：https://www.post.gov.tw/post/internet/W_stamphouse/post/internet/W_stamphouse，檢索日期：2016/4/10。

圖 2-2-19　蔣總統九十誕辰紀念郵票（紀 160）
1976 年 10 月 31 日發行

說明：蔣總統與王太夫人之合影。　說明：蔣總統遺像。　說明：國父與蔣總統在廣東北上火車上之合影。

圖 2-2-20　先總統蔣公百年誕辰紀念郵票
（紀 217）1986 年 10 月 31 日發行

實踐三民主義　　　光復大陸國土　　　復興民族文化　　　堅守民主陣容

圖 2-2-21　先總統蔣公百年誕辰紀念郵展紀念郵票小全張（紀 218）

說明：為紀念先總統蔣公百年誕辰，郵政總局於 1986 年 10 月 31 日至 11 月 9 日在臺北市重慶南路郵政博物館舉辦紀念郵展，於郵展開幕之日發行郵展紀念郵票小全張。

5. 與蔣中正逝世相關紀念郵票

計有週年紀念、總統　蔣公逝世三週年紀念、先總統　蔣公逝世十週年紀念等。

1975 年 4 月 5 日，蔣中正逝世於士林官邸，是夜風雨交加，雷聲大作，風雲變色，官方發佈蔣中正的逝世時間，與該年的清明節恰巧同日，次日，報紙刊載了有關蔣中正的〈醫療報告〉：

> 總統蔣公春間肺炎復發，經加診治，原已有進展；於今日上午尚一再垂詢蔣院長今日工作情形，不幸於今日下午十時二十分發生突發性心臟病，經急救至午夜十一時五十分無效，遂告崩殂。
>
> 醫師　王師揆　熊丸　陳耀翰
>
> 中華民國六十四年四月五日〔註231〕

蔣中正逝世消息公佈後，下令全國各機關下半旗致哀，軍公教人員佩帶黑紗，停止娛樂集會活動，守喪一個月。〔註232〕靈堂設立於國父紀念館，供全國民眾瞻仰遺體後，〔註233〕暫厝於大溪慈湖。〔註234〕百日後，政府首長與全國各界代表分批至慈湖謁陵致敬。〔註235〕1975 年 7 月 2 日，嚴家淦總統明令「民族掃墓節（清明節）為蔣總統逝世紀念日，以 10 月 31 日為蔣總統誕辰紀念日，並定各該日期為國定紀念日」〔註236〕1975 年 5 月 15 日，內政部擬具並通過「紀念先總統蔣公辦法」，發佈實施。〔註237〕其要點為：其一、由政府明定每年民族掃墓節（清明節）為總統蔣公逝世紀念日，全國放假一日，並舉行紀念儀式；每年 10 月 31 日為總統蔣公誕辰紀念日，全國放假一日，並舉行紀念儀式。其二、由政府統籌撥款、各界樂捐，於臺北市興建中正紀念堂。其

〔註231〕〈全民哀痛，舉視同悲　總統蔣公昨夜逝世〉，《中央日報》，臺北，1965 年 4 月 6 日。

〔註232〕〈驚聞總統蔣公逝世　全國軍民悲痛逾恆　各縣市民眾自動配戴黑紗服孝　店舖行號懸掛半旗致哀〉，《中央日報》，臺北，1975 年 4 月 7 日。

〔註233〕〈無盡熱淚無限哀思　滿腔悲切滿懷崇敬　連日瞻仰　蔣公儀容民眾逾一百六十萬〉，《中央日報》，臺北，1975 年 4 月 14 日。

〔註234〕「暫厝」之意，為以待日後光復大陸國土，安葬南京紫金山，與國父一同。蔣經國，〈守父靈一月記〉，收入蔣經國先生全集編輯委員會編，《蔣經國先生全集（第 2 冊）》（臺北：行政院新聞局，1991 年），頁 376～377。

〔註235〕〈蔣公逝世今屆百日　各界代表謁陵致敬〉，《中央日報》，1975 年 7 月 15 日。

〔註236〕《中央日報》，臺北，1975 年 7 月 3 日，版 1。

〔註237〕林美容，〈中華民國現行紀念日及節日緣由與意義之研究〉，臺北：內政部民政斯委託計畫報告，1996 年，頁 8。周俊宇，《黨國與象徵——中華民國國定節日的歷史》，頁 334。

三、由教育部制定總統蔣公紀念歌。其四、由教育部將總統蔣公事蹟，編入各級學校適當課程教材。其五、各縣市建立總統蔣公銅像；其六、各機關禮堂等公共及會場所懸掛國父與總統蔣公遺像。其七、編撰總統蔣公哀思錄並發行等等以上之實施要點。〔註238〕郵政總局於次年即發行紀念郵票，以為追思。

（1）蔣總統逝世週年紀念郵票：於 1976 年 4 月 4 日發行「蔣總統逝世週年紀念郵票」1 組。是項郵票恭選遺像遺墨、瞻仰遺容、靈堂全景、靈車啟行、民眾路祭、慈湖靈臺及慈湖行館等歷史鏡頭為題材製成郵票圖案七種。邊框圖案由顏奇石繪製，遺像由胡崇賢攝影，瞻仰遺容、靈堂全景、靈車啟行、民眾路祭 4 幅由行政院新聞局提供，慈湖靈臺由王鐵石，慈湖行館由黃炯分別攝影。（圖 2-2-22）〔註239〕

圖 2-2-22　蔣總統逝世週年紀念郵票
（紀 158）1976 年 4 月 4 日發行

說明：此套紀念郵票發行共七種。蔣中正之遺像遺墨，在兩旁空白處，置以其生前所題字樣：「以國家興亡為己任，置個人生死於度外」。

說明：人民瞻仰蔣之遺容。

說明：蔣中正靈堂全景。

〔註238〕「總統府秘書長函為中華民國各界紀念先總統蔣公逝世紀念擬與恭謁總統蔣公陵寢合併舉行一案」附件，〈總統蔣公逝世紀念日案〉，《內政部檔案》，內政部藏，檔號：0065/B11802/12/0001/008；〈總統命令　公逝世紀念日暨誕辰日　明定為國定紀念日〉，《中央日報》，臺北，1975 年 7 月 3 日，版 1。

〔註239〕中華郵政全球資訊網，《郵票寶藏》：https://www.post.gov.tw/post/internet/W_stamphouse/post/internet/W_stamphouse，檢索日期：2016/4/10。

說明：蔣之靈車啟行圖。

說明：民眾路祭蔣中正情景。

說明：慈湖靈臺。

說明：慈湖陵寢。

（2）總統蔣公逝世三週年紀念郵票：1978 年 4 月 5 日為蔣中正逝世三週年紀念日，印製紀念郵票。以誌追思。是項郵票圖案係以蔣中正相關之重要歷史圖照為題材。（圖 2-2-23）〔註 240〕

（3）先總統蔣公逝世五週年紀念郵票：1980 年 4 月 4 日（清明節）為蔣中正逝世 5 週年紀念日，發行紀念郵票一組 3 枚，以誌追思。郵票圖案分三個主題製作。（圖 2-2-24）〔註 241〕其中票值 8 元之主圖為「生活的目的在增進人類全體之生活，生命的意義在創造宇宙繼起之生命。」字樣，為蔣中正生前常說的人生觀，例如在 1935 年對雲南省會中等以上學校員生演講主題「為學做人與復興民族之要道」中說到：「我所常講的兩句話：『生活的目的，在增進全體人類的生活；生命的意義，在創造宇宙繼起的生命。』我們現在首先要懂得這個道理，確立正確的人生觀。」1953 年青年節告全國青年書告中所載：「我時常指出：『生命的意義，在創造宇宙繼起的生命。』」〔註 242〕

〔註 240〕中華郵政全球資訊網，《郵票寶藏》：https://www.post.gov.tw/post/internet/W_stamphouse/post/internet/W_stamphouse，檢索日期：2016/4/20。

〔註 241〕中華郵政全球資訊網，《郵票寶藏》：https://www.post.gov.tw/post/internet/W_stamphouse/post/internet/W_stamphouse，檢索日期：2016/4/20。

〔註 242〕秦孝儀，《總統蔣公思想言論總集》，卷 35，文錄，頁 295；卷 13，演講，1935 年 5 月 19 日，頁 192；卷 33，〈中華民國四十二年青年節告全國青年書〉，書告，頁 47。

圖 2-2-23　總統蔣公逝世三週年紀念郵票
（紀 168）1978 年 4 月 5 日發行

說明：1912 年蔣中正青年時期照。

說明：1956 年國慶日蔣中正檢閱三軍時之照片。

說明：1926 年繪蔣中正誓師北伐時之騎馬戎裝像。

說明：1937 年 7 月蔣中正在廬山發表「最後關頭」演說宣佈抗戰決心時之歷史鏡頭。

圖 2-2-24　先總統蔣公逝世五週年紀念郵票
（紀 177）1980 年 4 月 4 日發行

說明：以中正紀念堂正殿全景為主圖。

說明：以蔣中正生前之墨寶為主圖。

說明：以蔣中正的坐姿銅鑄塑像為主圖。

（4）先總統蔣公逝世十週年紀念郵票：郵政總局載：「先總統蔣公為我中華民族之救星，亦為20世紀之反共領袖，高勳盛德，如日月經天。民國74年4月5日為蔣公逝世10週年紀念日，印製紀念郵票1組於是日發行，以誌全民之追思。」是項郵票圖案之主題為：先總統蔣公遺照（面值10元）、慈湖陵寢（面值8元）及中正紀念堂牌樓（面值2元）。（圖2-2-25）〔註243〕

圖2-2-25　先總統蔣公逝世十週年紀念郵票
（紀207）1985年4月5日發行

說明：以中正紀念堂正面全景為主圖。　　說明：以慈湖陵寢為主圖。　　說明：以蔣中正畫像為圖。

至於以蔣經國個人為主題的郵票，僅見於其過世之後，其在世時，並無為其發行的專屬郵票，主因在蔣經國的風格，其對於個人崇拜或領袖的型塑，並不執著與重視，前已講述其主政時即已強調不宜稱其為領袖，不將「萬歲」二字加諸在其身上，在其從政時期，以做事為先，積極穩定臺灣各方面的發展。以中華郵政記載如下：

　　蔣總統經國先生（民前2年～民國77年）是一位在平凡中自然而偉大的領袖，其平民風格，仁者典範，以及大公至正，推行民主政治的勳業，已經奠定了社會祥和及政治革新的堅實基礎。用以表達國人對一代偉人之緬懷與崇敬。蔣故總統　經國先生推行民主政治，擘劃經建改革，開放海峽兩岸往來，其豐功偉業深獲世人之推崇和敬仰。蔣故總統　經國先生承繼先總統　蔣公為國家民族奉獻犧牲的革命人生觀與宇宙觀，為日後從政、治事奠下厚實之基礎。50年的公職生涯，貢獻給國人難能可貴的自由，繁榮與興盛，被譽為榮民的大家長、青年的導師與政治經濟現代化的舵手。更以前瞻性的眼光，進行一連串的政治革新：解除戒嚴令、開放組織政黨、

〔註243〕中華郵政全球資訊網，《郵票寶藏》：https://www.post.gov.tw/post/internet/W_stamphouse/post/internet/W_stamphouse，檢索日期：2016/4/20。

放寬報紙的登記與發行，締造了中華民國自由化、民主化的驚人成就；並開放民眾赴大陸探親，打破海峽兩岸 40 餘年的隔絕，奠定日後良性互動之基石。經國先生歷任行政院國軍退除役官兵輔導委員會主任委員、國防部部長、行政院副院長、行政院院長及中華民國第 6、7 任總統。先後推動「十大建設」及「十二項建設計畫」，促使臺灣經濟蓬勃發展，締造舉世聞名的「臺灣經驗」，並大力進行政治改革，宣告解嚴、開放報禁及黨禁，奠定臺灣民主政治的基礎，開放國人赴大陸探親，使海峽兩岸關係邁入新的里程碑。經國先生畢生奉獻國事，為全民所敬愛，是締造臺灣經濟奇蹟的先行者，更是奠定臺灣民主政治基礎的政治家。〔註 244〕

　　總之，蔣經國於 1972 年至 1988 年擔任行政院院長及總統時期，臺灣的「政治發展」正處於由威權體制轉型為民主政治的關鍵時刻。蔣經國推動的政治改革，包括：「政治本土化」、「政治自由化」、「政治參與」，以及「兩岸關係」的開展，為臺灣此後的「政治發展」奠定基礎。〔註 245〕1989 年 1 月 13 日為蔣總統經國先生逝世週年紀念日，特印製紀念郵票一套四枚，分別以「萬民永懷德政、民主導師、創造經濟奇蹟、親民愛民」等四項主題，於是日發行，以誌哀思。（圖 2-2-26）

圖 2-2-26　蔣總統經國先生逝世週年紀念郵票
（紀 229）1989 年 1 月 13 日發行

說明：蔣經國肖像，右題「萬民永懷德政」字樣。　　說明：以農民投票圖，寓意其推動人民參與政權。　　說明：繪蔣經國勘查各項建設之身影。　　說明：繪蔣經國慰問孤兒所抱孩童為口足畫家楊恩典。

〔註 244〕中華郵政全球資訊網，《郵票寶藏》：http://www.post.gov.tw，檢索日期：2016/ 4/20。

〔註 245〕邱騰緯，《蔣經國人格特質與臺灣政治發展（1972～1988）》（臺北：國立臺灣師範大學政治學研究所博士論文，2008 年），頁 2。

二、愛國青年的型塑

　　歷史傳統是經過擇選、創造與詮釋，強調的「過去」，成為一群人的集體記憶，「歷史」被視為一種社會記憶（social memory），具有在現實社會人群中的意義，許多相關研究指出，青少年與青年早期的社會記憶，影響著一個世代人群的政治、社會價值最重要的經驗與記憶；一個社會人群的本質經常變動中，認同變遷的過程由社會記憶的改變來達成，因此，青年的社會記憶獲得與形成的過程，是值得重視的。〔註246〕而在兩蔣強人政治時期對人民在歷史教育與愛國思想的啟迪，值得關注，在郵票的設計上，也有相關對愛國人物的型塑系列，例如革命烈士、抗戰英雄、青年節等郵票，無形根植於當代人民的一種社會記憶。

　　蔣中正在任時期，固定在幾個重要的節日時發表文告，主要有開國紀念日、國慶紀念日、臺灣光復節外，還有青年節，可見其對青年節之重視。以黃花崗之役起義之日作為青年節的有其特別用意，在文告中，多重申革命之光榮歷史，國民革命具有劃時代的使命，是為國民而革命奮鬥之精神，團結青年的力量，再創光榮歷史新頁，由此可知當代的詮釋現代史中的青年在國民革命中的角色定位，與蔣中正個人的領導使命趨於結合，因此在此時期，青年節與其他節日相較，具有相當重要的份量。其在所著的《中國之命運》中說道：「我們知道建國成敗的關鍵，在於社會風氣的轉移。而社會風氣的轉移，又繫於一鄉一縣一省以至於全國有見識，有志氣，有血性，負責任的人士，以真知力行為倡導，使一鄉一縣一省乃至全國的國民，行焉不著，習焉不察，則社會風氣的改造乃能達到成功。前面又曾指出，只要我全國的青年立定志向，任他人所不敢任的工作，受他人所不能受的痛苦，乃至冒險犯難，進到常人之所不敢到的邊疆僻壤，以適應國家社會的需要，而充實國家民族的生命，如此國家社會的改造，亦必易如反掌。」〔註247〕可以看出蔣中正對青年於國家的建設所賦予的深切寄望。

　　1938 年三民主義青年團（簡稱三青團）成立，曾建議以五四運動之日為青年節，但至 1943 年 3 月 29 日三青團在重慶舉行第一次全國青年代表大會時，蔣中正在此日對青年團的演講裡說道：「今天是黃花岡先烈為主義、為革

〔註246〕王明珂，〈臺灣青少年的社會歷史記憶〉，《國立臺灣師範大學歷史學報》第25
　　　　期（1997年6月），頁150。

〔註247〕蔣中正，〈第七章　中國革命建國的動脈及其命運決定的關頭〉，《中國之命
　　　　運》，收入秦孝儀，《總統蔣公思想言論總集》，卷4，專著，頁119。

命，殉黨殉國的紀念日，我們三民主義青年團在今天舉行第一次全國代表大會，我們追念當年先烈獻身報國，慷慨赴義的精神，不禁起了無窮的景仰，更感覺得本團無上的光榮。黃花岡烈士在當時多半是二十歲左右的青年，他們這樣的奮不顧身，終於感應了全國同胞，成功辛亥革命的偉業。有志者事竟成，我們今天當著抗戰正酣，建國未成的時會，我們一樣是負有國家民族興亡重任的青年，應該怎樣學習先烈至大至剛的精神，配義與道的氣魄，認識國家民族的前途，把握住千載一時的機會，竭盡我們自身的責任，繼續先烈未竟的事業，完成革命建國的全功，這是今天各位青年代表同志所應該深切體念的。」〔註248〕三青團為號召全國青年效仿革命先烈之精神，一致決議將五四青年節廢除，而以黃花崗之役起義之日──三二九為青年節之日；〔註249〕且將之與革命先烈紀念日合併，而「三二九」青年節，代表著中國青年英勇壯烈的革命精神與為國犧牲的偉大精神。〔註250〕

　　1948年起，定此日為春殤（九三軍人節為秋殤），1950年起，政府開始舉行三二九紀念活動，中樞春秋兩季之國殤以臺北圓山國民革命忠烈祠為祭祀場所，臺北圓山國民革命忠烈祠，係於1967年12月11日開工改建，1969年3月24日完成，於1969年將日據時期的臺灣護國神社改建為國民革命忠烈祠，成為致祭國殤場所。〔註251〕為表示對革命先烈之崇敬，並發揚為國犧牲奮鬥之革命精神，以新建之忠烈祠為圖案印製郵票，發行忠烈祠建築類之特種郵票於1970年3月29日。

　　其次，革命先烈紀念日如以黃花崗起義之日，是農曆（清宣統三年三月

〔註248〕蔣中正，〈中華民國三十二年三月二十九日在重慶主持三民主義青年團第一次全國代表大會講〉，收入於秦孝儀，《總統蔣公思想言論總集》，卷20，〈中華民國五十二年青年節告全國青年書〉，中華民國43（1954）年3月29日，頁87。

〔註249〕劉世昌，《中華民國節日誌》（臺北：新聞資料供應社，1955年），頁100；梁道群，《中華民國紀念節日要覽》（臺北：華僑文化出版社，1960年），頁48～49。

〔註250〕〈讓我們合力來埋葬共產主義〉，《幼獅文藝》第25卷第5期，臺北，1967年5月1日，頁24～25。文中意寓五四運動蘊含著青年受共產主義誘惑而導致左傾的青年，故兩個青年節，五四是走向魔鬼黑暗的道路，三二九是神聖光明的道路。

〔註251〕蔡錦堂，〈忠烈祠研究──「國殤聖域」建立的歷史沿革〉，「國科會臺灣史專題研究計畫成果表研討會」（臺北：中央研究院臺灣史研究所籌備處，2001年6月28日、29日，頁47；蔡錦堂，《從神社到忠烈祠──台灣「國家宗祀」的轉換》（新北市：群學出版有限公司，2015年3月），頁77～84。

廿九日），真正國曆的日期是在 4 月 27 日，若同以孔子誕辰日的舊曆與國曆之換算方式，應設立在 4 月 27 日，然最終仍以三二九為舉行紀念之日。〔註252〕由於「三二九」這一天具有兩種節日的意義，一為革命先烈紀念日，二是青年節，兩個節日的合併，在當代是為了建立一種革命史的詮釋，賦予青年的時代責任。革命先烈紀念日，紀念的方式比照國定紀念日，規定全國懸掛國旗，中央及地方政府舉辦春季國殤，屬於一般節日的青年節，有關機關、團體、學校舉行慶祝活動，如邀集全國青年代表參與慶祝大會，總統親臨致詞，表揚優秀傑出青年，並舉辦各項競賽、表演或相關展覽等。

以郵票來紀念革命先烈的作為，早在 1932 年 8 月 13 日發行「先烈像北平版郵票」的常用郵票。〔註253〕烈士類的郵票，在國府遷臺前，多使用加蓋形式繼續發行，國府遷臺後，有 1951 年的欠資郵票與先烈像香港版改作「欠資」郵票。〔註254〕在干戈擾攘，變亂紛乘的年代，社會動盪下，財政幣值難以安定，郵票票值必然起伏跌宕，因之，新票趕印不及，即使加蓋郵票亦是緊湊倉促而成，因此，加蓋的郵票皆為常用郵票或限區專用郵票以及欠資郵票，而非紀念郵票。本文僅列舉其一二。（圖 2-2-27）〔註255〕

對於全國青年寄予厚望的政府領導人，除發表在青年節發表正式文告外，3 月 29 日當天，蔣中正照例蒞臨忠烈祠，主持國民革命先烈春季典禮，禮成後即轉往三軍球場，對青年反共救國團致訓，訓勉青年們效法先烈犧牲奮鬥精神，保衛國家光榮歷史文化。為宣揚抗日英雄可歌可泣之英勇事蹟，提倡民眾之愛國情操，郵政總局發行紀念郵票於 1954 年第十一屆的青年節，〔註256〕以

〔註252〕〈關於三月二十九日定為青年節及革命先烈紀念節之日期問題〉，《中央半月刊》第 125 期（臺北，1958 年 3 月 1 日），頁 7；〈紀念日 理應符合史實 青年節 擬改為「四二七」〉，《中央日報》，臺北，1990 年 4 月 8 日，版 3。內政部雖經過討論，但最後仍未改期。

〔註253〕票面有鄧鏗（1886～1922）、陳英士（1878～1916）、廖仲愷（1877～1925）、朱執信（1885～1920）、宋教仁（1882～1913）及黃興（1874～1916）等六位烈士，一位烈士發行兩種票值，共十二枚。參看：中華郵政全球資訊網，《郵票寶藏》：https://www.post.gov.tw/post/internet/W_stamphouse/post/internet/W_stamphouse，檢索日期：2018/11/18。

〔註254〕以上資料來源參看：中華郵政全球資訊網，《郵票寶藏》：https://www.post.gov.tw/post/internet/W_stamphouse/post/internet/W_stamphouse，檢索日期：2018/11/18。

〔註255〕中華郵政全球資訊網，《郵票寶藏》：https://www.post.gov.tw/post/internet/W_stamphouse/post/internet/W_stamphouse，檢索日期：2018/11/18。

〔註256〕秦孝儀，《總統蔣公大事長編初稿》，卷 13，頁 57～58。

表此充分具有革命歷史意義節日。（圖 2-2-28）〔註 257〕

圖 2-2-27　先烈像之郵票

鄧鏗烈士像

說明：先烈像北平版郵票（常 024）1932
年 8 月 13 日發行。

黃興烈士像

說明：先烈像香港版改作「欠資」郵票
（欠 17）1951 年 8 月 13 日發行。

圖 2-2-28　第十一屆青年節紀念郵票
（紀 039）1954 年 3 月 29 日發行

說明：以廣州黃花岡烈士紀念碑為背景，繪製舉高奮力向前邁進的青年圖像，
表時代青年奮鬥不懈，勇往直前之精神。

〔註 257〕中華郵政載其發行緣由：「3 月 29 日為我國青年節，係一充分具有革命歷史
　　　　意義之偉大節日。民前 1 年，革命青年在國父孫中山先生號召之下，起義於
　　　　廣州，憑一腔熱血，不惜任何犧牲，從事推翻暴虐專制之滿清政府。殉難烈
　　　　士，安葬於黃花岡者，凡 72 人，雖壯志未酬，但其慷慨成仁，從容就義之精
　　　　神，實已奠定辛亥革命成功之基礎。隨後我國青年，步武先烈血花，團結奮
　　　　鬥，先後完成北伐統一，獲致抗戰勝利；大陸陷共後，更以國破家亡，敵愾同
　　　　讎，團結更固，成立中國青年反共救國團，再接再厲，為反共復國而奮鬥。」
　　　　中華郵政全球資訊網，《郵票寶藏》：https://www.post.gov.tw/post/internet/W_
　　　　stamphouse/post/internet/W_stamphouse，檢索日期：2018/11/16。

　　蔣中正多在青年節對青年致詞時，提及革命烈士的志節惕勵之，例如，1963 年第二十屆青年節，總統蔣中正於當日書勉青年，發揚民族革命精神，效法先烈志節，為反共復國獻身效命。〔註 258〕其發表書告：「全國青年子弟們：今天是黃花岡革命先烈，為國家，為主義，光榮犧牲，浩氣長存，河嶽並壽的紀念日。也就是我們中華民族，青年子弟，繼往烈，肇中興，報國救民底光榮的紀念節。五十二年前，黃花岡革命先烈，在廣州分四路發難，但是他們每一路只不過二十幾個同志，他們中間有一路主力軍，最多的也不過七十幾個同志，當時他們所憑藉的，僅僅是幾顆自製的炸彈，幾把藏在身上的短刀，幾條秘密運入廣州的駁殼和曲尺手槍，以及一塊大餅，一條用以識別的手巾而已。然而先烈們在　國父領導之下，卻都能英勇的成了復興中華民族、建立中華民國的先驅！也成為今後開創三民主義新時代的先導！」〔註 259〕郵政總局於這一年亦再次發行青年節郵票，以誌紀念。（圖 2-2-29）〔註 260〕

圖 2-2-29　第二十屆青年節紀念郵票
（紀 084）1963 年 3 月 29 日發行

說明：郵票圖案以充滿青春活力之現代男女青年，面對光明熱烈之火炬為主題，另於左下角加繪黃花岡七十二烈士紀念碑為襯景，象徵現代青年效法革命先烈為國犧牲之精神，建設國家，完成時代使命。

〔註 258〕秦孝儀，《總統蔣公大事長編初稿》，卷 8，頁 102。

〔註 259〕蔣中正，〈中華民國五十二年青年節告全國青年書〉，秦孝儀，《總統蔣公思想言論總集》，卷 34，〈中華民國五十二年青年節告全國青年書〉，中華民國 52（1963）年 3 月 29 日，頁 8～9。其內容要旨為：「一、黃花岡革命先烈為國家為主義光榮犧牲，浩氣長存，河嶽並壽。二、反攻復國的戰爭不但是繩武繼志，典型不遠，而且是掀天揭地，運會方新。三、只有三民主義才是掃清共產主義思想毒素的清醒劑。四、奸匪政權惡貫滿盈，青年報國時機已到。五、反攻已到峰迴路轉，只要前進一步，即可對匪合圍。六、勗勉全國青年集中意志，特別要效法革命先烈犧牲精神，來完成反攻復國，重建三民主義新中國的大業。」

〔註 260〕中華郵政全球資訊網，《郵票寶藏》：https://www.post.gov.tw/post/internet/W_stamphouse/post/internet/W_stamphouse，檢索日期：2018/11/28。

在臺灣發行的烈士郵票系列，有 1967 年發行的革命女烈士秋瑾（1875～1907）〔註261〕名人肖像特種郵票（圖 2-2-30）以及 1985 年 2 月 24 日發行的羅福星（1886～1914）〔註262〕烈士誕生百年紀念郵票（圖 2-2-31），民初渡臺策動臺灣抗日革命運動，號召群英密圖大舉，收復臺灣，「苗栗事件」不幸事洩，從容就義，遇害前作絕筆書曰：「不死於家，永為子孫紀念！而死於臺灣，永為臺民紀念耳！」由於其為在臺策動抗日起義的革命烈士，故僅為羅福星以紀念郵票發行，其餘烈士多為常用郵票或特種郵票發行之。

圖 2-2-30　名人肖像郵票　　　　圖 2-2-31　羅福星烈士
革命女烈士——秋瑾（特 046）　　誕生百年紀念郵票（紀 206）
1967 年 7 月 15 日發行　　　　　1985 年 2 月 24 日發行

說明：1967 年 7 月 15 日為秋瑾烈士就義六十週年紀念日，以秋氏肖像為圖案，印製名人肖像郵票。

說明：為緬懷我革命先烈愛國精神，並表彰忠藎，以中國國民黨中央黨史委員會所提供之羅烈士肖像為主題，印製 2 元面值紀念郵票。

而自 1979 年起，為緬懷革命先烈之愛國精神，並表彰忠藎，每逢青年節便發行一位烈士為主題的烈士郵票，在 1979 年至 1991 年，發行屬於常用郵票

〔註261〕秋瑾（1875 年 11 月 8 日～1907 年 7 月 15 日），浙江紹興人，留學日本，加入同盟會，歸國後主持浙江省推翻滿清政府革命事宜，出任浙江紹興大通學堂監督，秘密練軍，頗見端緒，後因事洩被捕，於民國前五（1907）年七月十五日從容就義，為革命史上首位殉國之女烈士。

〔註262〕羅福星（1886 年 2 月 24 日～1914 年 3 月 3 日），字東亞，廣東鎮平縣人，於光緒三十二（1906）年加入同盟會，曾參加黃花岡之役及武昌起義。1912 在臺灣發起抗日組織，為苗栗事件當事者。羅福星別名東亞、中血、國權，生於荷屬東印度爪哇巴達維亞（今印尼雅加達），原籍廣東嘉應州。「苗栗事件」1914 年 3 月 3 日臨時法院裁判時，人數增加到 921 人，遭判處死刑的包含羅福星共二十人，在臺北監獄分批送上絞刑台，根據日本殖民下臺灣總督府的記載：「受刑者『均從容上絞首台，雖然是匪徒，亦可見其氣魄之不凡。』」

的烈士郵票；〔註263〕票面圖案皆以革命先烈之肖像為主題，印製成特種郵票，此處僅列舉最早發行之陸皓東〔註264〕烈士之特種郵票。（圖2-2-32）〔註265〕

圖2-2-32　名人肖像郵票——陸皓東烈士像
（特151）1979年3月29日發行

愛國志士系列相關郵票的發行，除以三二九黃花崗革命先烈為主題之外，另有以九三軍人節發行的抗戰英烈系列，如1975年9月3日抗戰三十週年紀念時，發行的抗日英烈像的特種郵票，以在抗日戰爭上有卓越表現而為國犧牲的壯烈事蹟者，為宣揚抗日英烈事蹟，激發愛國思想，以國防部提供的抗日英烈：張自忠（1891～1940）〔註266〕、高志航（1908～1937）〔註267〕、薩師俊（1896～1938）〔註268〕、謝晉元（1905～1941）〔註269〕、閻海文（1916

〔註263〕在此系列之烈士郵票裡，除1981年與1990年未發行，諸如陸皓東、史堅如、鄭士良、林覺民、鄒容、吳樾、徐錫麟、倪映典、熊成基等十位烈士。
〔註264〕陸皓東（1868～1895）字中桂，與國父在早年即共同計畫革命，為生死交。青天白日之革命軍旗即由陸烈士研製。
〔註265〕中華郵政全球資訊網，《郵票寶藏》：https://www.post.gov.tw/post/internet/W_stamphouse/post/internet/W_stamphouse，檢索日期：2018/11/20。
〔註266〕張自忠，故陸軍上將張自忠烈士，字藎忱，山東臨清人。29年5月率第74師與日寇激戰於湖北襄陽、樊城，戰況激烈，所部傷亡殆盡，身中5彈，一慟而絕。中華郵政全球資訊網，《郵票寶藏》，https://www.post.gov.tw/post/internet/W_stamphouse/post/internet/W_stamphouse，檢索日期：2018/11/16。
〔註267〕高志航，故空軍少將高志航烈士，遼寧通化人。813淞滬戰起，首開紀錄，擊落敵機3架，重創5架，為我空軍創下光榮史篇。中華郵政全球資訊網，《郵票寶藏》，https://www.post.gov.tw/post/internet/W_stamphouse/post/internet/W_stamphouse，檢索日期：2018/11/16。
〔註268〕薩師俊，故海軍艦長薩師俊烈士，字翼仲，福建林森人。1938年10月24日，壯烈成仁。中華郵政全球資訊網，《郵票寶藏》https://www.post.gov.tw/post/internet/W_stamphouse/post/internet/W_stamphouse，檢索日期：2018/11/16。
〔註269〕謝晉元，故陸軍少將謝晉元烈士，字中民，廣東蕉嶺人。1937年813淞滬戰

～1937）〔註270〕、戴安瀾（1905～1942）〔註271〕等六人像為票面圖案，印製特種郵票而成。（圖2-2-33）〔註272〕

圖 2-2-33　抗日英烈像郵票（特116）1975年9月3日發行

張自忠　　高志航　　薩師俊　　謝晉元　　閻海文　　戴安瀾

說明：中國青年反共救國團（簡稱救國團）系列郵票。

1952年3月29日蔣中正在青年節〈總統告全國青年書〉中號召成立「中國青年反共救國團」，書告節錄如下：

> 近半世紀的中國民族革命史，可以說就是一部青年救國運動史。……中國每一次歷史的復興，和時代的更新，無不以青年救國運動為其動力，為其先鋒。我曾指出近半世紀來的中國的命運，決定于中國青年每次偉大的結合，及其救國運動的展開。辛亥革命之

起，10月26日晚，我軍退守真茹，烈士奉命率第一營固守四行倉庫，負掩護友軍轉進之責，是即中外聞名之「800壯士」。是役，凡4晝夜，目不交睫，精神振奮，中外壯之。1941年4月24日晨，烈士親率所部升旗，竟遭潛入之敵狙擊，重傷不治而殉國，時年37，舉國痛悼。中華郵政全球資訊網，《郵票寶藏》，https://www.post.gov.tw/post/internet/W_stamphouse/post/internet/W_stamphouse，檢索日期：2018/11/16。

〔註270〕閻海文：故空軍中尉閻海文烈士，遼寧北鎮人。1937年813淞滬戰起，駐防揚州。8月17日，烈士奉命駕機飛上海，執行轟炸日軍司令部之任務，不幸中彈，跳傘落入敵陣，乃以自衛手槍格斃包圍之日軍數人後，即舉槍以最後一彈自戕殉國，年僅22歲，浩氣英烈，流芳百世。中華郵政全球資訊網，《郵票寶藏》：https://www.post.gov.tw/post/internet/W_stamphouse/post/internet/W_stamphouse，檢索日期：2018/11/16。

〔註271〕戴安瀾：故陸軍中將戴安瀾烈士，號海鷗，安徽無為人。1942年3月25日參與緬甸戰役，與敵激戰於同古，挫敵攻勢，28日敵大軍增援圍攻同古，烈士身先士卒，斃敵三千餘，次日於葉達西猛攻北寰之敵，戰績彪炳，樹我印緬遠征軍之聲威。5月25日擊退增援反攻之敵，旋於猛密特以北與敵遭遇，激戰一晝夜，烈士奮勇指揮，身負重傷仍不稍退，迄26日，重傷不起，壯烈成仁。中華郵政全球資訊網，《郵票寶藏》：https://www.post.gov.tw/post/internet/W_stamphouse/post/internet/W_stamphouse，檢索日期：2018/11/16。

〔註272〕中華郵政全球資訊網，《郵票寶藏》：https://www.post.gov.tw/post/internet/W_stamphouse/post/internet/W_stamphouse，檢索日期：2018/12/10。

所以成功，是由于有中國青年革命運動的大結合，就是黃花岡七十二烈士，建立了中華民國開國以後青年救國運動的典型。嗣後國民革命、北伐統一之所以完成，是由于有中華民國青年第一次的大結合，及其救國運動的開展；抗日戰爭之所以勝利，是由於有中華民國青年第二次的大結合，及其救國運動的開展。⋯⋯反共抗俄戰爭，固然是一個世界性的「自由」與「奴役」的戰爭，但更是我們中華民族自身生死存亡的戰爭；文化歷史的維護，國家命運的扭轉，自由生活的保障，乃是要全賴我愛國青年，繼續已往每次光榮的勝利的團結和戰鬥，作反共抗俄的愛國青年第三次偉大的結合，展開救國運動；⋯⋯今天是反共抗俄復國建國的時代，國民革命的任務，既有賴我全國青年，作更廣大的結合，更堅強的組織，為了有效號召，並正確領導我全國青年，使能普遍地展開第三次的青年大結合，我現在已決定成立「中國青年反共救國團」的正式組織，以適應愛國青年的共同要求，並將其納入統一的組織之中，增進其智能，鍛鍊其體魄，訓練其工作技術，加強其革命信念，使全國青年在反共抗俄總動員運動的號召之下，努力推行經濟的、社會的、文化的、政治的全面改造；尤其是「明禮尚義、雪恥復國」的文化改造運動，和「敦親睦族、勤勞服務」的社會改造運動，都要以青年為主力、為前導。〔註273〕

自此國民黨中央改造委員會便即擬定了籌組原則十二項，送請行政院核准，並由國防部負責籌組，令蔣經國為救國團主任，並擔負籌備任務，1952年5月行政院發佈〈中國青年反共救國團籌組原則〉，該團隸屬於國防部總政治部，同年10月31日中國青年反共救國團宣佈成立，蔣經國被任命為該團主任。〔註274〕蔣中正在成立大會時發表〈中國青年反共救國團成立大會講詞〉，其要旨有五項：一、惟有團結，才有力量；唯有組織，才能團結。二、青年是時代的先鋒，是革命的動力。三、今天青年反共救國團的成立，是我們全國青年第三次大結合的開始。四、青年反共救國團是：（一）教育性的組織。（二）

〔註273〕蔣中正，〈中華民國四十一年青年節告全國青年書〉，《總統蔣公思想言論總集》，卷三十三，書告，中華民國41（1952）年，頁11～13；《中央日報》，1952年3月29日，版1。

〔註274〕蔣經國，《蔣總統經國先生言論著述彙編》第三集（臺北：黎明文化，1981年），頁804。

群眾性的組織。（三）戰鬥性的組織。五、希望青年子弟們親愛精誠，團結一致，忠勇奮發，來完成對國家、對民族、和對時代、反共抗俄救國救民的使命。〔註275〕蔣中正說：

> 青年子弟們！應該知道惟有團結，才有力量；亦惟有組織，才能團結。我在本年青年節，曾號召全國青年成立中國青年反共救國團以來，海內外青年就風起雲湧，紛紛響應，而臺灣省中等以上學校，參加軍中暑期服務的青年們，從前線各地歸來後，全體一致要求立即成立救國團，並獻出志願參加的名冊，表示反共救國的丹心熱忱；最近中國青年反共抗俄聯合會，全體會員又願加入青年反共救國團，團結一致，繼續奮鬥。本團經過了幾個月的籌備，現在已宣告正式成立了，我們青年子弟們，在反共抗俄救國救民的大道上，由此更邁進了一步。

> 青年是時代的先鋒，是革命的動力，任何一個時代的革新，任何一次革命的成功，無不以青年的團結與奮鬥，為其主力，為其核心。所以我說：「沒有青年，就沒有革命！」黃花岡七十二烈士的犧牲奮鬥，奠定了中華民國開國的基礎，乃至北伐成功，完成全國統一，這一段中華民國光榮歷史，都是由於全國青年第一次大結合而成的。其次，反抗侵略，打倒強權，卒能獲得抗戰最後勝利，是由於我們全國青年第二次大結合而成的。而且每一次革命戰役中，我們國家所遭遇的環境愈危險，愛國青年所表現的意志愈堅強，而其所貢獻的力量，也就愈偉大。今日青年反共救國的成立，是我們全國青年第三次大結合的開始。〔註276〕

蔣中正又再次強調救國團是全國青年的第三次大結合。〔註277〕而在救國

〔註275〕蔣中正，〈中國青年反共救國團成立大會講詞〉，收錄於秦孝儀，《總統蔣公思想言論總集》，卷25，演講，中華民國41（1952）年，頁173。

〔註276〕蔣中正，〈中國青年反共救國團成立大會講詞〉，收入於秦孝儀，《總統蔣公思想言論總集》，卷25，演講，中華民國41（1952）年，頁173～175。

〔註277〕關於蔣中正歷次的「全國青年大結合」的說法，有1943年4月12日在重慶主持青年團第一次全國代表大會閉幕講〈號召全國青年第三次大團結〉、1952年3月29日青年節文告〈第九屆青年節總統告全國青年書〉以及1952年10月31日中國青年反共救國團成立訓詞〈本團成立訓詞〉。以上各收入秦孝儀，《總統蔣公思想言論總集》，卷20／卷33／卷25，演講／書告／演講，中華民國32（1943）年／41（1952）年／41（1952）年，頁122～128／11～14／173～176。

團成立之前於 1950 年組成的「中國青年反共抗俄聯合會」，也加入此陣營，此後救國團為青年反共運動的主導組織。〔註278〕1953 年 7 月行政院訂頒「專科以上學校軍訓實施辦法」，從 1954 年起實施，亦由隸屬國防部的中國青年反共救國團負責辦理，至 1960 年歸為教育部主管。

　　蔣經國擔任主任達廿一年之久，其非僅掛名而已，而實際與青年為伍；〔註279〕其認為組織愛國青年是成立中國青年反共救國團的基礎概念，才能「使他們團結成一個堅強無比的力量。」〔註280〕在臺北地區救國團宣誓大會時，其言：「親愛的青年朋友們……這個宣示典禮就是我們中國青年誓死反共抗俄，決心收復大陸的堅決表示，所以有著非常重大的歷史意義。」〔註281〕其言救國團主要工作是對青年實施愛國教育，使青年獲得軍事嘗試與技能，並使每個青年發揮精神，最後是與國軍反攻大陸時，並肩作戰，收復大陸後，做救濟難民、教育青年和安定社會等工作。〔註282〕其團員不限男女，並歡迎海外青年參與，而成立海外青年先鋒營，以訓練海外的男女青年。〔註283〕救國團並非神秘的政治團體，不從事情報、調查等工作，是鼓勵青年愛國家，做學問，以培養現代國民的組織，最後目的是實行三民主義，以國家利益為優先。使青年理解國事，開拓青年就業機會，協助青年職業進修，輔導青年身心健康，鼓勵青年發明研究，照顧身心殘缺青年等等。〔註284〕

　　由於救國團需要辦理學生軍訓與青年戰鬥訓練，並提倡愛國教育及服務活動，因此成立之初隸屬於國防部，至 1960 年鑑於學生軍訓教育已奠根基，而轉由教育部接管，在屬性與定位上，1969 年時定位為「教育性、群眾性、服務性」的社會運動機構，因此 1970 年代以後，救國團主要以青年、學生為

〔註278〕陳耀宏，〈中國青年反共救國團成立後初期動態活動之概況～民國 41（1952）年至民國 50（1961））年之動態青年活動～〉，《中華民國體育學會體育學報》第 14 輯（臺北，1992 年 12 月），頁 178。

〔註279〕小谷豪冶郎著，陳鵬仁譯，《蔣經國先生傳》（臺北：蘭臺出版，2018 年），頁 228。

〔註280〕李元平，《平凡平淡平實的蔣經國先生》（臺北：青年戰士報，1978 年），頁 188。

〔註281〕蔣經國，《蔣總統經國先生言論著述彙編》第二集，（臺北：黎明文化，1981 年），頁 420。

〔註282〕蔣經國，《蔣總統經國先生言論著述彙編》第二集，頁 420～421。

〔註283〕蔣經國，《蔣總統經國先生言論著述彙編》第三集，頁 143～148。

〔註284〕小谷豪冶郎著，陳鵬仁譯，《蔣經國先生傳》（臺北：蘭臺出版，2018 年），頁 232～233。

對象的休閒、獎勵機構；〔註285〕另外，救國團的任務性質，隨時代變遷而有轉變。其活動性質隨團務工作發展而有所轉變，可略分為：一、戰鬥訓練期（1953～1961），強調戰鬥的特性；二、訓練活動期（1961～1964），強調青年的自我訓練；三、育樂活動期（1964～1972），強調青年主導活動；四、自強活動期（1972～1992），強調莊敬自強的特質，加強磨練心智體魄。〔註286〕救國團本著反共的宗旨而成立，活動包含愛國教育、生活教育及各類型的主題活動，使青年學習各種技能與知識，在當時體育活動不甚普遍的年代，引領青少年學習學校環境無法涉足的戶外生活技能。〔註287〕

　　郵政總局發行救國團相關系列的郵票僅三套，兩套為特種郵票，一套為紀念郵票。最早在 1960 年發行，如前述，此時期的救國團活動性質以戰鬥訓練為主，因此以暑期戰鬥訓練為主題，自 1953 年夏季迄 1961 年，在八年期間，參加青年已逾六萬五千餘人；郵政總局為闡揚此項富有意義之活動起見，發行「青年暑期訓練郵票」一套 2 枚，於 1960 年 8 月 20 日，此一大規模的青年假期活動，包括項目甚多，諸如登山、航海、滑翔、跳傘、騎射、駕駛、文藝、育樂以及學術研究、社會服務等，均可自由報名青年自行選擇參加，其活動範圍跨越山野、海洋、天空，使青年學習戰鬥技能，獲得更多知識，鍛鍊健全體魄，陶鑄互助美德，培養耐勞習性，發揮服務熱忱，因此票面設計便以此類活動項目為題材；〔註288〕（圖 2-2-34）第二套是 1972 年 10 月 31 日在育樂活動期間發行的「青年自強活動郵票」，為四種票值，以登山、滑雪、游泳、跳傘四種主圖設計之，印製青年自強活動郵票一套 4 枚於中國青年反共救國團創立廿週年團慶之日發行，以資宣傳並誌紀念。（圖 2-2-35）1982 年

〔註285〕1989 年登記為「教育性、服務性、公益性」社會公益團體；2000 年時更名為「中國青年救國團」；2012 年加入健康性理念，以多元服務大眾。中國青年救國團全球資訊網，救國團六十週年，https://www.post.gov.tw/post/internet/W_stamphouse/post/internet/W_stamphouse，檢索日期：2018/11/3。

〔註286〕李建興，《綠旗處處飄》（臺北：幼獅文化，1984 年），頁 6～7；陳耀宏，〈中國青年反共救國團成立後初期動態活動之概況～民國 41（1952）年至民國 50（1961）〉年之動態青年活動～〉，《中華民國體育學會體育學報》第 14 輯（臺北，1992 年 12 月），頁 179。

〔註287〕陳耀宏，〈中國青年反共救國團成立後初期動態活動之概況～民國 41（1952）年至民國 50（1961）〉年之動態青年活動～〉，《中華民國體育學會體育學報》第 14 輯（臺北，1992 年 12 月），頁 189、177～192。

〔註288〕中華郵政全球資訊網，《郵票寶藏》：https://www.post.gov.tw/post/internet/W_stamphouse/post/internet/W_stamphouse，檢索日期：2018/11/5。

10 月 31 日發行中國青年反共救國團成立三十週年紀念郵票一套 3 枚。（圖2-2-36）

圖 2-2-34　青年暑期訓練郵票（特 017）1960 年 8 月 20 日發行

說明：中國青年反共救國團辦理暑期青年戰鬥訓練，票面設計以戰鬥訓練活動的內容為主，如跳傘、跳水、騎馬、登山、軍事訓練等等。

圖 2-2-35　青年自強活動郵票（特 087）1972 年 10 月 31 日發行

說明：為提倡青年自強活動，以中國青年反共救國團舉辦的登山、滑雪、游泳、跳傘等四種活動為圖案主題發行。

圖 2-2-36　中國青年反共救國團成立三十週年紀念郵票
（紀 190）1982 年 10 月 31 日發行

說明：1982 年 10 月 31 日為中國青年反共救國團成立三十週年紀念，以青年自強活動之實況為主題印製紀念郵票，以資紀念。

小 結

研究發現,國家配合紀念節慶活動,發行相關紀念郵票,體制的變革之下,亦發行以紀錄時代的歷程,政治的演變,而結合日常生活魚雁往返的黏貼郵票圖像,也在無形中成為當代人民共同的印象或理念,成為一種歷史記憶,促進人民對國家文化的認同與向心力。

對當政者的形象塑造,亦以發行郵票之方式宣揚之,國家領袖以既定而隆重的儀式,無形間可強化其強人領袖的形象。另外發現,當代對於領袖的就職紀念郵票只有總統肖像並無副總統肖像,此與解嚴後首次人民直選總統,即 1996 年起在發行第九任至 2016 年第十四任總統就職紀念郵票中,皆為總統副總統兩位肖像並列的構圖,是一大不同點。

一般而言,多將蔣中正歸屬於威權領袖,在其所建立的威權時代,其領袖地位的型塑是透過方方面面的,而「郵票」是其中一種很好的管道,其在位年間及其逝世之後,仍有許多奠定其領袖地位的相關郵票,而蔣經國主政時期,並無其個人相關的郵票,從郵票圖像的演變,可以看到蔣中正時期(1950～1975)的施政目標為建設臺灣、光復大陸。著重穩定發展,厚植國力,因此政權無法大幅開放走向民主。蔣經國時期(1978～1988),其不執著於個人崇拜,在臺灣經濟穩健發展後,逐步施行民主,將政治生態調整改變,使社會的發展更加蓬勃,給予國家一場「寧靜的革命」。